TRAITÉ

DES CONTRAVENTIONS

ET DE L'INSTRUCTION CRIMINELLE

CONCERNANT LES FONCTIONS ET LES ATTRIBUTIONS DES JUGES DE PAIX
ET DES COMMISSAIRES DE POLICE.

TYPOGRAPHIE HENNUYER, RUE DU BOULEVARD, 7, BATIGNOLLES.
Boulevard extérieur de Paris.

TRAITÉ

DES

CONTRAVENTIONS

ET DE

L'INSTRUCTION CRIMINELLE

EN TANT QU'ELLES SE RAPPORTENT AUX FONCTIONS ET AUX ATTRIBUTIONS
DES JUGES DE PAIX ET DES COMMISSAIRES DE POLICE

**POLICE URBAINE — POLICE RURALE — PETITE VOIRIE — TRIBUNAUX DE POLICE
COMMISSAIRES DE POLICE**

PAR M. J.-L. JAY

Auteur des Annales et du Répertoire général des Justices de paix ;
du Traité de la Compétence judiciaire des Juges de paix ;
du Traité des Conseils de famille ;
du Traité des Scellés ; du Formulaire et Manuel de la Procédure des Justices de paix ;
des Lois annotées et expliquées des Justices de paix ;
du Manuel des Greffiers et autres ouvrages de droit.

PARIS

BUREAU, RUE DES JEUNEURS, N° 10.

1853-1854

DES CONTRAVENTIONS

ET DE

L'INSTRUCTION CRIMINELLE

EN TANT QU'ELLES SE RAPPORTENT AUX FONCTIONS ET AUX ATTRIBUTIONS DES JUGES DE PAIX ET DES COMMISSAIRES DE POLICE.

POLICE URBAINE.—POLICE RURALE.—PETITE VOIRIE. TRIBUNAUX DE POLICE.

DIVISION.

Ce travail sera divisé en DEUX PARTIES.

La première partie sera consacrée aux contraventions; aux fonctions des juges de paix et des commissaires de police, et à leurs attributions relativement aux contraventions; à la constitution et à la compétence des tribunaux de police, à la police urbaine, à la police rurale, à la petite voirie; à la constatation et à la poursuite des contraventions; aux fonctions administratives des commissaires de police, aux règlements de l'autorité administrative et municipale, etc.

La seconde partie traitera de l'instruction criminelle, en tant qu'elle se rapporte aux fonctions des juges de paix et des commissaires de police.

PREMIÈRE PARTIE.

Des contraventions. — Fonctions et attributions des juges de paix et des commissaires de police relativement aux contraventions. — Tribunaux de police, constitution, compétence, procédure. — Police urbaine, police rurale, petite voirie. —Constatation et poursuites des contraventions.—Fonctions administratives des commissaires de police. — Règlements de l'autorité administrative et municipale.

TITRE PREMIER.

Objet, but et division de la première partie. — Relations entre les fonctions des juges de paix et celles des commissaires de police. — Des contraventions sous le droit ancien. — Ancienneté des fonctions des commissaires de police; ancienne juridiction. — Des attributions des commissaires de police sous la législation actuelle et sous la législation antérieure. — Fonctions et institution des commissaires de police d'après les décrets nouveaux. — Etendue de leur ressort.

CHAPITRE PREMIER.

But et objet de cet ouvrage. — Plan. — Division.

Le traité que nous entreprenons est plus vaste qu'au premier aspect il ne le paraît : les matières de police embrassent tout ce qui tient aux contraventions les plus fréquentes, les plu usuelles. Il suffit de lire les articles 471, 475 et 479 du Code pénal pour se convaincre qu'il n'est pas une seule mesure relative au bon ordre dans la cité, à la petite voirie, à la police des campagnes, à la circulation des monnaies, à la salubrité publique, qui ne rentre sous la surveillance des commissaires de police ou sous la juridiction des juges de paix.

Le numéro 15 de l'article 471, en classant parmi les contraventions les infractions aux règlements légalement faits par l'autorité administrative, et aux arrêtés publiés par l'autorité municipale, ouvre d'ailleurs un champ presque sans bornes à la compétence du tribunal de police.

On sait tout ce que peuvent embrasser les arrêtés de l'autorité administrative et de l'autorité municipale; pour ne parler que de cette dernière, c'est à elle qu'il appartient de faire les règlements relatifs au droit rural en général, à la police rurale proprement dite, aux bans de fauchaison, de vendange, etc. ; les règlements relatifs aux jouissances communes, aux parcours et à la vaine pâture, etc.; les règlements concernant la police municipale proprement dite, les alignements, les constructions et démolitions des bâtiments joignant la voie publique, les édifices menaçant ruine; les encombrements, dépôts de matériaux, embarras de la voie publique, voitures, arbres, etc.; les mesures pour assurer la salubrité, le balayage et nettoiement de la voie publique; les mesures diverses concernant la sûreté ou la commodité du passage sur la voie publique ; les mesures concernant la tranquillité publique et le bon ordre en général ; le maintien du bon ordre dans les lieux publics ; le maintien du bon ordre dans les foires et marchés; le maintien du bon ordre dans les cafés, jeux, cabarets, auberges, bals publics ; les mesures de police relatives à la tenue des registres imposés aux aubergistes, logeurs et entrepreneurs de voitures publiques ; l'inspection sur la fidélité du débit des denrées; les mesures relatives aux comestibles gâtés et corrompus, et aux boissons falsifiées ; les règlements relatifs aux bouchers et boulangers, taxe du pain et de la viande ; les mesures relatives aux incendies, aux inondations et aux accidents ; celles relatives aux épidémies et aux épizooties, les divagations des fous et furieux, des animaux; les théâtres et spectacles publics; l'observation des fêtes et dimanches; les enseignes et affiches, etc., etc.

Nous aurons à examiner quel est le droit de l'autorité administrative ou municipale de faire des règlements; quelles sont les occasions dans lesquelles elle peut faire ces règlements ; les formes dans lesquelles ils doivent être faits et publiés; l'étendue de territoire sur laquelle ils ont force, et les personnes qui sont obligées d'y obéir.

Nous nous occuperons ensuite de la constitution du tribunal de police, du juge, du ministère public, du greffier ; de la compétence au point de vue général des contraventions, et relativement aux contraventions spéciales aux règlements administratifs et municipaux; des droit et devoir du juge du tribunal de police d'examiner les pouvoirs de l'autorité de laquelle le règlement émane, et la régularité de sa promulgation.

Nous traiterons ensuite de chaque espèce de contravention en particulier; et un chapitre sera consacré à chaque classe ou série de ces contraventions. C'est dans cette partie que nous exposerons tout ce qui est relatif à la petite voirie, au droit de bâtir le long des rues et des chemins, de reconstruire, de réparer, etc.; matière si peu connue, dont les principes sont épars dans une multitude d'arrêts, d'ordonnances du Conseil d'Etat, et que l'on ne trouverait peut-être pas complètement réunis dans un seul ouvrage existant.

La manière de constater les contraventions, les procès-verbaux, la procédure, l'audience et la tenue de l'audience, l'office du commissaire de police comme ministère public, le jugement, l'expédition, l'office du greffier, l'exécution du jugement, seront l'objet d'une autre partie de notre traité. On comprend tout ce que ces matières peuvent offrir d'intérêt pour les juges de paix qui tiennent le tribunal de police, et pour les commissaires de police.

Nous dirons, en passant, tout ce qui tient à l'organisation des commissariats de police, à leur institution, à leur constitution ancienne et actuelle; et nous indiquerons leurs attributions administratives en dehors même des contraventions.

La seconde partie sera consacrée à la poursuite des crimes et des délits et à l'instruction criminelle, en tant qu'elle appartient aux juges de paix et aux commissaires de police. Nous y traiterons de la plainte; des premières constatations lorsqu'un crime ou un délit se révèle, des procès-verbaux en matière de délit, des poursuites et de l'instruction en cas de flagrant délit; des commissions rogatoires; en un mot de tout ce qui tient aux fonctions des juges de paix et des commissaires de police en matière de plainte, de dénonciation de crime ou de délit, et d'instruction criminelle.

CHAPITRE II.

Relations entre les fonctions des juges de paix et celles des commissaires de police.

Ce n'est pas sans raison que nous voulons réunir dans un même ouvrage tout ce qui concerne les fonctions des juges de paix comme juges du tribunal de police, et en matière d'instruction criminelle, et ce qui concerne les commissaires de police relativement aux mêmes matières.

Il n'y a pas en effet, en fait de contraventions, qu'on les considère soit au point de vue de la disposition qui les définit, ou du règlement ou arrêté qui les rend punissables, soit au point de vue de la constatation et des poursuites, soit enfin au point de vue de la procédure et du jugement, rien qui ne soit en quelque sorte commun au juge de paix et au commissaire de police. Il faut que l'un et l'autre magistrat ait les mêmes connaissances. Ce que l'un constate et poursuit, l'autre le juge. Il n'est pas jusqu'à l'audience, où le commissaire de police ne se trouve mêlé aux fonctions du juge de paix, puisqu'il y remplit l'office du ministère public, et que c'est sur ses réquisitions que le juge prononce.

Ainsi tout ce qui tient à la force obligatoire des règlements municipaux, suivant leur nature et dans leurs rapports avec la liberté des personnes, avec la propriété, à leur caractère exécutoire, aux voies de recours admises par la loi, aux effets de ce recours, à l'abrogation des règlements, à leur pénalité, intéresse le commissaire de police comme le juge de paix.

Il en est de même de la constatation et de la poursuite des contraventions.

Il en est de même enfin de tout ce

qui tient à la constitution du tribunal de police et à la procédure à suivre.

Quant aux poursuites et à l'instruction criminelle, des rapports tout aussi patents existent entre les fonctions des deux classes de magistrats : l'article 9 du Code d'instruction criminelle, indiquant les agents de la force publique ou les fonctionnaires qui exercent la police judiciaire sous l'autorité des Cours impériales, nomme les juges de paix et les commissaires de police. Il est vrai que les articles 48, 49 et 50 établissent quelques différences entre les pouvoirs attribués aux juges de paix et ceux attribués aux commissaires de police, et que les premiers sont plus étendus ; mais ces différences ne touchent pas aux cas d'instruction les plus importants et les plus fréquents, tels que les cas de flagrant délit.

Il faut donc encore reconnaître que toutes les notions que doit avoir le juge de paix, quant à l'instruction criminelle, sont aussi nécessaires aux commissaires de police ; que la science des deux magistrats doit être la même ; que le livre qui sera utile à l'un sera utile à l'autre.

D'ailleurs, les fonctions des commissaires de police, si l'on excepte ce qui tient à la police politique, à la police de surveillance, se renferment presque tout entières dans ce que nous appellerons la police urbaine et rurale, et dans les poursuites et l'instruction criminelle. Aussi, plus on y réfléchit et plus on se convainc que l'on ne peut pas séparer d'un ouvrage destiné à traiter des contraventions, des fonctions de juge du tribunal de police et de l'instruction criminelle des juges de paix, ce qui tient aux fonctions analogues des commissaires de police, et que l'un ne serait pas complet sans l'autre.

CHAPITRE III.

Des contraventions sous le droit ancien. — Ancienneté des fonctions des commissaires de police. — Ancienne juridiction en matière de contraventions.

La police et les magistrats chargés de l'exercer, ou de juger les contraventions de police, datent des premiers progrès de la civilisation, de l'établissement des cités.

Les *Livres saints* nous apprennent, disent, d'après le *Traité de la police* de La Marre, et d'après quelques auteurs anciens et modernes, MM. Dalloz, auxquels nous empruntons ces détails, que Jérusalem était divisée en quatre quartiers, sur chacun desquels veillaient deux officiers de police, dont l'un avait la direction entière de tout le quartier et s'appelait préfet ou intendant du quartier, et dont l'autre n'avait l'inspection que d'une portion du quartier, réglée ordinairement à la moitié, ce qui lui avait fait donner le nom de préfet, ou intendant de la moitié du quartier. « Absolument, dit La Marre, dans son *Traité de la police*, livre Ier, titre II, page 6, comme nous disons à Paris : *commissaire de quartier*, en parlant de celui qui est l'ancien ou le premier commissaire, et *second* ou *troisième commissaire* dans un tel quartier, en parlant de ses confrères qui lui sont donnés pour collègues. »

Leurs fonctions n'étaient pas bornées au seul soin de la police ; les matières civiles et criminelles étaient encore de leur ressort. Ils avaient aussi cette portion de l'autorité publique que les jurisconsultes nomment *jus prehensionis* (*Arrianus*, lib. VIII).

A Athènes, le préfet de la ville, auquel était confié, sous les ordres de l'Aréopage, le soin de la police, avait pour aides des magistrats dont les noms variaient avec leurs fonctions. Tour à tour on les appelait *inquisiteurs*, *explorateurs*, *examinateurs*, *inspecteurs*. Dans Lacédémone, un seul nom les désignait au respect public : celui de *gardiens de la loi*. Ces deux villes étaient également divisées en plusieurs quartiers.

Chaque magistrat avait des attributions particulières : l'un veillait sur la discipline extérieure de la religion et des mœurs, l'autre faisait exécuter les lois somptuaires ; son inspection s'étendait sur la conduite des femmes ; et, à cette occasion, l'illustre auteur de l'*Esprit des lois* fait la remarque suivante : « Dans les villes grecques, où l'on ne vivait pas sous cette religion qui établit que, chez les hommes mêmes, la pureté des mœurs est une partie de la vertu ; dans les villes grecques où un vice aveugle régnait d'une manière effrénée, où l'amour n'avait qu'une forme que l'on n'ose dire, tandis que la seule amitié s'était retirée dans le mariage ; la vertu, la chasteté des femmes étaient telles, qu'on n'a guère vu de peuple qui ait eu à cet égard une meilleure police » (Liv. VIII, chap. IX).

Il y avait enfin des magistrats préposés uniquement à la sûreté et à la tranquillité publiques ; d'autres à l'inspection des marchés, et d'autres à celle des poids et mesures (Polybe, liv. VI, chap. VII ; Aristote, *Polit.*, liv. II, chap. IV, liv. IV ; Kekermann, *De rep. Spart.*, lib. II, cap. II.

Cette institution, d'origine athénienne, se répandit bientôt dans toutes les cités grecques, et l'on avait une estime si grande pour ces officiers de police, que Platon, dans son *Traité des lois*, liv. V et XXXIV, et après lui Aristote, dans sa *Politique*, liv. IV, chap. XV, et liv. VI, chap. VIII, les mettent au rang des magistrats sans lesquels une république ne peut exister. Aussi leurs fonctions étaient-elles le premier échelon pour arriver aux plus hautes dignités. Epaminondas, Démosthène, Plutarque, les remplirent, selon le témoignage de l'histoire. V. Kekermann, *De rep. Athen. et Spartan.*, lib. II, cap. XIV ; Cicéron, *De Offic.*, lib. II, et *De Divinat.*, lib. I.

Dans l'origine, Rome, qui ne comptait que mille maisons, dans une enceinte proportionnée, fut exclusivement administrée par les rois. En cas d'absence, ils remettaient leur autorité à un préfet, *præfectus urbis*.

Aux rois succédèrent les consuls ; ceux-ci se déchargèrent d'une partie de la police sur deux censeurs, qui s'adjoignirent à leur tour des édiles. Les édiles, créés d'abord pour la conservation des monuments et des édifices publics (*ædiles, ab ædibus*), ne tardèrent pas à prendre le nom de curateurs de la ville (*curatores urbis*), un grand nombre de fonctions de police leur ayant été successivement conférées (La Marre, *Traité de la police*, liv. I, titre IV, p. 11 et suiv.).

Auguste réorganisa la police de Rome ; jusque-là, bien que la ville eût été divisée en quatre quartiers par Servius Tullius, aucun magistrat n'avait été spécialement chargé de la surveillance d'un quartier. Il la partagea donc en quatorze quartiers, qu'il distribua par la voie du sort à quatorze nouveaux curateurs chargés seuls désormais de la police (*curatores regionum urbis*). — Ces magistrats étaient rangés au nombre des magistrats de second ordre (*magistratus minores*). Ils avaient le droit de revêtir la robe magistrale et de marcher précédés de deux licteurs.

Ce fut la classe plébéienne qui fournit les premiers curateurs. Mais les patriciens ne tardèrent pas à briguer cet emploi qu'ils avaient d'abord dédaigné, agissant en cette circonstance comme jadis à propos de l'édilité ; de sorte qu'Alexandre Sévère, pour satisfaire à leurs pressantes sollicitations, doubla le nombre de ces magistrats, et prit les douze nouveaux élus dans les familles consulaires ou patriciennes (La Marre, *Traité de la police,* liv. I, tit. IV).

Les réformes de Rome passèrent dans les Gaules ; les nouveaux magistrats des provinces furent tantôt désignés sous le titre de *curatores urbis, locorum defensores,* tantôt sous celui de *vicarii magistratuum, parentes plebis, defensores disciplinæ, inquisitores, discussores.*

Dans les premiers temps de la monarchie française, des émissaires royaux parcouraient les provinces sous le nom de *missi comitum*, *missi reipublicæ*, *missi regales.* Représentants de l'autorité souveraine, ils veillaient, non plus seulement au maintien du bon ordre et à une exacte discipline dans chaque localité particulière, mais à ce que chaque province fût bien administrée, et que bonne justice y fût rendue à tous. — Plus tard, l'institution des prévôtés amena celle des enquêteurs et examinateurs, connus sous le nom de *commissaires enquêteurs et examinateurs.* Ils étaient non-seulement chargés d'aider les juges dans la recherche de la vérité, d'instruire les causes qui leur étaient envoyées, d'entendre les témoins, d'en référer aux juges et d'assister ensuite aux jugements (Ducange, *Glossaire*) ; mais encore d'importantes fonctions leur étaient attribuées en matière de police. — Cette dénomination de *commissaire* se rencontre pour la première fois dans les lettres-patentes du 11 juillet 1525. Elle ne fut cependant pas mise en usage immédiatement à Paris ; les commissaires enquêteurs et examinateurs étaient appelés commissaires au Châtelet. — Ils ne furent en titre et distincts des conseillers au Châtelet que vers l'an 1306. Une ordonnance de Philippe de Valois, du mois de février 1317, en fixa le nombre à douze, et leur défendit d'être avocats, notaires ni procureurs, et de tenir aucun office au Châtelet. Le nombre fut ensuite porté à seize par lettres-patentes du 24 avril 1337. Sous François Ier il était de trente-deux ; de quarante sous Henri III, et sous ses successeurs, de quarante-huit.

Les lieutenants généraux le trouvèrent fixé à quarante-huit, et le conservèrent ainsi tant qu'ils eurent la direction de la police. La ville était alors divisée, avec ses faubourgs, en vingt quartiers, au lieu de seize, en conformité d'une déclaration royale du 12 septembre 1702, rendue sur un arrêté du Conseil du 14 janvier précédent. (La Marre.)

Il y a un rapport et une analogie frappante entre les attributions et les fonctions des commissaires au Châtelet d'alors et celles de commissaires de police, même des juges de paix d'aujourd'hui.

En matière civile, les commissaires au Châtelet étaient chargés de procéder, par délégation de juges, non-seulement à l'audition et à l'examen des témoins, mais encore aux inventaires, partages, comptes, appositions de scellés, ordres et contributions, taxes de dépens et dommages-intérêts, etc. Nouveau Denisart, v° *Commissaire au Châtelet*, § 2.

En matière criminelle, dans le cas de flagrant délit et de clameur publique, ils avaient droit non-seulement d'informer d'office, mais même de faire constituer l'accusé prisonnier. Nouveau Denisart, *ibidem*, § 3, n° 1er.

Enfin tous les détails de la police rentraient dans leurs attributions.

Ainsi ils devaient répondre de jour et de nuit au guet et à la garde de Paris, qui étaient tenus de leur amener tous les délinquants, en cas de rixe et autres cas semblables, ainsi que les personnes blessées, et de leur apporter les corps des noyés et de ceux qui étaient trouvés morts dans les rues et sur les places publiques. *Ibid.*, § 3, n° 3.

Ils pouvaient envoyer d'office en prison les délinquants qui étaient sans aveu et sans domicile, ainsi que les filles publiques qui causaient du scandale. *Ibid.*

Ils veillaient au balayage des rues, à leur éclairage, et à l'enlèvement des immondices.

Ils recevaient les plaintes des propriétaires et voisins contre les filles de mauvaise vie.

Ils visitaient les hôteliers, aubergistes et logeurs en garni, pour savoir quelles gens ils logeaient ; se transportaient chez eux pour vérifier s'ils inscrivaient exactement le nom de leurs locataires, et, quand il s'y trouvait quelqu'un de suspect, comme des gens sans aveu, des domestiques sans condition et sans certificats de leurs maîtres, de prétendus maris et femmes ne pouvant justifier de leur mariage, ils les envoyaient en prison.

Ils devaient se transporter dans les marchés et chez les boulangers, aubergistes et cabaretiers, pour visiter les denrées et marchandises que ceux-ci vendaient au public, vérifier les poids et mesures, et empêcher les cabaretiers de donner à boire le dimanche et les fêtes aux heures du service divin. *Ibid.*

Ils devaient également empêcher les ouvriers, tels que les maçons, charpentiers, couvreurs, de travailler les fêtes et dimanches.

Ils accompagnaient les jurés et gardes des différentes communautés dans les visites que ceux-ci faisaient chez les marchands, et c'était à eux qu'il appartenait de dresser des procès-verbaux de contravention. *Ibid.*

Une déclaration du 18 juillet 1729, enregistrée le 5 septembre 1730, chargeait les commissaires de constater les maisons qui étaient en péril imminent, et de faire assigner les propriétaires à la police. *Ibid.*

Enfin, tout ce qui concernait la sûreté, la propreté et l'éclairage de la ville, était du ministère des commissaires.

Un édit de novembre 1699 créa, dans les principales villes du royaume, des commissaires de police en titres d'offices héréditaires, dont les fonctions consistaient à faire exécuter les ordres et mandements des lieutenants généraux de police, à faire le rapport de tout ce qui concernait la police, et, en général, toutes les autres fonctions que remplissaient, en matière de police, les commissaires du Châtelet de Paris.

Le décret des 4 août-21 septembre 1789, en supprimant la vénalité des offices (art. 7), supprima, par cela même, l'institution des commissaires enquêteurs, celle des commissaires au Châtelet, celle enfin des commissaires de police, qui en faisaient partie.

Nous verrons, au chapitre suivant,

comment ils furent remplacés. Il nous reste à dire, pour compléter le présent chapitre, comment étaient jugées les contraventions sous l'ancien régime, et quelle était la juridiction qui remplaçait alors les tribunaux de police.

Les fonctions de juge de police étaient autrefois remplies par les juges ordinaires ou juges civils, c'est-à-dire par les différentes juridictions établies dans le royaume, telles que les juges royaux, baillis, sénéchaux ou présidiaux, et les juges des seigneurs, appelés communément juges subalternes.

Il était enjoint par toutes les ordonnances aux princes et autres seigneurs du royaume, juges royaux et subalternes, de faire la police générale sur les cabarets, vivres, denrées, grains, marchés, foires, rues, et généralement tout ce qui en dépend, tant pour le manger, sûreté, clarté et netteté, à peine contre ces officiers de privation de leurs états; ces officiers devaient en renouveler les ordonnances tous les ans, à la Saint-Martin, ainsi qu'aux assises, où elles doivent être lues et réitérées par publications.

Les juges ne pouvaient rendre aucunes sentences de police portant condamnations d'amende, sans les conclusions du procureur fiscal; il remplissait les fonctions du ministère public, comme le font les commissaires de police, aujourd'hui, près les tribunaux de police.

Les juges étaient tenus de faire des visites de police, et très-souvent de dresser à l'instant, et dans les maisons des particuliers, des procès-verbaux des contraventions aux ordonnances et règlements; souvent il arrivait même des rixes, dont les deux parties venaient chez le juge de police se plaindre dans sa maison; il était de même obligé de dresser procès-verbal; mais il ne pouvait, dans l'un et l'autre cas, juger et prononcer comme à l'audience. C'était au procureur fiscal à faire assigner, pour la prochaine audience, les délinquants, pour voir confisquer les choses, et être condamnés en l'amende portée par les règlements, suivant l'exigence des cas.

CHAPITRE IV.

Des commissaires de police sous le droit nouveau. — Constitution actuelle de la police en France. — Commissaires généraux, commissaires spéciaux, simples commissaires. — Fonctions et institution des commissaires de police d'après les décrets nouveaux.

Après que les commissaires enquêteurs, les commissaires au Châtelet et les commissaires de police eurent disparu, la police administrative et contentieuse fut confiée provisoirement aux corps municipaux. Le décret du 22 décembre 1789 avait divisé la France en départements, districts, cantons et municipalités, et réglé l'élection des membres de l'administration départementale et communale.

L'article 9 du décret du 20 avril 1790, encore relatif aux administrations de département et de district, portait : « La police administrative et « contentieuse sera, par provision et « jusqu'à l'organisation de l'ordre ju- « diciaire, exercée par les corps mu- « nicipaux, à la charge de se con- « former en tout aux règlements « actuels, tant qu'ils ne seront ni « abrogés, ni changés. »

Ce fut d'abord à Paris que la réforme s'opéra. L'article 6, titre Ier du décret du 21 mai 1790 divisa la ville, par rapport à sa municipalité, en quarante-huit sections, et l'article 3, titre IV, disposa qu'il y aurait toujours un commissaire de police en activité dans chacune des quarante-huit sections, et sous les ordres du maire (art. 18). —En outre, seize commissaires, désignés sous le nom de commissaires de section, étaient chargés de surveiller et de seconder, au besoin, le commissaire de police de chacune des quarante-huit sections (art. 4 et 5, tit. IV du décret).— Chaque commissaire de police avait sous ses ordres un secrétaire chargé de tenir la plume (art. 13 et 20, tit. IV, du même décret); la commune le rétribuait (art. 13 et 21). —Les magistrats étaient nommés par les électeurs; alors le principe de l'élection avait prévalu.

C'est par décret des 19-22 juillet 1791 que fut organisée, pour toute la France, la police municipale et correctionnelle. Ce décret, dans son titre premier, pose les règles de police municipale qui touchent à l'ordre public : « Dans les villes et dans les cam« pagnes, les corps municipaux feront « constater l'état des habitants,..... « soit par des commissaires de police, « s'il y en a. Chaque année, le regis« tre contiendra mention des déclara« tions que chacun aura faites de ses « noms, âge, lieu de naissance, der« nier domicile, profession, métier et « autres moyens de subsistance. Le « déclarant qui n'aurait à indiquer « aucun moyen de subsistance dési« gnera les citoyens domiciliés dans la « municipalité, dont il sera connu et « qui pourront rendre bon témoignage « de sa conduite.

« Ceux qui, étant en état de travail« ler, n'auront ni moyens de subsis« tance, ni métier, ni répondants, se« ront inscrits avec la note de *gens sans « aveu*.—Ceux qui refuseront toute dé« claration seront inscrits sous leur si« gnalement et demeure, avec la note « de *gens suspects*. — Ceux qui seront « convaincus d'avoir fait de fausses dé« clarations seront inscrits avec la note « de *gens malintentionnés*. — Il sera « donné communication de ces regis« tres aux officiers et sous-officiers de « la gendarmerie nationale, dans le « cours de leurs tournées. »

Le décret prescrit ensuite les mesures pour l'inscription, par les aubergistes et logeurs, des noms de ceux qui couchent chez eux, et pour la défense des jeux de hasard.

Il indique les moyens mis à la disposition des officiers municipaux pour constater les contraventions de police; les cas dans lesquels il leur est permis d'entrer dans les maisons des particuliers.

Puis viennent la nomenclature et la définition des détails de police municipale et des peines qui peuvent être prononcées pour chaque contravention; ces contraventions sont, pour la plupart, celles comprises dans les articles 471 et suivants du Code pénal actuel.

Ce même décret règle la constitution et la composition du tribunal de police municipale. Ce tribunal était alors composé de membres des corps municipaux, que les officiers municipaux choisissaient entre eux. Aucun jugement ne pouvait être rendu que par trois juges, et sur les conclusions du procureur de la commune ou de son substitut. Le décret des 19-22 juillet 1791 contenait encore une disposition sur les règlements administratifs et municipaux; l'article 46 portait : « Aucun tribunal de police « municipale, ni aucun corps muni« cipal ne pourra faire des règlements : « le corps municipal néanmoins pour« ra, sous le nom et l'intitulé de dé« libérations, et sauf la réformation, « s'il y a lieu, par l'administration du

« département, sur l'avis de celle du « district, faire des arrêtés sur les « objets qui suivent : 1° Lorsqu'il s'a- « gira d'ordonner les précautions lo- « cales sur les objets confiés à sa vigi- « lance et à son autorité par les art. « 3 et 4 du tit. XI du décret du 15 « août, sur l'organisation judiciaire; « — 2° de publier de nouveau les « lois et règlements de police, ou de « rappeler les citoyens à leur obser- « vation. »

Un décret du 26 juillet 1791 donna, par son article 26, aux commissaires de police le droit de faire des sommations aux attroupements, concurremment avec d'autres fonctionnaires.

La loi du 19 vendémiaire an IV fixa le nombre des commissaires de police, et détermina les lieux où il en devrait être établi. D'après l'article 10 de ce décret, il y aura des commissaires de police dans les communes au-dessus de 5,000 habitants; les communes au-dessous de 10,000 habitants n'auront qu'un commissaire de police ; dans celles au-dessus de 10,000 habitants il en sera établi un par section.

Le Code du 3 brumaire an IV confia à l'agent municipal ou à son adjoint les fonctions de commissaire de police dans les villes au-dessous de 5,000 âmes, et rangea le commissaire de police au nombre des officiers de police judiciaire.

L'arrêté du 2 germinal an IV porte que les commissaires de police, dans les communes où ils sont établis, veilleront à ce que nul citoyen ne puisse s'y introduire sans passe-port et qu'ils feront arrêter les particuliers qui en sont dépourvus.

Dans le principe de la période révolutionnaire les commissaires de police furent, ainsi que nous l'avons dit plus haut, comme tous les autres magistrats et fonctionnaires, nommés par élection. La loi du 19 vendémiaire an IV enleva leur nomination au hasard du scrutin et la confia, pour le plus grand nombre des commissaires de police, à l'autorité municipale.

Sous le Consulat, l'arrêté du 19 nivôse an VIII disposa que les membres des bureaux centraux, les commissaires de police et les officiers de paix seraient nommés par le premier Consul, sur la présentation du ministre de la police. — Ensuite vint la loi du 28 pluviôse an VIII, à laquelle se rattache l'organisation qui a subsisté jusqu'à nos jours. D'après cette loi, en effet, il doit y avoir un commissaire de police dans les villes de 5,000 habitants à 10,000 ; et, dans les villes dont la population excédera 10,000 habitants, outre ce commissaire de police, il y en aura un par 10,000 habitants d'excédant (art. 12); dans les villes de 100,000 habitants et au-dessus, il y aura un commissaire général de police, auquel les commissaires de police seront subordonnés, et qui sera subordonné au préfet : néanmoins, il exécutera les ordres qu'il recevra immédiatement du ministre de la police (art. 14). A Paris les commissaires de police, distribués dans les douze arrondissements, sont sous les ordres du préfet de police (art. 16); les commissaires généraux de police sont nommés par le premier Consul.

C'est par la loi du 27 ventôse an VIII que les commissaires de police furent chargés des fonctions du ministère public près les tribunaux de simple police, disposition que l'article 144 du Code d'instruction criminelle a reproduite.

Un arrêté du 12 messidor an VIII

met sous les ordres du préfet de police de Paris les affaires de paix, les commissaires de police de la Bourse, le commissaire de la petite voirie, les commissaires des halles et marchés. Art. 35.

L'arrêté du 5 brumaire an IX détermine les fonctions des commissaires généraux de police, ainsi que des commissaires de police sous leurs ordres.

L'arrêté du 29 germinal an IX porte, que la police de la Bourse appartiendra, à Paris, au préfet de police; à Marseille, Lyon et Bordeaux, aux commissaires généraux de police; dans les autres villes, aux maires. Les maires doivent désigner un des commissaires de police, ou un des adjoints pour être présents à la Bourse et en exercer la police pendant sa tenue.

L'arrêté du 29 prairial an IX (art. 16) investit les commissaires de police d'une surveillance sur l'emploi des poids et mesures.

L'arrêté du 29 floréal an X dispose que les contraventions en matière de grande voirie seront constatées par les commissaires de police et autres fonctionnaires qui y sont designés.

L'arrêté du 27 prairial an X charge les commissaires de police de veiller à ce qu'aucune personne ne s'immisce dans les fonctions d'agent de change et de courtier, soit dans l'intérieur, soit à l'extérieur de la Bourse, et les charge de faire connaître les contraventions au préfet de police, à Paris, et aux maires et officiers de police, dans les départements.

Sous l'Empire, l'arrêté du 23 fructidor an XIII détermina les fonctions des commissaires généraux de police, institution qui avait pour but de centraliser la police de l'Etat, qui n'a pas survécu à l'Empire, mais qui, comme nous le verrons ci-après, a été rétablie de nos jours.

Un décret du 16 février 1807 fixa la vacation du commissaire de police requis pour être présent à l'ouverture des portes et meubles fermant à clef, à Paris, à 5 fr., dans les villes où il y a un tribunal de première instance, à 3 fr. 75 c., et dans les autres villes et cantons ruraux, à 2 fr. 50 c. En 1808 fut publié le Code d'instruction criminelle, qui mit les commissaires de police au nombre des officiers de police judiciaire (art. 9); les chargea d'instruire en cas de flagrant délit (art. 50), et confirma leurs attributions de ministère public près du tribunal de police (art. 144). Pendant les Cent-Jours un décret du 28 mars 1815 supprima les directeurs généraux et les commissaires généraux et spéciaux de police; créa sept lieutenants de police, et détermina leurs fonctions et leurs arrondissements respectifs; cette institution des lieutenants de police n'eut pas de durée.

Sous la Restauration, une ordonnance du 13 septembre 1829 investit les commissaires de police, dans tout le royaume, des attributions données aux inspecteurs de la librairie, que cette ordonnance supprimait.

Après la révolution de 1830, il y eut quelques commissaires généraux de police nommés, et bientôt supprimés. Une ordonnance du 31 août 1830 divisa en deux classes les commissariats de police de Paris, et statua sur leur avancement et sur leur traitement.

Après la révolution de 1848 et sous la dictature présidentielle qui suivit les événements du 2 décembre 1851, l'administration de la police a reçu en France une nouvelle organisation, que nous devons faire connaître, quoiqu'elle tienne plus à l'ordre politique qu'à l'ordre administratif, et quoique par un décret récent elle vienne d'être modifiée.

Ainsi, un premier décret du 22 janvier 1852 créa un ministère de la police générale ; ce décret porte :

Art. 1er. Il est créé un ministère sous le nom de *ministère de la police générale*.

Art. 2. Le ministère de la police aura les attributions suivantes :

L'exécution des lois relatives à la police générale, à la sûreté et à la tranquillité intérieure de la République ;

Le service de la garde nationale, de la garde républicaine, de la gendarmerie, pour tout ce qui est relatif au maintien de l'ordre public ;

La surveillance des journaux, des pièces de théâtre, et des publications de toute nature ;

La police des prisons, maisons d'arrêt, de justice et de réclusion ;

Le personnel des préfets de police de Paris et des départements, des agents de toute sorte de la police générale ;

La police commerciale, sanitaire et industrielle ;

La répresion de la mendicité et du vagabondage.

Art. 3. Le ministère de la police aura la correspondance avec les diverses autorités constituées, pour ce qui concerne la sûreté de la République.

Art. 4. Un décret ultérieur réglera l'organisation centrale et les services actifs du nouveau ministère.

Ce décret ultérieur est celui du 30 janvier 1852.

L'organisation du ministère de la police générale est réglée ainsi qu'il suit :

Art. 1er. L'administration centrale du ministère se composera de la manière suivante :

Cabinet du ministre : Correspondance confidentielle. — Affaires réservées et non classées. — Personnel. — Récompenses honorifiques.

Première division : Secrétariat général : Arrivée et départ des dépêches, leur enregistrement et leur envoi dans les bureaux. — Recueil et transmission des décisions du ministre. — Renseignements généraux.

Comptabilité : Opérations et écritures centrales. — Ordonnancement. — Caisse.

Deuxième division : Sûreté générale. — Correspondance générale. — Exécution des lois relatives à la police générale, à la sûreté et à la tranquillité intérieure de la République.

Surveillance de la presse, des théâtres et des publications de toute nature. — Surveillance des prisons, maisons d'arrêt et de justice, de détention et de réclusion. — Surveillance légale des condamnés libérés. — Répression de la mendicité et du vagabondage. — Archives du ministère.

Troisième division : Surveillance générale de l'imprimerie et de la librairie. — Brevets des imprimeurs et libraires. — Surveillance de la librairie étrangère, contrefaçons en France et à l'étranger. — Propriété littéraire. — Déclaration des diverses publications. — Dépôt de livres, journaux, estampes, gravures, etc., etc., publiés à Paris ou dans les départements.

Police administrative : Réfugiés étrangers subventionnés. — Recherches dans l'intérêt des familles. — Rapatriement des Français venant de l'étranger. — Surveillance des bourses de commerce. — Sociétés de prévoyance et de secours mutuels entre les travailleurs.— Surveillance du travail des enfants dans les manufactures. — Surveillance des lazarets et des quarantaines. — Correspondance relative à l'état de la santé publique, tant en France qu'à l'étranger. — Mesures générales relatives à la salubrité. — Etablissements insalubres et incommodes.

Art. 2. Il y aura auprès du ministre trois directeurs généraux, au nombre desquels sera le préfet de police de la Seine. Ils travailleront avec le ministre, et seront chargés de la correspondance, de l'instruction et de la suite des affaires, chacun dans les départements qui lui seront assignés, conformément à l'état annexé au présent décret.

Art. 3. Indépendamment des audiences du ministre, il y aura chaque jour une audience tenue par l'un des directeurs généraux, pour recevoir les réclamations adressées au ministre, et qui lui seront transmises immédiatement après l'audience.

Le préfet de police tiendra ses audiences à la préfecture.

Art. 4. En dehors des conférences quotidiennes, les directeurs généraux et le préfet de police de la Seine seront réunis par le ministre au moins une fois par semaine. Ils discuteront devant lui les diverses réclamations qui leur auront été renvoyées.

Art. 5. Il sera dressé un procès-verbal des séances, dans lequel chacun pourra consigner son opinion sur tous les objets de police.

L'original de ces procès-verbaux sera porté, par le ministre, au prince président de la République.

Art. 6. Le nombre et le traitement des employés des administrations centrales, ainsi que le traitement des directeurs généraux, seront fixés par un décret spécial quand les services seront complétement établis.

Art. 7. L'administration du service départemental comprend :

Les inspecteurs généraux,

Les inspecteurs spéciaux,

Les commissaires de police.

Art. 8. Les inspecteurs généraux exerceront leurs fonctions sous l'autorité immédiate du ministre de la police générale.

Ils correspondront avec les préfets et les maires, avec les procureurs généraux et les procureurs de la République près les Cours et tribunaux, avec les colonels et officiers de gendarmerie.

Ils auront sous leurs ordres les inspecteurs spéciaux et les commissaires de police.

Ils étendront leur surveillance sur tous les départements compris dans la circonscription qui leur est assignée.

Ils surveilleront particulièrement tout ce qui peut influencer l'esprit public, tout ce qui peut donner cause à des plaintes légitimes.

Ils surveilleront la presse, la librairie et les publications de toute nature, les théâtres, les prisons, l'instruction publique, les associations politiques et industrielles.

Ils rectifieront les fausses nouvelles, et, en général, ils fixeront leur attention sur toutes les parties d'administration et de service public, en se conformant aux instructions du ministre de la police générale.

Art. 9. Les inspecteurs spéciaux agissent dans le cercle des attributions ci-dessus indiquées, sous l'autorité des inspecteurs généraux ; ils correspondent avec eux ; ils peuvent, dans les cas extraordinaires, correspondre directement avec le ministre. Ils ont également la correspondance avec les fonctionnaires indiqués dans l'article précédent.

Ils ont sous leurs ordres les commissaires de police.

Art. 10. Les inspecteurs généraux sont divisés en trois classes quant à leur traitement, qui sera fixé ainsi qu'il suit :

Inspecteurs généraux de première classe, 15,000 fr. ;

Inspecteurs généraux de deuxième classe, 12,000 fr. ;

Inspecteurs généraux de troisième classe, 10,000 fr.

Les frais de bureaux et de dépenses accessoires seront payés sur les fonds du ministère de la police, sur des états appuyés de pièces justificatives.

Art. 11. Les inspecteurs spéciaux auront un traitement de 5,000 fr., plus de 1,000 fr. pour les couvrir de leurs frais de bureaux.

Art. 12. Les frais de voyage et de tournée des inspecteurs généraux et des inspecteurs spéciaux seront réglés par le ministre, et payés séparément.

La résidence des commissaires spéciaux pourra varier toutes les fois que le ministre le jugera convenable.

Art. 13. Les inspecteurs généraux et les inspecteurs spéciaux seront logés par les villes, et il leur sera fourni un emplacement pour leurs bureaux. Cette dépense sera portée au budget des villes, au nombre des dépenses obligatoires.

Les commissaires de police des villes ou communes continueront à être payés sur les revenus municipaux.

Art. 14. Les inspecteurs généraux pourront faire faire des arrestations, après s'en être entendus avec le préfet du département dans lequel l'arrestation aura lieu.

En cas d'absence, d'urgence ou de dissentiment, la mesure ordonnée par l'inspecteur divisionnaire serait exécutée provisoirement ; mais, en cas de conflit, il en serait immédiatement référé au ministre de l'intérieur et au ministre de la police générale.

Art. 15. Les inspecteurs spéciaux ne pourront, excepté le cas de flagrant délit, faire aucune arrestation qu'après en avoir reçu l'ordre de l'inspecteur général, auquel ils rendront compte de toutes leurs opérations.

Art. 16. Les inspecteurs généraux et les inspecteurs spéciaux informeront les préfets de leurs arrondissements de tout ce qui pourra intéresser leur département ; ils seront tenus de déférer aux réquisitions qui leur seront adressées par ces fonctionnaires pour le bien du service.

Art. 17. Les inspecteurs généraux, les inspecteurs spéciaux et les commissaires de police pourront requérir, pour assurer l'exercice de leurs fonctions, la garde nationale, la gendarmerie et la force armée.

SECTION IV.

Du nombre, de la résidence des inspecteurs généraux, et de leurs arrondissements.

Art. 18. Il y aura neuf inspecteurs généraux, dont les résidences sont fixées à Paris, Lille, Metz, Lyon, Marseille, Toulouse, Bordeaux, Nantes et Bourges.

Le cercle de leurs attributions comprendra, savoir :

Pour l'inspecteur général résidant à Paris, les première et deuxième divisions militaires, excepté le département de la Seine, qui reste dans les attributions exclusives du préfet de police de Paris.

Pour celui résidant à Lille, les troisième et quatrième divisions militaires ;

Pour celui résidant à Metz, les cinquième et sixième divisions militaires;

Pour celui résidant à Lyon, les septième et huitième divisions militaires;

Pour celui résidant à Marseille, les neuvième, dixième et dix-septième divisions militaires ;

Pour celui résidant à Toulouse, les onzième et douzième divisions militaires ;

Pour celui résidant à Bordeaux, les treizième et quatorzième divisions militaires ;

Pour celui, résidant à Nantes, les quinzième, seizième et dix-huitième divisions militaires.

Enfin pour celui résidant à Bourges, les dix-neuvième, vingtième et vingt-et-unième divisions militaires.

Art. 19. Il y aura douze inspecteurs spéciaux, dont la résidence sera au chef-lieu de chacune des divisions militaires autres que les neuf villes indiquées ci-dessus; leur nombre pourra être augmenté si le besoin du service l'exige.

Art. 20. Toutes lois, décrets et ordonnances contraires au présent décret sont abrogées.

Un décret du 13 février 1852 détermine le rang que prendront, dans les cérémonies publiques, les inspecteurs généraux et inspecteurs spéciaux de police, les visites qu'ils doivent faire aux autres autorités, et celles qui leur sont dues. Ce décret est ainsi conçu :

Art. 1er. Les inspecteurs généraux de police prendront, dans les cérémonies publiques, le rang assigné, dans le décret du 24 messidor an XII, aux commissaires généraux de police, c'est-à-dire immédiatement après les évêques.

Art. 2. Les inspecteurs spéciaux prendront rang après les présidents des tribunaux de première instance.

Art. 3. A leur arrivée dans le chef-lieu de leur résidence, les inspecteurs généraux et spéciaux devront faire visite à tous les fonctionnaires désignés avant eux dans le décret, et les fonctionnaires d'un rang inférieur aux inspecteurs généraux et inspecteurs spéciaux leur devront la première visite.

Les visites seront rendues dans les vingt-quatre heures.

Un quatrième décret, du 28 mars 1852, apporte quelques modifications dans la création, l'organisation et les pouvoirs des commissaires de police.

Vu, dit le préambule de ce décret, la loi du 28 pluviôse an VII ; — Considérant que le système des commissariats de police établi par cette loi ne répond plus suffisamment aux besoins du service public ; — Que le maintien de l'ordre et de la sécurité exige que la surveillance des commissaires de police reçoive une plus grande étendue ; — Sur le rapport du ministre de la police générale :

Art. 1er. Dans tout canton où il existe un ou plusieurs commissaires de police, la juridiction de ces magistrats pourra être étendue à tout ou partie des communes composant ce canton.

Art. 2. Lorsque le besoin s'en fera sentir, il pourra être établi, dans les cantons où il n'en existe pas, un commissaire de police dont la juridiction s'étendra à toutes les communes de ce canton, et qui, sauf les exceptions autorisées, résidera au chef-lieu.

Art. 3. Le commissaire de police pourra requérir, au besoin, les gardes champêtres et les gardes forestiers de son canton ; ces gardes devront l'informer de tout ce qui intéressera la tranquillité publique.

Art. 4. Il pourra exercer ses fonctions hors de son ressort dans les seuls cas prévus par l'article 464 du Code d'instruction criminelle.

Art. 5. Les commissaires de police seront répartis en cinq classes, dont les traitements seront fixés par un règlement d'administration publique.

Ils pourront recevoir des frais de bureaux, qui varieront du dixième au cinquième de leurs traitements.

Art. 6. Les commissaires de police des villes de six mille âmes et au-dessous seront nommés par les préfets, sur une liste de trois candidats, arrêtée par l'inspecteur général du ministère de la police générale.

La révocation, pour être définitive, devra être approuvée par le ministre.

Les commissaires de police des villes au-dessus de six mille âmes continueront à être nommés par le prince président de la République, sur la proposition du ministre de la police générale.

Art. 7. Les chefs-lieux de canton qui ne sont pas pourvus de commissaires de police, ou la commune désignée pour sa résidence, seront tenus de contribuer au traitement de ces agents, au moyen d'un contingent qui ne sera pas moindre de :

300 fr. pour les chefs-lieux au-dessous de quinze cents habitants ;

500 fr. pour les chefs-lieux ayant de quinze cents à trois mille habitants;

600 fr. pour les chefs-lieux ayant de trois mille à cinq mille habitants.

Les traitements actuellement alloués, et les contingents déterminés suivant les proportions précédentes, pourront être répartis entre les chefs-lieux et les autres communes du canton dont les ressources permettent d'y participer. La répartition sera réglée par le préfet en Conseil de préfecture.

Le ministre désignera successivement ceux des cantons qui devront être chaque année pourvus d'un commissaire de police.

Art. 8. L'État interviendra dans le surplus de la dépense, pour porter les traitements aux taux qui seront indiqués par le règlement ci-dessus énoncé.

Art. 9. Pour l'exercice 1852, le montant de la dépense sera prélevé sur les fonds du budget du ministère de la police générale de cet exercice.

Un cinquième décret, du 31 août 1852, règle ainsi le costume des commissaires de police :

Vu l'arrêté des consuls du 17 floréal an VIII, qui règle le costume des sous-préfets, maires et commissaires de police ; — Vu le décret du 28 mars 1852, qui établit, sur de nouvelles bases, l'institution des commissaires de de police :

Art. 1er. Le costume des commissaires de police est réglé ainsi qu'il suit :

1° Commissaires de police de la ville de Paris, et commissaires centraux des départements : — Habit bleu, broderie à trois rangs en argent au collet, parements, écusson conforme au dessin joint au présent décret, boutons à l'aigle.

Le chef de la police municipale de Paris portera en sus les pattes brodées;

2° Commissaires de chef-lieu de département et banlieue de Paris : — Broderie à deux rangs au collet, parements et écusson ;

3° Commissaires d'arrondissement et de chef-lieu de canton au-dessus de deux mille âmes. — Broderie à deux rangs au collet, baguette aux parements;

4° Commissaires de canton, broderie à deux rangs au collet, baguette aux parements.

Les commissaires de police porteront :

Un gilet de piqué blanc,

Un pantalon uni bleu,

Une écharpe tricolore avec frange en argent, à petites torsades, pour la première classe, et en soie blanche pour les trois autres.

Une épée à poignée noire, garde argentée.

Un chapeau à la française, avec ganse brodée pour la première classe, plume noire pour les commissaires de police de la ville de Paris, et avec torsade en argent pour les trois autres.

Enfin, par une première application du décret du 28 mars 1852, des commissariats de police ont été créés, par décret du 17 janvier 1853, dans un grand nombre de cantons de France; ce décret porte :

Art. 1er. Il est créé un commissariat de police dans chacun des cantons désignés au tableau annexé au présent décret.

La juridiction du commissaire de police s'étendra à toutes les communes du canton, et sa résidence est fixée conformément aux indications portées au tableau précité.

Art. 2. Dans tout canton où il existe actuellement un commissaire de police, soit au chef-lieu, soit dans une commune dépendante du canton, sa juridiction s'étendra à toutes les communes du canton.

Dans tout canton où il existera plus d'un commissaire de police, la juridiction de chacun de ces fonctionnaires s'étendra à toutes les communes du canton. Néanmoins, le préfet pourra, dans l'intérêt du service, déterminer les limites de la circonscription placée spécialement sous la surveillance de chacun d'eux.

Dans les villes divisées en plusieurs cantons, et dans lesquelles il n'existe qu'un commissaire de police, la juridiction de ce fonctionnaire s'étendra à toutes les communes de ces cantons.

Dans les villes où il existe plusieurs cantons, et plus d'un commissaire de police, la juridiction de chacun de ces fonctionnaires s'étendra à toutes les communes de ces cantons. Néanmoins le préfet pourra, dans l'intérêt du service, déterminer les limites de la circonscription placée spécialement sous la surveillance de chacun d'eux.

Un décret du 21 juin 1853 a supprimé le ministère de la police générale, et réuni ses attributions à celles du ministère de l'intérieur.

Un autre décret de la même date a établi au ministère de l'intérieur une direction de la sûreté générale; d'après l'article 2 de ce décret, la direction de sûreté générale comprend la correspondance générale, la police générale et spéciale, la presse, l'imprimerie, la librairie et les archives de la police.

Tels sont les décrets nouveaux sur les commissaires de police et sur l'administration de la police en général.

Comme ils forment le dernier état de la législation, il était nécessaire de les rapporter textuellement. Nous terminerons, sous le titre suivant, tout ce qui a rapport à l'organisation des commissariats de police, et aux indications générales des fonctions des commissaires de police; nous dirons aussi quelles sont les conditions exigées pour être nommé commissaire de police. Outre que ces notions rentrent dans le cadre d'un Traité destiné aux commissaires de police, elles seront utiles pour bien faire connaître le magistrat chargé des fonctions du ministère public au tribunal de police, et qui fait partie essentielle de ce tribunal.

TITRE II.

Des conditions nécessaires pour être nommé commissaire de police. — Aptitude. — Age. — Incompatibilités. — Traitement des commissaires de police. — Résidence. — Ressort. — Juridiction. — Etendue. — Caractère des fonctions des commissaires de police, magistrats, fonctionnaires publics. — Attributions.

CHAPITRE PREMIER.

Des conditions nécessaires pour être nommé commissaire de police. — Aptitude. — Age. — Incompatibilités. — Traitement des commissaires de police.—Résidence.— Ressort. Juridiction. — Etendue. — Organisation particulière des commissariats de police à Paris. — Commissaires de police près les chemins de fer.

Avant le décret du 28 mars 1852, le gouvernement avait le droit d'établir des commissaires de police, même dans les communes au-dessous de cinq mille habitants (voir ci-dessus, p. 10).

L'article 1er du décret du 21 septembre 1791 portait, d'une manière générale, qu'il serait établi des commissaires de police dans les villes où ils seraient jugés nécessaires; seulement, quand le gouvernement croyait devoir user de ce droit, le traitement et les frais de bureaux, mis à la charge des communes dans les cas où la loi elle-même ordonnait l'institution de ces fonctionnaires, n'étaient plus obligatoires pour elles; c'est ce qui est ressorti de la discussion de l'article 30 de la loi du 18 juillet 1837 sur l'organisation municipale.

Cet état de choses a été changé par le décret du 28 mars 1852, rapporté ci-dessus, p. 15. Ce décret permet au gouvernement d'établir des commissaires de police dans tous les cantons où il n'en existe pas, et met une partie de leur traitement à la charge de ces cantons.

Dans l'un des projets primitifs de la loi municipale du 18 juillet 1837, adopté par la Chambre des députés, figurait une disposition qui attribuait aux maires la présentation des candidats pour les fonctions de commissaire de police. Mais cette disposition ne trouva pas place dans la rédaction définitive. Elle en fut retranchée sur l'observation faite par le ministre de l'intérieur (séance de la Chambre des députés, 28 janvier 1836), que si ces fonctionnaires sont, à la vérité, rétribués sur les fonds de la commune, leurs attributions ne sont pas uniquement communales; que s'ils sont officiers de police municipale, ils sont aussi officiers de police judiciaire; qu'enfin, dans les grandes villes, les commissaires de police sont surtout agents politiques. Aujourd'hui la présentation et la nomination des commissaires de police sont réglées par le décret du 28 mars 1852, article 6 (voir ci-dessus, p. 16).

Les commissaires de police doivent réunir les mêmes qualités que celles exigées pour être nommé maire, c'est-à-dire être citoyens français, et âgés de vingt-cinq ans accomplis. Loi du 5 fructidor an III, art. 5; Mangin, *Traité des procès-verbaux*, nº 70.

Les fonctions de commissaire de police sont incompatibles avec celles de maire ou d'adjoint, de notaire ou d'avoué. Loi des 1er-8 juin 1792, article 2.

On les regarde aussi, et avec raison,

comme incompatibles avec celles d'huissier.

Mais la Cour de cassation a jugé que les fonctions de commissaire de police ne sont pas incompatibles avec celles de juge suppléant. Cass., 2 juin 1807, Fergata C. Cassaveri. «Les juges suppléants des tribunaux civils d'arrondissement ou des justices de paix, dit M. Carré (*Lois de la Compétence*, t. Ier, p. 383), n'ayant pas de fonctions habituelles, ne pouvaient, quant aux incompatibilités, être mis sur la même ligne que les juges ; il leur est donc permis de cumuler toute autre fonction. La loi n'excepte que celles d'huissier et de greffier près le tribunal auquel ils sont attachés, et de percepteur des contributions. » Loi du 27 mars 1791, art. 8. — Quant à nous, nous croyons que les fonctions de commissaire de police sont, par leur nature même, incompatibles avec toutes autres fonctions administratives ou judiciaires ; de ce qu'une incompatibilité n'est pas consacrée par un texte de loi, il ne s'ensuit pas qu'elle n'existe pas. Il faut, pour bien se fixer sur cette matière, examiner quel est le caractère des fonctions ; et, certes, le commissaire de police appelé à conclure devant le tribunal de police ne devra pas être admis à remplir les fonctions de suppléant du juge de paix, qui peut siéger comme juge au même tribunal.

Les commissaires de police prêtent serment, dans les départements, entre les mains des maires (décret du 1er juin 1812, art. 9) ; à Paris, entre les mains du préfet de police. Décret du 21 juin 1790, tit. IV, art. 32, et loi du 28 pluviôse an VIII, art. 18.

Nous avons vu ci-dessus, page 16, que les commissaires de police sont répartis en cinq classes, et que leur traitement doit être, suivant la classe, fixé par un règlement d'administration publique. Avant le décret du 28 mars 1852, qui contient cette disposition, le traitement des commissaires de police était : à Bordeaux, Lyon et Marseille, de 2,400 fr., et dans les villes de quarante mille âmes et au-dessus, de 1,800 fr. ; de vingt-cinq mille jusqu'à quarante mille âmes, de 1,500 fr. ; de quinze mille jusqu'à vingt-cinq mille âmes, de 1,200 fr. ; de dix mille jusqu'à quinze mille âmes, de 1,200 f. ; dans les villes au-dessous de dix mille habitants, le traitement était fixé par un règlement d'administration, sur l'avis du préfet, et après que le Conseil municipal avait émis son vœu. Un décret du 17 germinal an XI, article 4, portait que dans ces dernières villes le traitement des commissaires de police ne pourrait être au-dessous de 800 fr.

Les frais de bureau des commissaires de police avaient été déterminés par un décret du 22 mars 1813 (non inséré au *Bulletin des lois*). Ces frais étaient : à Lyon, Bordeaux et Marseille, de 800 fr. ; dans les villes de quarante mille habitants et au-dessus, de 600 fr. ; dans les villes de vingt-cinq mille jusqu'à quarante mille habitants, de 450 fr. ; dans les villes de quinze mille jusqu'à vingt-cinq mille habitants, de 350 fr. ; dans celles de dix mille jusqu'à quinze mille habitants, de 250 fr. ; et dans les autres villes, de 200 fr.

La loi du 18 juillet 1837, art. 30, 8°, rangeait au nombre des dépenses obligatoires des communes le traitement et les frais de bureau des commissaires de police, tels qu'ils étaient déterminés par les lois ; et comme, ainsi qu'il a été dit plus haut, les villes renfermant plus de cinq mille habitants pouvaient être obligées de fournir aux dépenses du commissariat, il était jugé que ces villes n'étaient pas recevables à attaquer une ordonnance qui y nommait un commissaire de police, et qu'elles ne pouvaient se refuser à son traitement. Cons. d'Etat, 26 mai 1842, commune de Lambezellec. Aujourd'hui encore le décret du 28 mars 1852 détermine au moins pour les chefs-lieux de canton qui, au moment du décret, n'étaient pas pourvus de commissaires de police, ou pour les villes autres que les chefs-lieux désignés pour leur résidence, les sommes pour lesquelles ils seront tenus de contribuer au traitement du commissaire de police qui y sera établi. (Voir ci-dessus, page 16.) L'article 7 du même décret porte que les traitements actuellement alloués, et les contingents déterminés suivant les proportions précédentes, pourront être répartis entre les chefs-lieux et les autres communes du canton, dont les ressources permettent d'y participer. La répartition sera réglée par le préfet en Conseil de préfecture.

Avant le décret (sus-rapporté, p. 15) du 28 mars 1852, la juridiction des commissaires de police était renfermée dans la commune de leur résidence.

L'article 1er de ce décret porte que, dans tout canton où il existe un ou plusieurs commissaires de police, la juridiction de ces magistrats pourra être étendue à tout ou partie des communes composant ce canton.

D'après l'article 2, lorsque des commissaires de police seront établis dans les cantons où il n'en existe pas, leur juridiction s'étendra à toutes les communes de ces cantons.

Le décret du 17 janvier a même érigé en règle et en disposition définitive l'extension à tout le canton de la juridiction des commissaires de police anciennement existants, soit qu'ils fussent établis au chef-lieu du canton, soit qu'ils fussent établis dans une autre commune que la commune chef-lieu. Ce même décret règle la juridiction des commissaires de police établis dans les villes où il existe plusieurs cantons. (Voir ci-dessus, p. 17.)

Déjà auparavant il était admis que, dans les communes divisées en plusieurs arrondissements (et notamment à Paris), les commissaires de police exercent leurs fonctions dans toute l'étendue de la commune où ils sont établis, sans pouvoir alléguer que les contraventions ont été commises hors de l'arrondissement particulier auquel ils sont préposés. — Les arrondissements ne limitent ni ne circonscrivent leurs pouvoirs respectifs, mais indiquent seulement les termes dans lesquels chacun d'eux est plus spécialement astreint à un exercice constant et régulier de ses fonctions. C. instr. crim., art. 12.

Cette disposition, toutefois, n'est pas applicable, comme nous le verrons ci-après, aux cas où les commissaires de police doivent remplir les fonctions de ministère public près le tribunal de simple police. Il résulte, en effet, de l'article 144 du Code d'instruction criminelle, que, dans les communes où il y a plusieurs commissaires de police, le procureur général doit nommer celui ou ceux qui seront chargés d'exercer ce ministère.

Lorsque l'un des commissaires d'une même commune se trouve légitimement empêché, celui de l'arrondissement voisin est tenu de le suppléer, sans qu'il puisse retarder le service pour lequel il est requis, sous prétexte qu'il n'est pas le plus voisin du commissaire empêché, ou que l'empêchement n'est pas légitime ou n'est pas prouvé. C. instr. crim., art. 13. Décret du 17 janvier 1853.

Un commissaire de police, à Paris, ne doit pas renvoyer à un de ses collègues l'exécution d'un ordre du préfet de police, sous le prétexte que le lieu où il doit être exécuté n'est pas situé dans son quartier. Décision du préfet de police, 13 prairial an VIII.

Toutefois, il ne faut pas conclure de la compétence générale donnée aux commissaires de police pour toute l'étendue de la commune ou du canton où ils sont établis, qu'il est permis aux parties de se soustraire aux commissaires de police de leur arrondissement, pour aller dans un autre chercher un commissaire duquel elles espèrent plus de complaisance. Tant que le commissaire de leur quartier n'est pas empêché, elles ne peuvent s'adresser qu'à lui. Cette vérité, dit Mangin (*Tr. des proc.-verb.*, n° 74), a été tenue pour constante lors de la discussion du Code; et s'il ne l'a pas consacrée par une disposition expresse, c'est qu'on a craint que les commissaires n'en abusassent pour se refuser à instrumenter dans le quartier l'un de l'autre.

Mais, en tous cas, la compétence des commissaires de police cesse aux limites du canton; hors de là, les actes de leur ministère n'auraient aucune valeur.

Dans les communes où il n'existe point de commissaires de police, les maires, et, à leur défaut, les adjoints du maire, en remplissent les fonctions. — Dans celles où il n'existe qu'un commissaire, s'il se trouve légitimement empêché, les mêmes fonctionnaires les remplacent tant que dure l'empêchement. C. instr. crim., art. 11, 14 et 144.

A Paris, tout ce qui concerne la police se trouve placé sous la direction du préfet de police; il a sous ses ordres des commissaires distribués dans les douze municipalités. Loi du 28 pluviôse an VIII, art. 12; arrêté du 12 messidor an VIII, art. 35.

Une loi récente, du 10 juin 1853, a étendu la juridiction et les attributions du préfet de police de Paris à tout le département de la Seine. Cette loi porte :

Art. 1. Le préfet de police de Paris exercera, dans toutes les communes du département de la Seine, les fonctions qui lui sont déférées par l'arrêté des consuls, du 12 messidor an VIII.

Art. 2. Toutefois, les maires des communes du département de la Seine resteront chargés, sous la surveillance du préfet de la Seine, et sans préjudice des attributions, tant générales que spéciales, qui leur seront conférées par les lois, de tout ce qui concerne la petite voirie, la liberté et la sûreté de la voie publique, l'établissement, l'entretien et la conservation des édifices communaux, cimetières, promenades, places, rues et voies publiques ne dépendant pas de la grande voirie, l'éclairage, le balayage, les arrosements, la solidité et la salubrité des constructions privées, les mesures relatives aux incendies, les secours aux noyés, la fixation des mercuriales, l'établissement et la réparation des fontaines, aqueducs, pompes et égouts, les adjudications, marchés et baux.

Art. 3. Un décret déterminera le nombre et le traitement des commissaires de police et des agents nécessaires pour la surveillance des communes du département de la Seine (Paris excepté).

La proportion dans laquelle chaque commune participera aux dépenses du service sera fixée par le préfet du département de la Seine, en Conseil de préfecture.

Chaque mairie ou arrondissement de Paris est divisé en quatre quartiers, à chacun desquels un commissaire de police est attaché.

Indépendamment des quarante-huit commissaires de police de quartier, il existe: 1° un commissaire adjoint, attaché au quartier des Champs-Elysées, et chargé particulièrement de la section de Chaillot; 2° un commissaire de police, chef de la police municipale; 3° des commissaires affectés aux délégations judiciaires; leur nombre, qui est aujourd'hui de trois, varie selon les besoins du service; 4° un commissaire de police chargé de la surveillance de la Bourse; 5° un commissaire remplissant les fonctions du ministère public près le tribunal de police municipale; 6° deux commissaires interrogateurs; 7° un commissaire de police, vérificateur en chef des poids et mesures, et sept commissaires inspecteurs de la même partie. Elouin, Trébuchet et Labat, *Dict. de police*, v° *Commissaire de police*, titre II.

Chaque arrondissement de Paris est en outre sous la garde et sous la surveillance d'un officier de paix, qui a sous ses ordres une brigade d'inspecteurs et de sergents de ville.

Les commissaires de police sont indépendants des officiers de paix, et leurs supérieurs dans l'ordre hiérarchique.

Les quarante-huit commissariats de police établis pour les divers quartiers de Paris avaient été divisés en vingt-huit commissariats de première classe et vingt de seconde classe, par l'ordonnance des 31 août et 17 septembre 1830, art. 1er.

Un traitement de 6,000 fr. et une indemnité de 1,500 fr. pour frais de bureau sont affectés aux commissariats de police de première classe; un traitement de 5,400 fr. et une indemnité de 1,200 fr. pour frais de bureau sont affectés aux commissariats de police de seconde classe. Ordon. des 31 août et 17 septembre 1830, art. 3.

Nul ne peut être nommé à un commissariat de police de première classe s'il n'a exercé, pendant deux ans au moins, dans un ou plusieurs commissariats de police de seconde classe. Ordon. des 31 août et 17 septembre 1830, art. 4.

Chaque commissaire de police a sous ses ordres un secrétaire, un inspecteur de police et un sonneur, tous rétribués par la préfecture, et nommés par le préfet de police. Elouin et Trébuchet, v° *Commissaire de police*, titre II.

Outre les agents de la police municipale de Paris que nous avons indiqués plus haut, douze dégustateurs procèdent à la visite des caves et vins du commerce de détail. Le nettoiement, l'arrosement et l'éclairage occupent un directeur et quatre-vingts inspecteurs ou agents de divers grades; la petite voirie, dix-sept architectes et inspecteurs; les voitures publiques, quatre-vingt-quinze contrôleurs et surveillants.

Deux ingénieurs et un inspecteur sont attachés à la surveillance des établissements dangereux, incommodes ou insalubres; un médecin à la morgue, et enfin douze médecins au dispensaire de salubrité.

Les secrétaires des commissaires de

police ne peuvent signer aucun acte ni expédition ; en cas d'absence du commissaire, ils peuvent rédiger les actes, et les faire signer par le commissaire de police qui le remplace. Décision du préfet de police, du 2 floréal an XII.

Ils prêtent serment entre les mains du préfet de police. Décret des 1er et 8 juin 1792, art. 9.

Les commissaires de police doivent toujours être en habit noir complet, et, lorsqu'ils sont en fonctions, être revêtus de leur écharpe. Circulaire du préfet, des 18 mai 1818 et 29 avril 1819.

Il existe aussi près des chemins de fer des commissaires de police chargés spécialement de la police dans les gares, et même sur la ligne de parcours. Toutes les dépenses entraînées par l'exécution des mesures de police près des chemins de fer sont à la charge des compagnies ; ainsi elles sont tenues de fournir, à leurs frais, des locaux de surveillance pour les commissaires de police ou autres agents de surveillance. Toutefois, les traitements des commissaires et de leurs agents restent à la charge du Trésor public. Voir les cahiers des charges des chemins de fer, et notamment ceux des 16 juillet 1845, art. 39, et 19 juillet 1845, art. 82.

CHAPITRE II.

Du caractère des commissaires de police. — Magistrats. — Fonctionnaires publics. — Outrages à eux faits dans l'exercice de leurs fonctions. — Poursuites contre les commissaires de police.

Les commissaires de police exerçant par délégation directe de la loi une part de l'autorité publique, soit qu'ils agissent comme fonctionnaires de l'ordre administratif, ou comme officiers de police judiciaire, soit qu'ils remplissent les fonctions du ministère public devant les tribunaux de police, et ayant de plus le pouvoir de requérir la force publique, ne peuvent être considérés comme agents de la force publique, mais comme magistrats de l'ordre administratif ou judiciaire, selon qu'ils agissent dans l'un ou l'autre de leur double caractère. Tous les auteurs sont d'accord sur ce point (Chauveau et Hélie, *Théorie du Code pénal*, t. IV, p. 355 ; Legraverend, t. II, ch. IV, p. 364, *note* 11, 3° ; Carnot, Code pénal, t. Ier, art. 226, nos 6 et 7). Il avait cependant été jugé que les outrages qui n'ont été faits à un commissaire de police, ni dans l'exercice des fonctions du ministère public au tribunal de simple police, ni à l'occasion de cet exercice, ne pouvaient pas être considérés comme faits à un magistrat, et étaient passibles des peines portées, non par l'art. 222, mais par l'art. 224 C. pén. ; cass. 7, août 1818.

Mais, par deux arrêts de 1837 et 1838, le second rendu en audience solennelle, la Cour de cassation est revenue contre cette jurisprudence.

Elle a jugé que les commissaires de police, agissant même en dehors du tribunal de police, sont compris, quant à la répression des outrages par paroles à eux faits dans l'exercice de leurs fonctions ou à l'occasion de cet exercice, dans la qualification générale de magistrats de l'ordre administratif ou judiciaire, que porte l'article 222 du Code pénal, et qui se réfère aux divers genres de dépositaires de l'autorité publique. Cass., 9 mars 1837 ; (Ch. réun.), 2 mars 1838.

Le second de ces arrêts, rendu après un second pourvoi dans la même affaire, et cassant, comme le premier, l'arrêt contre lequel on s'était pourvu, est trop explicite et trop important pour que nous n'en rapportions pas les motifs :

« Au fond, dit la Cour suprême, vu les articles 222 et 224 du Code pénal ; — Vu aussi l'article 12 de la loi du 28 pluviôse an VIII ; les articles 11, 14, 50, 144 et 509 du Code d'instruction criminelle ; l'article 1er de la loi du 10 avril 1831 ; — Attendu qu'il résulte de toute l'économie de nos lois, comme des principes les plus anciens, que l'autorité publique et la force publique sont deux choses essentiellement différentes ; — Que la première a, selon les limites de ses attributions légales, caractère pour ordonner, tandis que la seconde n'a mission que pour contraindre à l'exécution ; — Attendu que les articles 222, 223 et 224 du Code pénal ont manifestement pour base cette distinction fondamentale énoncée à la rubrique même qui les précède ; — Qu'en effet les deux premiers de ces articles règlent ce qui concerne les dépositaires de l'autorité publique, et punit les outrages qui leur sont faits dans l'exercice de leurs fonctions, ou à l'occasion de cet exercice ; — Que l'article 224, au contraire, n'est relatif qu'aux officiers ministériels ou agents dépositaires de la force publique, et punit d'une peine moins forte les outrages qui leur sont faits dans l'exercice ou à l'occasion de l'exercice de leurs fonctions ;

« Attendu que les commissaires de police ne peuvent être rangés ni parmi les officiers ministériels, ni parmi les agents dépositaires de la force publique ; — Qu'en effet il résulte, tant des lois relatives à leur institution ou à leurs attributions, que du Code d'instruction criminelle, qu'ils exercent, par délégation directe de la loi, une partie de l'autorité publique, soit dans la police administrative et municipale, sous la surveillance des préfets, soit dans la police judiciaire, comme officiers de police auxiliaires des procureurs impériaux, et même comme officiers du ministère public près les tribunaux de simple police ; — Que ce concours d'attributions prouve seulement qu'ils appartiennent à la fois à l'ordre administratif et à l'ordre judiciaire ; — Que le droit qu'ils ont de requérir la force publique distingue encore leur caractère légal de celui d'agent de la force publique qu'ils requièrent ; — D'où il suit que les commissaires de police sont compris, quant à la répression des outrages par paroles à eux faits dans l'exercice de leurs fonctions ou à l'occasion de cet exercice, dans la qualification générale de magistrats de l'ordre administratif ou judiciaire, que porte l'article 222 du Code pénal, et qui se réfère aux divers genres de dépositaires de l'autorité publique ; — Et qu'en jugeant le contraire l'arrêt attaqué a faussement appliqué l'article 224 du Code pénal, et formellement violé l'article 222 du même Code ; — *Casse* et *annule*, etc. »

Déjà longtemps auparavant il avait été jugé, d'après les mêmes principes, que les outrages commis envers un commissaire de police dans l'exercice de ses fonctions ne peuvent pas être considérés comme faits à un simple officier ministériel ou à un agent de la force publique. Cass., 30 juillet 1812.

Ces outrages doivent donc être punis des peines portées par l'article 222 du Code pénal, et non de celles de l'article 224, applicables seulement aux dépositaires de la force publique. Cass., arrêts de 1837 et 1838, précités.

Et particulièrement le fait d'avoir dit à un commissaire de police, qui explique à un individu les motifs de son expulsion d'un lieu public, qu'il en a menti et qu'il est un gredin, constitue de la part de cet individu l'outrage envers un magistrat de l'ordre administratif et judiciaire dans l'exercice de ses fonctions, prévu par l'article 222 du Code pénal, et non l'outrage fait publiquement à un fonctionnaire public à raison de ses fonctions ou de sa qualité, réprimé par l'article 6 de la loi du 25 mars 1822. Cass., 4 juillet 1833.

Lorsque le fait imputé à un commissaire de police se rattache à ses fonctions de police administrative, il ne peut être poursuivi qu'en vertu d'une autorisation du Conseil d'Etat. Cela résulte de sa qualité de fonctionnaire public. Constitution du 22 frimaire an VIII, art. 75.

Si, au contraire, le fait incriminé se rattache aux fonctions de la police judiciaire, l'autorisation n'est pas nécessaire; mais alors c'est devant la Cour impériale que l'action doit être portée.

« Lorsqu'un juge de paix ou de « police, dit l'article 483 du Code « d'instruction criminelle, ou un juge « faisant partie d'un tribunal de com- « merce, un officier de police judi- « ciaire, un membre du tribunal cor- « rectionnel ou de première instance, « ou un officier chargé du ministère « public près l'un de ces juges ou tri- « bunaux, sera prévenu d'avoir com- « mis, dans l'exercice de ses fonctions, « un délit emportant une peine cor- « rectionnelle, le procureur général « près la Cour impériale le fera citer « devant cette Cour, qui prononcera « sans qu'il puisse y avoir appel.

« Lorsque des fonctionnaires de la « qualité exprimée en l'article précé- « dent seront prévenus d'avoir com- « mis un crime emportant la peine de « forfaiture ou autre plus grave, les « fonctions ordinairement dévolues au « juge d'instruction et au procureur « impérial seront immédiatement « remplies par le premier président « et le procureur général près la Cour « impériale, chacun en ce qui le con- « cerne, ou par tels autres officiers « qu'ils auront respectivement et spé- « cialement désignés à cet effet. — « Jusqu'à cette délégation, et dans le « cas où il existerait un corps de dé- « lit, il pourra être constaté par tout « officier de police judiciaire; et, pour « le surplus de la procédure, on sui- « vra les dispositions générales du pré- « sent Code. » Code d'instr. crim., art. 484.

CHAPITRE III.

Fonctions et attributions des commissaires de police. — Police administrative. — Police judiciaire. — Droit de requérir la force publique. — Attributions en cas d'attroupements, sommations. — Ministère public près des tribunaux de police.

Un décret du 5 frimaire an IX déterminait les fonctions des commissaires généraux de police. Quoique les commissaires généraux qui existaient sous ce décret aient été supprimés depuis, comme ils sont aujourd'hui rétablis, comme d'ailleurs toute la police administrative est résumée dans le décret, et comme un grand nombre des attributions qu'il détermine sont conservées pour les commissaires spéciaux, et même pour les simples commissaires de police, nous en indiquerons les principales dispositions.

La première section du décret contient les dispositions générales :

Art. 1. Les commissaires généraux de police exerceront leurs fonctions sous l'autorité du préfet du département. — Ils exécuteront les ordres qu'ils recevront immédiatement du ministre de la police générale, et pourront correspondre avec lui directement.

Art. 2. Les commissaires généraux pourront publier de nouveau les lois et les règlements de police ; les ordonnances qu'ils rendront, pour en assurer l'exécution, seront soumises à l'approbation du préfet du département.

La deuxième section a rapport à la police générale.

1° Aux passe-ports.

Art. 3. Ils délivreront les passe-ports pour voyager dans l'intérieur, et les attestations pour obtenir du préfet du département les passe-ports pour voyager à l'étranger. — Ils viseront les passe-ports des voyageurs, ou en délivreront à ceux qui auraient besoin de les faire renouveler. — Les militaires ou marins qui auront obtenu des congés limités, et qui voudront résider ou séjourner dans une ville où existe un commissaire général de police, seront tenus, indépendamment des formalités prescrites par les réglements militaires, de faire viser leurs permission ou congé par le commissaire général.

2° A la mendicité, au vagabondage.

Art. 4. Ils feront exécuter les lois sur la mendicité et le vagabondage. — En conséquence, ils pourront envoyer les mendiants, vagabonds et gens sans aveu, aux maisons de détention. — Les individus détenus par leur ordre ne pourront être mis en liberté que d'après leur autorisation. — Ils feront délivrer, s'il y a lieu, aux indigents sans travail qui veulent retourner dans leur domicile, les secours autorisés par la loi.

3° A la police des prisons.

Art. 5. Les commissaires généraux de police auront la police des prisons, maisons d'arrêt, de justice, de force et de correction, existant dans la ville où ils exercent leurs fonctions. — Ils auront la nomination des concierges, gardiens et guichetiers de ces maisons. — Ils délivreront les permissions de communiquer avec les détenus pour fait de police. — Ils feront délivrer aux détenus indigents, à l'expiration du temps de détention porté en leurs jugements, les secours pour se rendre à leur domicile, suivant l'arrêté du 23 vendémiaire an V.

4° Aux maisons publiques.

Art. 6. Ils feront exécuter les lois et règlements de police concernant les hôtels garnis et les logeurs.

Art. 7. Ils se conformeront, pour ce qui regarde la police des maisons de jeu, à ce qui est prescrit par la loi du 22 juillet 1791.

Art. 8. En conformité de la même loi du 22 juillet 1791, ils feront surveiller les maisons de débauche, ceux qui y résideront ou s'y trouveront.

5° Aux attroupements.

Art. 9. Ils prendront les mesures propres à prévenir ou dissiper les attroupements, les coalitions d'ouvriers pour cesser leur travail ou enchérir le prix des journées, les réunions tumultueuses ou menaçant la tranquillité publique.

6° A la police de la librairie et de l'imprimerie.

Art. 10. Ils feront exécuter les lois de police sur l'imprimerie et la librairie, en tout ce qui concerne les offenses faites aux mœurs et à l'honnêteté publique.

7° A la police des théâtres.

Art. 11. Ils auront la police des théâtres, en ce qui touche la sûreté des personnes, les précautions à prendre pour prévenir les accidents, et assurer le maintien de la tranquillité et du bon ordre, tant au dedans qu'au dehors.

8° A la vente des poudres et salpêtres.

Art. 12. Ils surveilleront la distribution et la vente des poudres et salpêtres.

9° Aux cultes.

Art. 13. Ils surveilleront les lieux où l'on se réunit pour l'exercice des cultes.

10° A la recherche des déserteurs.

Art. 14. Ils feront faire la recherche des militaires ou marins déserteurs, et des prisonniers de guerre évadés.

La section troisième réglait les attributions en matière de police municipale, et concernant :

1° La petite voirie.

Art. 15. Les commissaires généraux de police seront chargés de tout ce qui a rapport à la petite voirie, sauf le recours au préfet du département contre leurs décisions. — Ils désigneront, à cet effet, un des officiers municipaux ou commissaires de police chargé de surveiller, permettre ou défendre : — L'ouverture des boutiques, étaux de boucherie et de charcuterie ; — L'établissement des auvents ou constructions du même genre qui prennent sur la voie publique ; — L'établissement des échoppes ou étalages mobiles ; — D'ordonner la démolition ou réparation des bâtiments menaçant ruine. — Ces permissions seront sujettes au visa des commissaires généraux de police.

2° La liberté et la sûreté de la voie publique.

Art. 16. Ils procureront la liberté et la sûreté de la voie publique, et seront chargés à cet effet : — D'empêcher que personne n'y commette de dégradations ; de la faire éclairer, de faire surveiller le balayage auquel les habitants sont tenus devant leurs maisons, et de le faire faire, aux frais de la ville, dans les places et la circonférence des jardins et édifices publics ; — De faire sabler, s'il survient du verglas, et de déblayer, au dégel, les points et lieux glissants des rues ; — D'empêcher qu'on n'expose rien sur les toits ou fenêtres qui puisse blesser les passants en tombant. — Ils feront observer les règlements sur l'établissement des conduits pour les eaux de pluie et les gouttières. — Ils empêcheront qu'on n'y laisse vaguer des furieux, des insensés, des animaux malfaisants ou dangereux ; — Qu'on ne blesse les citoyens par la marche trop rapide des chevaux ou des voitures ; — Qu'on n'obstrue la libre circulation en arrêtant ou déchargeant des voitures et marchandises devant les maisons, dans les rues étroites, ou de toute autre manière. — Les commissaires généraux de police feront effectuer l'enlèvement des boues, matières malsaines, neiges, glaces, décombres, vase sur les bords des rivières après la crue des eaux. — Ils feront faire les arrosements dans la ville, dans les lieux et dans la saison convenables.

3° La salubrité de la cité.

Art. 17. Ils assureront la salubrité de la ville en prenant des mesures pour prévenir et arrêter les épidémies, les épizooties, les maladies contagieuses ; — En faisant observer les règlements de police sur les inhumations ; — En faisant enfouir les cadavres d'animaux morts, surveiller les fosses vétérinaires, la construction, entretien et vidange des fosses d'aisance ; — En faisant arrêter, visiter les animaux suspects de mal contagieux, et mettre à mort ceux qui en seront atteints ; — En surveillant les échaudoirs, fondoirs, salles de dissection ; — En empêchant d'établir dans l'intérieur de la ville des ateliers, manufactures, laboratoires ou maisons de santé, qui doivent être hors de l'enceinte des villes, selon les lois et règlements ;—En empêchant qu'on ne jette ou dépose dans les rues aucune substance malsaine ;—En faisant saisir ou détruire dans les halles, marchés et boutiques, chez les bouchers, boulangers, marchands de vin, brasseurs, limonadiers, épiciers-droguistes, apothicaires ou tous autres, les comestibles ou médicaments gâtés, corrompus ou nuisibles.

4° Les incendies, les débordements, les accidents sur les rivières.

Art. 18. Ils seront chargés de prendre les mesures propres à prévenir ou arrêter les incendies. — Ils donneront des ordres aux pompiers, requerront les ouvriers charpentiers, couvreurs ; requerront la force publique, et en détermineront l'emploi. — Ils auront la surveillance du corps des pompiers, le placement et la distribution des corps de garde et magasins des pompes, réservoirs, tonneaux, seaux à incendie, machines et ustensiles de tout genre destinés à les arrêter. — En cas de débordement et débâcles, ils ordonneront les mesures de précaution, telles que déménagement des maisons menacées, rupture des glaces, garage des bateaux. — Ils seront chargés de faire administrer les secours aux noyés; ils détermineront, à cet effet, le placement des boîtes fumigatoires et autre moyens de secours. — Ils accorderont et feront payer les gratifications et récompenses promises par les lois et règlements à ceux qui retirent les noyés de l'eau.

5° La police de la Bourse et du change.

Art. 19. Ils auront la police de la Bourse et des lieux publics où se réunissent les agents de change, courtiers, changeurs, et ceux qui négocient et trafiquent sur les effets publics.

6° La sûreté du commerce.

Art. 20. Ils procureront la sûreté du commerce en faisant faire des visites chez les fabricants et les marchands pour vérifier les balances, poids et mesures, et pour faire saisir ceux qui ne seront pas exacts ou étalonnés ; — En faisant inspecter les magasins, boutiques et ateliers des orfèvres et bijoutiers, pour assurer la marque des matières d'or et d'argent, et l'exécution des lois sur la garantie. — Indépendamment de leurs fonctions ordinaires sur les poids et mesures, les commissaires généraux de police feront exécuter les lois qui prescrivent l'emploi des nouveaux poids et mesures.

7° Les patentes.

Art. 21. Ils exigeront la représentation des patentes des marchands forains. — Ils pourront se faire représenter les patentes des marchands domiciliés.

8° Les taxes et mercuriales.

Art. 22. Ils feront observer les taxes légalement faites et publiées.

Art. 23. Ils feront tenir les mercuriales et constater le cours des denrées de première nécessité.

Art. 24. Ils assureront la libre circulation des subsistances, suivant les lois.

9° Les marchandises prohibées.

Art. 25. Ils feront saisir les marchandises prohibées par les lois.

10° La surveillance des places et lieux publics.

Art. 26. Ils feront surveiller spécialement les foires, marchés, halles, places publiques, et les marchands forains, colporteurs, revendeurs, portefaix, commissionnaires; — Les rivières, les chemins de halage, chantiers, quais, berges, gares, estacades; les coches, galiotes; les établissements qui sont sur les rivières pour les blanchisseries, le laminage, et autres travaux; les magasins de charbons; les passages d'eau, bacs, batelets; les bains publics, les écoles de natation; les mariniers, ouvriers, arrimeurs, chargeurs, déchargeurs, tireurs de bois, pêcheurs et blanchisseurs;—Les abreuvoirs, puisoirs, fontaines, pompes et porteurs d'eau; — Les places où se tiennent les voitures publiques pour la ville et pour la campagne, et les cochers, postillons, charretiers, brouetteurs, porteurs de chaises, porte-falots; — Les encans et maisons de prêt au Mont-de-piété, et les fripiers, brocanteurs, prêteurs sur gages.

11° La visite des navires neutralisés.

Art. 27. Les mesures de sûreté prescrites par l'arrêté du 3 frimaire an V, concernant les navires neutralisés et les individus venant d'Angleterre (1), et qui avaient été confiées aux commissaires près les administrations municipales, font partie des attributions des commissaires généraux de police.

12° Les approvisionnements.

Art. 28. Ils feront inspecter les marchés, ports et lieux d'arrivage des comestibles, boissons et denrées, dans l'intérieur de la ville. — Ils rendront compte au préfet du département des connaissances qu'ils auront recueillies sur l'état des approvisionnements de la ville où ils exercent leurs fonctions.

13° La protection et préservation des monuments et édifices publics.

Art. 29. Ils feront veiller à ce que personne n'altère ou dégrade les monuments ou édifices publics appartenant à la nation ou à la cité. — Ils indiqueront au préfet du département et au maire, et requerront, de l'un ou de l'autre, suivant l'objet de leur demande, les réparations, changements ou constructions qu'ils croiront nécessaires à la sûreté ou salubrité des prisons et maisons de détention, qui seront sous leur surveillance.—Ils requerront de même, quand il y aura lieu, les réparations et l'entretien des corps de garde de la force armée sédentaire; — Des corps de garde des pompiers, des pompes, machines et ustensiles; des halles et marchés; — Des voiries et égouts;—Des fontaines, regards, aqueducs, conduits, pompes à feu et autres; — Des murs de clôture, s'ils ne sont pas à la charge du département de la guerre; — Des ports, quais, abreuvoirs, bords, francs-bords, puisoirs, gares, estacades, et des établissements et machines placés près des rivières pour porter secours aux noyés; — De la Bourse; — Des temples ou églises destinés aux cultes.

La section quatrième du décret désignait les agents qui étaient subordonnés aux commissaires généraux, et ceux qu'ils peuvent requérir ou employer.

Art. 30. Les commissaires généraux auront sous leurs ordres les commissaires de police de la ville qu'ils habitent.

Art. 31. Ils auront à leur disposition, pour l'exercice de la police, la garde nationale et la gendarmerie. —

(1) L'arrêté du Directoire, du 3 frimaire an V, défendait à tous ceux qui venaient d'Angleterre en France, de débarquer ailleurs qu'à Dieppe ou à Calais, et prescrivait des mesures pour les navires neutralisés. — Cet article a été tout exceptionnel.

Ils pourront requérir la force armée en activité.

Enfin, le décret réglait les fonctions des simples commissaires de police : mais il se bornait, quant à leurs attributions, à rappeler les dispositions de la loi du 3 brumaire an IV (Code des délits et des peines), et de la loi des 19-22 juillet 1791, relative à la police municipale et correctionnelle, et à les charger principalement de poursuivre les prévenus au tribunal de police municipale ; ils rempliront, à cet égard, disait le décret, les fonctions précédemment attribuées aux commissaires du gouvernement.

Le décret du 5 brumaire an IX, quoique déterminant tout spécialement les fonctions et attributions des commissaires généraux, s'applique, ainsi que nous l'avons dit plus haut, aux fonctions et attributions des simples commissaires de police.

Ainsi, notamment, tout ce qui intéresse le maintien du bon ordre, de la tranquillité, de la salubrité et de la sûreté publique, est du ressort des commissaires de police. Ils sont donc chargés : 1° du soin de la sûreté et de la commodité du passage dans les rues, sur les quais, places et voies publiques ; ce qui comprend le nettoiement, l'illumination, l'enlèvement des décombres, la démolition ou la réparation des bâtiments menaçant ruine ; l'interdiction d'exposer aux fenêtres ou autres parties des bâtiments des objets pouvant nuire par leur chute, et celle de jeter des choses pouvant blesser ou endommager les passants, ou causer des exhalaisons nuisibles ; 2° du soin de prévenir les délits contre la tranquillité publique, tels que les rixes, les disputes accompagnées d'ameutement dans les rues, le tumulte dans les lieux publics, les bruits et attroupements nocturnes qui troublent le repos des citoyens ; 3° du maintien du bon ordre dans les endroits où il se fait de grands rassemblements d'hommes, tels que foires, marchés, réjouissances et cérémonies publiques, spectacles, jeux, cafés, églises et autres lieux publics ; 4° de l'inspection sur la fidélité du débit des denrées qui se vendent au poids, au mètre ou à la mesure de capacité, et sur la salubrité des comestibles et boissons mis en vente ; 5° du soin d'obvier ou de remédier aux événements fâcheux qui pourraient être occasionnés par les insensés ou furieux laissés en liberté, et par la divagation des animaux malfaisants ou féroces ; 6° du soin de prévenir par des précautions convenables et de faire cesser par la distribution des secours nécessaires les accidents et fléaux calamiteux, tels qu'incendie, épidémie, épizootie, etc. ; 7° de l'inspection des fours et cheminées, de la vente du pain et de la viande au delà du prix fixé par la taxe légalement faite et publiée ; 8° de l'observation des règlements relatifs aux matières d'or et d'argent, à la vente des substances vénéneuses, à la tenue des registres que doivent avoir les pharmaciens, les brocanteurs, les orfèvres, les armuriers et autres artisans ; 9° du soin de surveiller les établissements, ateliers ou fabriques qui peuvent nuire à la sûreté ou à la salubrité de la ville.

Ils sont, en outre, chargés : 1° de parafer le registre sur papier timbré que doivent tenir les aubergistes, maîtres d'hôtels garnis et logeurs, en y inscrivant de suite, sans blanc, les noms, qualités, domicile habituel, dates d'entrée et de sortie de tous ceux qui couchent chez eux, même une seule nuit, et de se faire représenter ce registre tous les quinze jours et plus souvent s'il y a lieu (loi du 19 juillet 1791, article 5); 2° de tenir la main à ce que nul citoyen, non domicilié dans le canton, ne puisse s'y introduire sans passe-port, et de faire arrêter les individus qui voyagent sans en être munis (loi du 2 germinal an IV, article 8); 3° de faire des visites et des tournées pour veiller à la tranquillité et à l'observation des règlements, et de dresser procès-verbal en cas de contravention (loi du 19 juillet 1791, article 12); 4° de veiller à ce que les nouveaux poids et mesures soient seuls employés dans le commerce, à ce qu'on ne se serve pas d'autres que ceux qui ont été poinçonnés par l'administration ; d'assister les inspecteurs dans l'exercice de leurs fonctions, et d'obtempérer à leur réquisition pour les visites et la rédaction des procès-verbaux de contravention. Arrêté du 29 prairial an IX, article 16.

Nous avons vu qu'à Paris, Marseille, Lyon et Bordeaux, les commissaires exercent la police de la Bourse (arrêté du 29 germinal an IX, article 14). Il en est de même dans les autres villes où il existe des Bourses de commerce. Ils doivent prendre les mesures nécessaires pour empêcher qu'on ne se réunisse ailleurs qu'à la Bourse et à d'autres heures qu'à celles fixées, pour proposer et faire des négociations commerciales et d'effets publics (arrêté du 27 prairial an X, article 3). Ils sont chargés de rendre facile et accessible l'entrée de la Bourse (arrêté du 28 vendémiaire an IV, article 3), et d'expulser de la Bourse les individus auxquels l'entrée en a été interdite, comme convaincus d'immixtion dans les fonctions des agents de change et courtiers. Arrêté du 27 prair. an X, article 3.

Indépendamment des attributions générales que nous venons d'indiquer, les commissaires de police ont reçu de diverses lois spéciales la mission de rechercher et constater les infractions commises contre la police générale de la pêche fluviale, et cela sans distinction entre les simples contraventions et les délits correctionnels. Loi du 15 avril 1829, article 36; Mangin, *Traité des procès-verbaux*, n° 73.

Les contraventions en matière de grande voirie, telles qu'anticipations, dépôts de fumiers ou autres objets, et toutes espèces de détériorations commises sur les grandes routes, sur les arbres qui les bordent, sur les fossés, ouvrages d'art et matériaux destinés à leur entretien, sur les canaux, fleuves et rivières navigables, leurs chemins de halage, francs-bords, fossés et ouvrages d'art. Loi 29 floréal an X, art. 1er et 2.

Les contraventions à l'ordonnance du 4 février 1820 sur la police des diligences et des voitures publiques. Art. 13 de ladite ordonnance.

Les contraventions à la police de l'imprimerie et de la librairie. L'ordonnance du 13 septembre 1829, qui a supprimé les inspecteurs de la librairie, a investi les commissaires de police de leurs attributions.

La vente illicite, le colportage, la circulation illégale du tabac et des cartes à jouer. Ils doivent procéder à la saisie de ces objets, à celle des ustensiles et mécaniques prohibés, des chevaux et voitures, bateaux et autres objets servant au transport, et constituer prisonniers les fraudeurs et colporteurs. Loi 28 avril 1816, art. 169 et 223; cass., 10 février 1826.

Outre ces fonctions de police administrative, les commissaires de police exercent la police judiciaire. Comme officiers de police judiciaire, les commissaires de police peuvent : 1° requérir directement la force publique (C. instr. crim., art. 26); 2° faire saisir les prévenus en cas de flagrant délit (C. instr. crim., 40, 49 et 50 combinés) ; 3° décerner les mandats d'amener dans le même cas. Mêmes articles.

Le décret du 28 mars 1852 donne tout spécialement aux commissaires de police le droit de requérir au besoin les gardes champêtres et les gardes forestiers de leur canton ; ces gardes doivent les informer de tout ce qui intéresse la tranquillité publique.

Ils font les sommations aux attroupements, concuremment avec les maires et autres officiers de la police judiciaire autres que gardes champêtres et forestiers. Loi 10 avril 1831, art. 1er.

Une partie toute spéciale de ce traité sera consacrée aux fonctions des commissaires de police comme officiers de police judiciaire. Nous ne parlerons donc ici que de leurs droits et de leurs devoirs relativement aux sommations à faire en cas d'attroupement.

« Toutes personnes qui formeront « des attroupements sur les places ou « sur la voie publique seront tenues « de se disperser à la première som- « mation des préfets, sous-préfets, « maires, adjoints du maire, et de « *tous magistrats et officiers civils* « *chargés de la police judiciaire*, au- « tres que les gardes champêtres et « gardes forestiers. L. 10 avril 1831, « art. 1er.

« Si l'attroupement ne se disperse « pas, les sommations seront renouve- « lées trois fois ; chacune d'elles sera « précédée d'un roulement de tam- « bour ou d'un son de trompe. Si les « sommations sont demeurées inutiles, « il sera fait emploi de la force, con- « formément à la loi de 1791. Les « maires et adjoints de la ville de Pa- « ris ont le droit de requérir la force « publique et de faire les sommations. « Les magistrats chargés de faire les- « dites sommations sont décorés d'une « écharpe tricolore. » Même article.

Les commissaires de police, étant des *magistrats civils chargés de la police judiciaire*, sont au nombre des magistrats ayant pouvoir de faire les sommations. Un amendement, qui tendait à les en exclure, n'a pas été accepté.

Il n'en serait pas de même des officiers de gendarmerie, qui sont bien des officiers *de police judiciaire*, mais qui ne sont pas des officiers *civils*.

Quant aux maires et adjoints de Paris, à l'égard desquels une disposition spéciale a paru nécessaire, à raison de la différence qui existe entre leurs attributions et celles des maires des autres communes, chacun d'eux ne peut exercer le droit conféré par la loi de 1831 que dans son arrondissement.

L'obligation, pour le magistrat qui fait les sommations, d'être décoré de l'écharpe tricolore, est impérieuse (rapport de M. le duc de Choiseul à la Chambre des pairs), et l'inaccomplissement de cette formalité rendrait les sommations illégales et nulles, si, d'ailleurs, rien n'indiquait qu'il y eût eu impossibilité de la remplir. Cass., 3 mai 1834.

Les sommations doivent être précédées d'un roulement de tambour ou d'un son de trompe; de simples injonctions de se retirer ne suffiraient pas. « Ce n'est, a dit M. le garde des sceaux, qu'après une première sommation accompagnée d'un roulement de tambour que la mise en demeure commence. » Il résulte d'un arrêt de la Cour de Grenoble qu'on ne saurait suppléer à cette formalité par des cris et des exhortations. Grenoble, 17 avril 1832, Bastide.

La nécessité d'un roulement de tambour a été également reconnue par un arrêt de la Cour de cassation ; mais cet arrêt excepte le cas où il aurait été impossible de remplir cette formalité. Cass., 3 mai 1834.

Les sommations préalables cesseront d'être nécessaires (art. 25, Loi 1791) si des violences ou voies de fait sont exercées contre les dépositaires de la force publique, ou si ceux-ci ne peuvent défendre que par la force le terrain qu'ils occupent ou les postes dont ils sont chargés (L. 3 août 1791). C'est là, disait M. Duboys Aimé, dans la discussion de la loi de 1831 à la Chambre des députés, le cas de légitime défense.

Mais hors le cas de légitime défense constatée, les dépositaires de la force publique qui en feraient ou en laisseraient (par imprudence) faire usage avant l'accomplissement des formalités légales seraient responsables. Il a donc été jugé que le commissaire de police qui, chargé de diriger des troupes pour dissiper un rassemblement, s'est mis, par son imprudence, dans l'impossibilité de faire les sommations légales avant le choc qui a eu lieu entre les militaires et les citoyens, choc dans lequel des blessures ont été faites et la mort donnée, se rend coupable du délit prévu par les articles 319 et 320 (homicide involontaire par imprudence ou inobservation des règlements), quelles que soient, d'ailleurs, ses bonnes intentions. Grenoble, 17 avril 1832, Bastide.

Et le même arrêt ajoute que l'imprudence du magistrat et, conséquemment, sa responsabilité résultent du fait d'avoir quitté la force armée après l'avoir requise et conduite en présence d'un attroupement. Même arrêt.—Il est permis de croire qu'aujourd'hui, où les liens de l'autorité sont beaucoup moins relâchés qu'en 1832, les commissaires de police et autres officiers civils de police judiciaire recevraient dans l'exercice de leurs fonctions une protection plu efficace que celle que leur accorde cet arrêt.

Si les trois sommations sont devenues inutiles, il est fait emploi de la force, conformément à la loi du 3 août 1791. Cette loi portait (art. 26) que, dans ce cas, un officier civil (de ceux qu'elle désignait) se présenterait sur le lieu de l'attroupement, et prononcerait ces mots à haute voix : *Obéissance à la loi, on va faire usage de la force ; que les bons citoyens se retirent !*

L'article 27 de la même loi ajoutait qu'après les sommations, et même dans le cas où, après une première ou une seconde sommation, il ne serait pas possible de faire la seconde ou la troisième sommation, si les personnes attroupées ne se retiraient pas paisiblement, et même s'il en restait plus de quinze rassemblées en état de résistance, la force des armes serait à l'instant déployée contre les séditieux, sans aucune responsabilité des événements.

Enfin, outre leurs fonctions de police administrative et de police judiciaire, les commissaires de police remplissent, comme nous l'avons vu plus haut, les fonctions du ministère public près les tribunaux de simple police ; nous traiterons de ces dernières fonctions ci-après.

CHAPITRE IV.

Autorités desquelles dépendent les commissaires de police. — Maire, préfet, procureur impérial, Cours et tribunaux. — Concurrence des maires dans l'exercice des fonctions de police municipale.

Nous avons vu dans le chapitre qui précède que les commissaires de police exercent trois ordres de fonctions distinctes : police administrative ou municipale, police judiciaire, fonctions du ministère public près les tribunaux de police : on pourrait y ajouter la police politique.

Les commissaires de police, en ce qui concerne la police municipale, ne sont que les délégués du pouvoir municipal. — De là cette conséquence que, même dans les villes où il existe des commissaires de police, les maires et adjoints ont qualité pour rechercher et constater, concurremment avec eux, les contraventions aux règlements de police (Cass., 15 décembre 1838). — A ce titre, ils doivent aux administrations municipales un compte habituel et quotidien de leurs opérations, en un mot le rapport de tous les faits intéressants pour le bon ordre, la tranquillité et la sûreté commune, sauf à Paris, où les commissaires relèvent uniquement du préfet de police.

En matière administrative, en effet, les commissaires de police relèvent, ceux de province, immédiatement des maires, plus des préfets et sous-préfets ; ceux de Paris, du préfet de police seul. Décret du 21 sept. 1791, art. 2 ; loi du 28 pluviôse an VIII, art. 18.

Une circulaire ministérielle, du 26 mai 1820, enjoint aux préfets d'adresser, tous les six mois, un état présentant des renseignements sur les commissaires de police de leur département, et notamment sur la manière dont chacun d'eux remplit les devoirs de sa place.

Quoique avant le décret du 28 mars 1852 aucun texte de loi n'attribuât aux préfets le droit de suspendre les commissaires de police, on leur reconnaissait ce droit par analogie de celui qu'ils avaient de suspendre les maires (Mangin, *Traité des procès-verbaux*, n° 70). Le décret du 28 mars ne laisse plus aucun doute à cet égard, puisque, par son article 6 (ci-dessus, p. 16), il donne aux préfets le droit de révoquer les commissaires de police des villes de six mille âmes et au-dessous, sauf que la révocation, pour être définitive, devra être approuvée par le ministre.

Enfin, les commissaires de police, soit comme officiers du ministère public près les tribunaux de police, soit comme officiers de police judiciaire, dépendent encore des procureurs généraux près les Cours impériales, des procureurs impériaux, des Cours et des tribunaux ; nous avons même vu, au chap. II de ce titre, qu'ils ne sont justiciables que des Cours impériales pour les délits correctionnels commis dans l'exercice de leurs fonctions judiciaires, et que, pour les crimes, ils ne peuvent être, dans les mêmes circonstances, poursuivis que comme les autres magistrats.

TITRE III.

Fonctions et attributions des commissaires de police relativement aux mœurs et à la prostitution.

Nous croyons devoir faire un titre spécial de ce qui concerne l'espèce de juridiction appartenant aux officiers municipaux et aux commissaires de police sur les filles publiques ; et nous y sommes portés par la position tout exceptionnelle qu'on a été forcé de faire aux filles publiques dans la société.

En effet, pour tout ce qui tient à leur condition, à l'exercice de leur vile industrie, les filles publiques sont en dehors des lois ordinaires ; elles peuvent être soumises à de simples règlements ou ordres émanant de la municipalité, ou même du commissaire de police ; et, si elles enfreignent ces règlements, ce n'est pas, le plus souvent, devant le juge ordinaire qu'elles sont appelées, mais devant le magistrat de police qui, comme nous le verrons ci-après, peut leur infliger des punitions graves, un emprisonnement de plusieurs jours, même de plusieurs mois.

Qui plus est, l'inscription des filles publiques sur les registres n'est elle-même soumise qu'au contrôle de l'autorité administrative.

Mais tout ce qui sort de la condition, des actes et de la punition des filles publiques elles-mêmes, relativement aux mœurs, sort des attributions exclusives de la police, et rentre dans la juridiction ordinaire ; on en verra des exemples lorsque nous parlerons des défenses faites aux maîtres d'hôtels garnis de recevoir les filles publiques, etc.

Nous avons donc pensé qu'il serait utile de mettre sous les yeux de nos lecteurs le tableau, quelque triste qu'il soit, des règles relatives à la prostitution. Les commissaires de police y verront ce qui leur appartient et ce qui est de leur devoir. Quant aux juges de paix, ils sont presque complétement dispensés de toute attribution, de toute juridiction à cet égard. Le respect pour le prétoire exigeait qu'on écartât cette classe hideuse, rebut de la société, et qu'elle ne fût pas en contact avec le reste des citoyens. Et cependant nous verrons encore que quelques arrêts ont exigé l'intervention judiciaire des juges de paix dans l'application des peines aux règlements relatifs à la prostitution.

L'ordonnance du lieutenant de police de la ville de Paris, en date du 6 novembre 1778, défendit (art. 1er) à toutes femmes et filles de débauche de raccrocher sur la voie publique, dans les promenades, ou même par les fenêtres, sous peine d'être rasées et enfermées.

Le même article fit défense aux cabaretiers et autres marchands de boisson de recevoir chez eux des femmes de débauche, à peine de 100 livres d'amende ; et ces dispositions sont répétées dans les ordonnances des 21 mai 1784, art. 7, et 8 novembre 1780, art. 14.

Aux termes des articles 2 et 3 de l'ordonnance de 1778, les propriétaires et principaux locataires ne purent louer ou sous-louer aux femmes de débauche aucuns appartements ni chambres, à peine de 500 livres d'amende. Ils furent tenus, s'il s'en introduisait dans leurs maisons, d'en faire la déclaration, dans les vingt-quatre heures, au commissaire de police du quartier, contre les individus qui les auraient trompés, pour, les délinquants, être punis de 400 livres d'amende, sur le rapport du commissaire.

En outre, l'article 4 fit défense aux logeurs en garni de donner à loger auxdites femmes et filles de débauche, à peine de 400 livres d'amende. — Ces dispositions sont, en partie du moins, tombées en désuétude. Toutefois, dit M. Trébuchet (*Dictionnaire de police*, v° *Mœurs*), comme elles n'ont été abrogées par aucune loi, elles pourraient, dans certains cas, recevoir leur application. C'est même en s'appuyant sur elles que l'ordonnance du préfet de police de Paris, du 15 juin 1832, et qui n'a fait du reste que reproduire d'autres ordonnances antérieures, fait défense aux hôteliers de recevoir habituellement des filles publiques, sous peine d'une amende qui n'est plus, toutefois, que de 200 fr. Art. 8.

La Cour de cassation, en se fondant sur les articles 65 et 475, n° 2 du Code pénal, et sur un règlement de police du maire de Clermont-Ferrand, a jugé que l'aubergiste qui pendant plusieurs jours a logé une fille publique, sans l'avoir inscrite sur son registre et sans avoir fait à la mairie la déclaration exigée par ledit règlement de police, ne peut pas être excusé, sous le prétexte de son grand âge, ni sous celui que cette fille aurait trompé sa bonne foi, en lui faisant la promesse de passer un bail à loyer. Cass., 9 juillet 1829.

Malgré les ordonnances rendues, sous l'ancien régime, de temps en temps contre la prostitution, elle était tolérée. L'existence des maisons de prostitution fut implicitement reconnue par la loi du 24 août 1790, qui confiait aux maires la police des cafés, théâtres *et autres lieux publics*, et par celle des 19-22 juillet 1791 (titre Ier, article 10), qui autorisait les commissaires de police et officiers municipaux à pénétrer, en tout temps et à toute heure, *dans les lieux notoirement destinés à la débauche*. Cette tolérance de la loi, aggravée encore par l'effervescence des agitations politiques, porta le mal à un si haut degré que, même dans le sein de la Convention, de graves plaintes s'élevèrent. Elles eurent pour résultat d'amener un arrêté de la commune de Paris, du 21 niv. an II, qui prohiba la prostitution et prononça le bannissement contre les coupables ; mais cette répression demeura presque sans succès.

Le 17 nivôse an IV, le Directoire exécutif adressa un message au Conseil des Cinq-Cents, pour qu'une loi fût rendue sur la matière. Ce rapport déclare : « que les lois répressives contre les filles publiques consistent dans quelques ordonnances tombées en désuétude, ou dans quelques règlements de police purement locaux et trop incohérents pour atteindre un but si désirable... » Mais ce message demeura également sans résultat.

Depuis l'époque de la création de la préfecture de police de Paris, en l'an VIII, jusqu'à ce jour, on s'est occupé à diverses reprises, dans les bureaux de l'administration, de projets de lois sur la prostitution ; mais ces projets n'ont jamais été soumis au pouvoir législatif ; et c'est toujours au nom de la sûreté publique et des principes constitutifs de l'autorité municipale que l'on a régi les prostituées, soit lorsqu'il s'est agi de règlements, d'inscription, de régime sanitaire ; soit lorsqu'il a fallu imposer des taxes, condamner à la prison ou bannir de la ville.

Pour nous, nous pensons que l'administration municipale puise, dans les pouvoirs qu'elle tient de la loi et dans la nature même de sa mission, le droit et le devoir de surveiller tous les établissements dans lesquels on se livre à la prostitution et toutes les personnes qui s'adonnent à ce honteux métier, et que tous les règlements que l'intérêt de la morale, de l'hygiène, de la santé publique l'engagent à faire sur ce point, doivent être exécutés. A notre avis, il ne manquerait même rien sous ce rapport dans notre législation ; et nous ne verrions d'autres mesures législatives à prendre que celles relatives à l'inscription sur les registres de la prostitution, et à la radiation des filles corrigées ou repenties.

Car à Paris, et dans la plupart des grandes villes, les filles publiques sont tenues de se faire inscrire sur un registre spécial. Le but de cette inscription est d'assurer l'ordre, la sûreté et particulièrement la santé publique. En conséquence, les filles publiques inscrites sont soumises à la visite des médecins du dispensaire, et la carte qui leur est délivrée doit faire mention de chaque visite : « L'inscription des filles publiques, dit M. Trébuchet (*Dictionnaire de police*, v° *Mœurs*), est une des attributions de la police, à laquelle se rattachent les questions les plus délicates de pouvoir, de morale et de sûreté publique. Le silence de la loi sur tous les cas de prostitution qui ne constituent pas un attentat aux mœurs, place les administrateurs municipaux dans une position délicate : s'il est indispensable de connaître, d'enregistrer et de soumettre à des précautions sanitaires les filles qui descendent à ce dernier degré d'abjection, que de prudence ne faut-il pas pour discerner la nuance, trop souvent insensible, qui sépare les prostituées des femmes dont la conduite immorale inspire bien un égal mépris, mais ne présente pas cependant toutes les conditions qui caractérisent la prostitution, et qui les soumettraient aux règles imposées aux filles publiques !

« A Paris, ajoute le même auteur, l'administration prend toutes les mesures de prudence nécessaires pour ne pas remplacer les dangers résultant de l'insoumission des filles par le scandale d'inscriptions incomplétement justifiées. Le service est organisé de telle sorte qu'aucune famille ne peut éprouver la honte de compter parmi ses membres une fille inscrite, sans avoir été mise à même de la détourner de la voie dans laquelle le vice ou le besoin l'a engagée. Ce n'est qu'après avoir essayé la ressource des interventions de famille, si puissantes dans les circonstances où l'honneur est compromis, ce n'est qu'après avoir demandé au maire de la commune où elle est née un extrait de naissance délivré sans frais, et avoir réclamé son concours auprès de ses parents, qu'une fille qui se présente spontanément, ou celle que ses débordements ont livrée au public, ou qui essaye de se soustraire aux mesures hygiéniques réclamées par la société, reçoit le stigmate de l'inscription au nombre des prostituées. »

M. Lerat de Magnitot (*Dictionnaire de droit administratif*) rapporte qu'un arrêt de la Cour de cassation, du 4 juin 1836, a jugé que l'inscription sur le registre des filles publiques n'est pas un acte administratif dont la réformation ne puisse être demandée qu'à l'autorité administrative supérieure ; que c'est là plutôt une simple note de police, constituant une présomption de nature à être détruite par la preuve contraire devant les tribunaux.

Dans l'espèce, ajoute le même auteur, il s'agissait d'un arrêté du maire d'Avignon, qui défendait aux filles publiques de tenir café. L'une d'elles, inscrite sur les registres, ayant continué à tenir café, procès-verbal de contravention à l'arrêté fut dressé contre elle; traduite devant le tribunal de police, elle soutint qu'elle était simple locataire de la maison et étrangère à la tenue de la maison de prostitution. Une visite des lieux fut ordonnée à l'effet de constater si cette fille était fille publique; l'enquête lui ayant été favorable, le tribunal la relâcha des poursuites dirigées contre elle. Pourvoi en cassation de la part du ministère public, lequel soutint qu'il y avait empiétement sur l'autorité administrative de la part du tribunal en réformant l'inscription de ladite femme sur le registre des filles publiques; que cette inscription devait être considérée comme un acte administratif dont la réformation, en cas d'erreur, ne pouvait être demandée qu'à l'autorité supérieure administrative, car le fait de la prostitution est un fait occulte dont la preuve publique et par voie d'enquête est impossible, puisque ceux qui pourraient le prouver n'oseraient produire un témoignage qui révélerait leur propre turpitude. Malgré ces motifs, la Cour de cassation a émis un principe contraire.

Les filles qui doivent être définitivement inscrites au nombre des filles publiques sont tenues de signer une déclaration constatant : l'inscription et l'engagement de se conformer exactement à toutes les règles pour la surveillance et la salubrité. Parent-Duchatelet, *De la prostitution dans la ville de Paris*, titre Ier, page 276.

M. Parent-Duchatelet ajoute (t. Ier, p. 382) que lorsqu'une fille n'est pas pervertie, lorsqu'elle est saine, lorsqu'elle annonce de bons sentiments et que tous les renseignements et tous les indices prouvent qu'elle ne se fait inscrire que par dépit ou désespoir, on la renvoie dans son pays avec un passeport, souvent même avec des secours de route, mais toujours lorsque son individualité a été suffisamment reconnue.

Une des questions les plus graves que soulève cette matière est celle de savoir jusqu'à quel point l'autorité doit admettre l'inscription des filles mineures. M. Parent-Duchatelet (t. II, p. 383 et suiv.) se demande si, en présence de l'état de minorité, l'autorité peut sanctionner une demande d'inscription, dont le résultat est de détruire à jamais la réputation de l'inscrite et de couvrir sa famille d'opprobre; mais il ajoute qu'il paraît que la préfecture de police de Paris a constaté, en fait, l'impossibilité de n'admettre l'inscription qu'à l'âge de majorité, un grand nombre de filles qui se prostituent étant repoussées avant cet âge par leurs familles, et continuant à se prostituer malgré tout ce qu'on peut faire pour les détourner de cette voie funeste; et le même auteur constate qu'aujourd'hui l'âge de seize ans est regardé par la préfecture de police comme l'époque à laquelle on peut admettre les prostituées sur les registres de la police, celles qui sont inscrites avant cet âge ne présentant que des exceptions à la règle générale; et qu'au reste la bonne ou la mauvaise conduite des parents, leur état d'aisance ou de misère extrême, l'impossibilité où ils peuvent être de suivre leurs filles et de pourvoir à leurs besoins, font varier singulièrement la conduite de l'administration à l'égard des jeunes prostituées. Tome Ier, page 390.

On comprend combien les devoirs de l'administration sont graves et délicats en pareille matière. Ne vaudrait-il pas mille fois mieux que lorsqu'une fille mineure se livre à la prostitution, on provoquât contre elle la correction paternelle, et que le procureur impérial pût au besoin s'interposer pour faire entrer ces malheureuses filles dans des maisons religieuses? Voilà où il faudrait que la loi intervînt, et il y aurait urgence.

Lorsque des filles mineures, appartenant aux enfants trouvés ou orphelins placés par l'administration civile de Paris, viennent se présenter à l'enregistrement des prostituées, on ne les inscrit pas, mais on les garde dans un lieu séparé jusqu'à ce qu'on ait averti l'administration des hospices. Au reçu de cet avis, les chefs de division, réunis en Commission de tutelle, examinent les pièces, et décident s'il y a lieu de se pourvoir devant le tribunal de première instance pour obtenir la mise en correction. Cette décision n'a de force qu'autant qu'elle est approuvée par le Conseil général des hôpitaux. Parent-Duchatelet, *loc. cit.*

Les filles publiques qui renoncent à la prostitution ont le droit d'obtenir leur radiation. Aucune radiation ne peut avoir lieu si la demande n'en est faite par écrit et par la personne même, toutefois, sans doute, si elle sait écrire. On exige ordinairement sa présence pour s'assurer de son état sanitaire. Parent-Duchatelet, p. 410.

Les motifs de radiation du registre des prostituées sont : le mariage, des moyens d'existence bien prouvés, la cessation de la prostitution dûment constatée, la remise de la fille à ses parents, la vieillesse, les infirmités. Lerat de Magnitot, *Dict. adm.*, v° *Prostitution*, p. 420.

Cette radiation ne souffre aucun délai, dans le cas de mariage de la personne qui la réclame; mais on exige pour cela l'exhibition du contrat de mariage, ou la présentation d'un certificat de l'état civil que les formalités nécessitées pour le mariage sont bien commencées. Dans toute autre circonstance, on soumet à une épreuve de deux ou trois mois la personne qui réclame la radiation. Parent-Duchatelet, p. 410.

Les filles qui, après avoir été rayées, se présentent d'elles-mêmes à la réinscription, ou celles qui sont surprises par des inspecteurs, se livrant à la prostitution, sont de nouveau inscrites; mais lorsqu'une fille a été rayée à la sollicitation de ses parents, on ne la reçoit que s'il est constaté que la famille l'abandonne à ses penchants vicieux et désespère de pouvoir la ramener à de meilleurs sentiments. Dans ce cas, les inspecteurs ont ordre de la surveiller de la manière la plus attentive. Parent-Duchatelet, *loc. cit.*

Les mesures de police auxquelles les filles publiques sont soumises à Paris se trouvent résumées par la carte qui leur est remise par la préfecture de police, et qui contient les dispositions suivantes :

« Il est enjoint aux filles publiques de représenter leur carte à toutes réquisitions des officiers ou agents de police.

« Elles sont tenues de se présenter une fois tous les quinze jours au dispensaire de salubrité, pour y être visitées.

« Il leur est défendu de paraître sur la voie publique avant la nuit, de manière à s'y faire remarquer, et d'y rester après onze heures du soir. Leur mise doit être décente. La coiffure en cheveux leur est interdite. Défense expresse leur est faite de provoquer à la débauche, de tenir des propos indécents, de fréquenter les cabarets et de s'enivrer.

« Elles ne peuvent, à quelque heure et sous quelque prétexte que ce soit, se montrer à leurs fenêtres, qui doivent être tenues constamment fermées et garnies de rideaux.

« Il leur est défendu de stationner sur la voie publique, d'y former des groupes, d'y circuler en réunion, d'aller et venir dans un espace trop resserré, et de se faire suivre ou accompagner par des hommes. — Les passages, les jardins et abords du Palais-Royal, des Tuileries, du Luxembourg, du Jardin des Plantes, leur sont interdits à toute heure. — Les Champs-Elysées, l'Esplanade des Invalides, les boulevards extérieurs, et généralement les rues et lieux déserts et obscurs leur sont également interdits après la chute du jour.

« Les filles publiques s'abstiendront, lorsqu'elles seront dans leur domicile, de tout ce qui pourrait donner lieu aux plaintes des voisins et des passants. — Il leur est expressément défendu de fréquenter les établissements publics ou maisons particulières où l'on favorise clandestinement la prostitution. »

Le dispensaire est un établissement auquel sont attachés plusieurs médecins chargés d'examiner les filles, et s'assurer si elles ne sont pas atteintes de la syphilis, ou autre maladie contagieuse. Les établissements de ce genre sont soutenus, soit par des droits que l'on fait payer aux filles, soit par les ressources que fournissent les villes. Depuis 1828, la ville de Paris fournit seule aux dépenses de cette utile institution, la perception de la taxe ayant donné lieu à des imputations fâcheuses pour l'administration, en même temps qu'elle détournait les inspecteurs de leur service, et qu'elle favorisait la prostitution clandestine.

Les visites du dispensaire sont régulièrement inscrites sur la carte de chaque fille, dont elle doit faire la représentation à toute réquisition.

Les lieux dans lesquels on se livre, sous la surveillance de l'autorité, à la prostitution, ont pris le nom de *maisons de tolérance.*

« Les autorisations nécessaires pour tenir ces maisons, dit M. Trébuchet (*Nouv. Dict. de police*, v° *Maison de tolérance*), ne sont accordées qu'après les plus prudentes investigations, et avec une circonspection qui témoigne hautement de l'intérêt qu'inspire la morale publique. Ainsi, aucune maison de tolérance n'est autorisée dans le voisinage des pensionnats, des établissements publics, des églises. Mais les autorités municipales ne pourraient ordonner que les maisons de tolérance seront placées dans telle rue ou dans tel quartier de la ville ; ce serait jeter sur ces quartiers une défaveur marquée, et porter atteinte à la propriété. »

A Paris, dit aussi M. Parent-Duchatelet, les autorisations nécessaires pour tenir les maisons de tolérance sont accompagnées de précautions et d'investigations plus grandes encore. — Toute femme, pour obtenir un brevet de tolérance, doit en faire la demande par écrit, et l'adresser au préfet de police. — Avant de rien statuer, le préfet de police prend tous les renseignements nécessaires, dans l'intérêt de l'ordre et de la santé publique. — Si la demande est accordée, on fait venir la femme pour lui donner connaissance des obligations qui lui sont imposées, et des mesures de police auxquelles elle est soumise ; on lui délivre aussi un livret sur lequel est spécifié le nombre des filles qu'elle pourra avoir sous sa direction, et qui porte en tête les obligations qui lui sont imposées pour l'inscription à la préfecture de police des filles qui se présenteront chez elle pour y demeurer. Parent-Duchatelet.

Chaque maîtresse d'une pareille maison doit, dans les vingt-quatre heures, faire enregistrer à la préfecture toute femme qui se présente chez elle pour y être à demeure. Elle a deux jours pour faire cet enregistrement, si c'est le samedi qu'une femme se présente chez elle. En outre, lorsqu'une femme qui a demeuré dans sa maison vient à quitter, la maîtresse est tenue d'en faire également la déclaration au bureau administratif, et ce dans les vingt-quatre heures ou dans les deux jours, suivant les cas indiqués ci-dessus (Trébuchet, *Dict.*).

Les maisons de tolérance sont assimilées aux auberges et aux maisons garnies pour la tenue des livres de police. Toute personne qui y couche, même une seule nuit, doit y être inscrite. L. 19-22 juillet 1791, art. 5 ; ordon. pol., 15 juin 1832, art. 3 et 4.

Les officiers de police peuvent entrer en tout temps dans les lieux notoirement livrés à la débauche. En général, toutes les règles concernant les lieux publics leur sont applicables.

La surveillance qui s'exerce sur les lieux publics doit s'étendre à la recherche des cabinets noirs disposés d'ordinaire chez les marchands de vins et liqueurs pour favoriser la prostitution ; il importe de constater la présence, dans ces cabinets, des personnes de mauvaise vie, de les arrêter même, si elles ne justifiaient pas de leur position, ou si elles sont soupçonnées d'attentat aux mœurs ou de quelque délit. Circ. direc. gén. de la police, du 11 février 1815 ; instr. du préf. de pol., du 1er août 1819 ; Trébuchet, vº *Cabinets noirs*.

Les filles publiques dites *isolées* sont celles qui sont dans leurs meubles ou dans les maisons garnies, et qui forment habituellement à Paris les deux tiers de celles inscrites. Elles sont visitées, au dispensaire, deux fois par mois. Les filles dites *de maison* habitent les lieux de prostitution connus sous le nom de *tolérance*. Elles sont visitées toutes les semaines, et chaque fois qu'elles changent de maison.

On appelle *insoumises* les filles non encore inscrites, qui sont arrêtées ou amenées au dispensaire comme se livrant à la prostitution depuis plus ou moins de temps. — Les agents de l'autorité qui arrêtent les prostituées insoumises doivent, dans leur rapport, donner tous les détails qui peuvent rendre certain le fait de prostitution habituelle qui entraîne l'inscription sur le livre de la police. Il faut prendre d'autant plus de soin d'imprimer aux actes de l'autorité les caractères de la justice et de l'exactitude, que l'on procède en dernier ressort, et d'après des règles arbitraires. — Note de M. de Belleyme. Parent-Duchatelet, *De la Prostitution*, tome 1, page 396.

Aucune disposition spéciale ne détermine le régime disciplinaire à infliger aux filles publiques et aux maîtresses de maison pour les actes répréhensibles et délits commis dans l'exercice même de la prostitution, et qui ne sont pas prévus par les articles 330 et suivants du Code pénal. En pareil cas, ce régime disciplinaire est laissé au libre arbitre de l'administration, qui, toutefois, ne doit jamais s'écarter des devoirs qu'impose l'humanité. Aux termes des anciennes ordonnances, les filles publiques se trouvaient, par le seul fait de leur prostitution, hors du droit commun.

A Paris, les prostituées que la police arrête pour les punir disciplinairement sont interrogées par un commissaire de police spécialement attaché au bureau des mœurs ; ce commissaire soumet son rapport au préfet, lequel ordonne la mise en liberté, ou envoie la femme dans une prison spéciale pour un temps dont la durée est subordonnée à une foule de circonstances et d'exigences particulières. Cet emprisonnement est souvent de plusieurs mois. Parent-Duchatelet, t. II, p. 245, 338 et suiv.

Quant aux maîtresses de maisons de tolérance, les punitions qui leur sont imposées administrativement sont ordinairement l'amende, la perte de la liberté, le retrait pendant un temps plus ou moins long du brevet de tolérance, et la clôture de l'établissement. Parent-Duchatelet, p. 437.

Nous avons dit plus haut que les filles publiques et les maîtresses de maisons de tolérance sont soumises à l'autorité de la police et des règlements municipaux ; que c'est l'administration municipale qui leur applique les peines et les châtiments pour infractions aux règlements, et qu'elles ne paraissent pas soumises au jugement des tribunaux ordinaires. Il y a cependant des exceptions, et même des exceptions si décisives et si nombreuses, qu'elles pourraient bien devenir la règle. Ainsi, chaque fois que la Cour de cassation a été appelée à se prononcer sur l'application aux filles publiques ou aux maîtresses de maisons de tolérance des règlements municipaux les concernant, elle a reconnu la compétence des juges de paix pour prononcer en pareil cas comme dans les cas ordinaires.

Elle a jugé que le règlement municipal qui oblige les femmes inscrites comme filles publiques, soit isolées, soit habitant des maisons de tolérance, à se faire visiter à des époques déterminées et à faire constater les visites sur leur livret, est légal et obligatoire tant qu'il n'a pas été infirmé par l'autorité supérieure. — La contravention à un pareil arrêté par une fille inscrite ne saurait être excusée sous prétexte que les faits qui auraient pu la soumettre à la visite sanitaire n'étaient pas suffisamment établis.

Cet arrêt du 3 décembre 1847, Chambre criminelle, est trop important, il se rattache à un ordre de faits qui intéresse à un trop haut degré la compétence des juges de paix, pour que nous ne le rapportions pas ici.

« La Cour : — Vu le mémoire produit par le commissaire de police de la ville de Laval (Mayenne), à l'appui du pourvoi par lui formé contre le jugement rendu le 24 septembre dernier par le tribunal de simple police de ladite ville ; — statuant sur ledit pourvoi et sur le moyen proposé par le demandeur, puisé dans la violation des art. 154 C. instr. crim. et 471, n° 15 C. pén. ; — Vu les art. 3 et 4, lois des 16-24 août 1790, tit. II, et l'art. 46 du tit. I ; les lois des 19-22 juillet 1791 ; le règlement du maire de la ville de Laval, du 10 sept. 1841, approuvé par le préfet de la Mayenne le 16 du même mois, concernant les maisons de débauche et la prostitution, ledit arrêté portant, art. 15 : — « Toute « femme ou fille publique qui deman- « dera à se faire inscrire, si elle est « étrangère à la ville, soit qu'elle dé- « pende d'une maison de tolérance,

« soit qu'elle soit logée dans ses meu-« bles, devra présenter : 1° Son acte « de naissance...; elle sera immédia-« tement visitée; celles qui seront « jugées saines recevront un livret; « il tiendra lieu de permis aux étran-« gères;—art. 24. Les filles et femmes « publiques, soit isolées, soit habitant « des maisons de tolérance, seront « visitées les 1er et 16 de chaque mois, « par le médecin chargé de ce service; « elles seront obligées de se présenter « aux lieux et heures indiqués; elles « doivent apporter leur livret; cha-« que visite est inscrite sur le livret »; —Vu aussi le procès-verbal dressé par le commissaire de police de Laval, le 16 août dernier, par lequel il est par lui constaté que Mélanie Corbin et sa sœur Félicité Corbin, filles publiques isolées, inscrites sur les registres de la police sous les nos 54 et 55, ne se sont pas soumises à la visite sanitaire aux époques fixées par l'arrêt du 10 septembre 1841, et que, malgré les injonctions à elles adressées, elles ne se sont pas présentées pour obéir aux dispositions de l'art. 14 dudit arrêté; l'art. 154 C. instr. crim., qui porte que les contraventions seront constatées soit par procès-verbaux et rapports, soit par témoins à défaut de rapports et procès-verbaux à leur appui; — Vu enfin l'art. 471, n° 15 Code pénal;

« Attendu que la police sur les maisons de débauche ainsi que sur les femmes qui s'abandonnent à la prostitution intéresse expressément le maintien du repos, de l'ordre et de la tranquillité publique; qu'elle exige non-seulement des dispositions toutes spéciales dans l'intérêt de la sécurité, de l'ordre et de la morale, mais encore des mesures particulières concernant l'hygiène publique; — Attendu que, sous chacun de ces rapports, cette matière rentre dans les objets confiés à la vigilance et à l'autorité des corps municipaux; qu'elle leur est exclusivement attribuée par les dispositions des art. 3 et 4 du tit. II de la loi des 16-24 août 1790, visées ci-dessus, et que, par suite, il n'appartient encore qu'à l'administration, aux termes de l'art. 46, tit. Ier, de la loi des 19-22 juillet 1791, d'ordonner, quant à toutes, les précautions locales qu'elle reconnaît nécessaires, comme de publier de nouveau les lois et règlements de police, afin de rappeler les citoyens à leur observation;

« Attendu qu'il résulte de ce qui précède que le règlement du 10 septembre 1841 ayant été légalement fait par le maire de la ville de Laval, il était du devoir des tribunaux d'en procurer l'exécution tant qu'il n'aurait pas été infirmé par l'autorité administrative supérieure;

« Attendu qu'il était constaté par le commissaire de police de Laval, dans le procès-verbal du 16 août dernier ci-dessus visé, procès-verbal contre lequel la preuve contraire n'avait pas été réclamée, que les femmes Mélanie et Félicité Corbin, inscrites comme femmes publiques sur les registres de police de la ville de Laval, en conformité de l'art. 15 de l'arrêté précité, et munies de livrets, ne s'étaient pas conformées à l'art. 24 de ce règlement; que ce fait, dont la preuve, déterminée par l'art. 154 C. instr., se trouvait ainsi rapportée, constituait la contravention définie et punie par l'art. 471, n° 15 C. pén.; —Que néanmoins le jugement attaqué, au lieu de faire application aux femmes Corbin dudit article, les a renvoyées de la poursuite, sous prétexte que les faits qui auraient pu les soumettre à la visite sanitaire n'auraient pas été suffisamment établis; en quoi ledit jugement a violé expressément les dispositions des art. 154 C. instr. crim., 471, n° 15 C. pén., ainsi que celles des autres lois ci-dessus visées ;

« Par ces motifs, *Casse* et *Annule* le jugement rendu par le tribunal de simple police de la ville de Laval, le 24 septembre dernier. »

Depuis, et par arrêt du 28 septembre 1849, la même Chambre criminelle de la Cour de cassation a encore jugé que l'infraction aux dispositions d'un arrêté municipal qui enjoint aux individus tenant des maisons de tolérance de conduire tous les jours au dispensaire les filles publiques dont la santé deviendrait suspecte dans l'intervalle des visites hebdomadaires, tombe sous l'application de l'art. 471, n° 15 du Code pénal, et que les tribunaux de simple police sont compétents pour en connaître, sans préjudice des mesures administratives. Nous rapportons encore le texte de cet arrêt :

« La Cour : — Vu l'arrêté pris par le maire de Brest, le 3 juin 1830, contenant règlement pour la prostitution, ledit arrêté approuvé par le ministre de l'intérieur le 22 novembre suivant ; — Et le procès-verbal dressé par Guimont, commissaire de police, le 26 juin dernier, constatant que Lagadec (Armand), tenant maison de tolérance, ne s'est point conformé aux obligations qui lui étaient imposées par le règlement ci-dessus visé; — Attendu que la police sur les maisons de débauche ainsi que les filles publiques qui s'abandonnent à la prostitution intéresse l'ordre et la tranquillité publique; qu'elle exige non-seulement des dispositions spéciales dans l'intérêt de la sécurité, de l'ordre, mais encore des mesures particulières concernant l'hygiène publique; — Attendu que, sous chacun de ces rapports, cette matière rentre dans les objets confiés à la vigilance et à l'autorité du corps municipal, et qu'il est de son devoir d'y pourvoir en ordonnant toutes les précautions locales qui deviendraient nécessaires, d'après les articles 3 et 4 du titre XI de la loi des 16-24 août 1790 et 46 du titre 1er de la loi des 19-22 juillet 1791; — Attendu que, par l'article 6 du règlement légalement fait par le maire de Brest le 3 juin 1830, obligation est imposée aux gens tenant maison de tolérance de conduire à la visite du dispensaire, tous les jours, le matin, les filles dont la santé deviendrait suspecte dans l'intervalle des visites hebdomadaires ; — Attendu qu'un procès-verbal régulier, en date du 26 juillet dernier, a constaté que Lagadec, tenant maison de tolérance, a négligé pendant deux visites d'amener au dispensaire la fille publique désignée audit procès-verbal, laquelle devait être soumise à un traitement, et que ce fait, dont la preuve était établie conformément à l'article 154 C. d'instr. crim., et qui n'était pas dénié, constituait la contravention punie par le n° 15 de l'article 471 du Code pénal ; — Que néanmoins, méconnaissant sa compétence, le juge de police, par le jugement attaqué, s'est refusé à réprimer cette contravention, sous prétexte que, par l'article 7 de l'arrêté dudit jour 3 juin 1830, les infractions à ses dispositions ne pouvaient qu'autoriser l'emploi de mesures administratives; en quoi ledit jugement a expressément violé les art. 154 C. instr. crim. et 471, n° 15 C. pén.;

« Par ces motifs, — *Casse* et *Annule* le jugement rendu par le tribunal de simple police de la ville de Brest, le 23 août dernier. »

Jugé encore que, de ce que des femmes notoirement connues pour se livrer à la prostitution étaient absentes de leur domicile aux heures où un arrêté leur défendait de se montrer sur leur porte ou dans les lieux publics, il ne résultait pas qu'elles eussent contrevenu aux dispositions de cet arrêté. Cassat., Chambre criminelle, 23 juillet 1842.

Que l'autorité municipale a le droit de défendre aux filles publiques de stationner pendant le jour sur la voie publique et d'y paraître après telle heure du soir; que les arrêtés qu'elle prend à cet égard sont obligatoires, quand même les prévenues ne feraient rien pour attirer à elles les passants. Lois des 16-24 août 1790, tit. XI, art. 3, n° 1; 18 juillet 1837, art. 10 et 11; Cass. Chambre criminelle, 23 avril 1842, cassation d'un jugement du juge de paix de Chartres.

Que le fait par des filles publiques d'avoir été trouvées absentes de leur demeure à une heure de la soirée où un règlement de l'autorité municipale leur défendait de sortir de chez elles, peut être considéré comme insuffisant pour constituer une contravention à ce règlement, lorsqu'il résulte de l'instruction qu'elles n'étaient sorties que pour des causes étrangères à leur métier, par exemple, pour chercher des provisions dans le voisinage. C. pén., 475, n° 15; Cass., Chambre criminelle, 29 mars 1844, rejet d'un pourvoi contre un jugement du juge de paix de Chartres.

Comme on le voit, la Cour de cassation a, par plusieurs arrêts importants, reconnu le droit des prostituées ou de ceux qui tiennent des maisons de débauche de s'adresser aux tribunaux pour prononcer sur les infractions qui leur sont imputées. Mais, d'un autre côté, il est certain que journellement des peines sont appliquées aux contraventions de ce genre par les magistrats de la police, sans aucune participation ni intervention de l'autorité judiciaire.

TITRE IV.

Des tribunaux de police. — Attributions. — Constitution. —Tribunaux de police des maires. — Tribunaux de police des juges de paix. — Du ministère public près les tribunaux de police. — Fonctions des commissaires de police au tribunal de police. — Du greffier du tribunal de police.

CHAPITRE PREMIER.

Des tribunaux de police. — Attributions. — Constitution. — Deux espèces de tribunaux de police. — Attributions des maires. — Attributions des juges de paix comme juges de police.

La compétence et les attributions des tribunaux établis pour juger les crimes et délits et contraventions dépendent, d'après les règles de notre droit criminel actuel, de la gravité de la peine appliquée à chaque délit ou contravention. Ainsi, les crimes dont la peine est dite afflictive ou infamante, c'est-à-dire qui entraîne la réclusion, les travaux forcés, la peine de mort, etc., sont du ressort des Cours d'assises; les délits dont la peine est inférieure à celle des crimes, mais supérieure à celle des contraventions, c'est-à-dire qui entraîne un emprisonnement de plus de cinq jours et une amende de plus de quinze francs, sont du ressort de la police correctionnelle.

Enfin, les infractions qui entraînent un emprisonnement seulement de cinq jours et au-dessous, ou une amende de 15 francs et au-dessous, ou ces deux peines cumulées, sont du ressort des tribunaux de police.

« L'infraction que les lois punis-« sent des peines de police est une « contravention. — L'infraction que « les lois punissent de peines correc-« tionnelles est un délit.—L'infraction « que les lois punissent d'une peine « afflictive ou infamante est un crime.» Code pénal, art. 1er.

« Sont considérés comme contra-« ventions de police simple les faits « qui, d'après les dispositions du qua-« trième livre du Code pénal, peuvent « donner lieu, soit à quinze francs « d'amende ou au-dessous, soit à cinq « jours d'emprisonnement ou au-des-« sous, qu'il y ait ou non confiscation « de choses saisies, et quelle qu'en « soit la valeur. C. instr. crim., 137.

« Les peines de police sont l'empri-« sonnement, l'amende et la confisca-« tion de certains objets saisis. » Code pénal, art. 464.

Le Code de brumaire an IV (article 151 et 596) avait remplacé la juridiction des municipalités, jusque-là unique en matière de police (décret des 19-22 juillet 1791, art. 42, 43), par celle des tribunaux de police *cantonaux*. Le Code d'instruction criminelle a établi celle des maires concurremment avec celle des juges de paix. Cette juridiction des maires en matière de contravention aurait, d'après Locré (*Législation de la France*, t. XXV, p. 315, 319, 333, 336, 368), une illustre origine. Le projet de Code n'admettait, comme la loi précédente, que des tribunaux de cantons présidés par les juges de paix. Dans la discussion au Conseil d'Etat (18 sept. 1808), l'Empereur fit observer qu'il était « indispensable de donner aux maires le pouvoir de réprimer les petits délits, tels, par exemple, que les délits champêtres, et de ne pas envoyer la partie lésée chercher au loin un juge de paix. » Après une discussion assez longue sur ce point, le projet fut renvoyé à une nouvelle rédaction. Cette rédaction, où l'idée de l'Empereur était développée, et qui comprenait les articles 138, 139, 166, 171 du Code actuel, fut présentée par Treilhard et adoptée (27 septembre-4 octobre 1808) avec quelques changements de détail. La Commission du Corps législatif ne fut pas favorable à cette innovation : elle en demanda la suppression, fondée principalement sur la nécessité de séparer les fonctions administratives des fonctions judiciaires, et l'impossibilité d'organiser dignement cette juridiction dans un nombre si prodigieux de communes; mais le Conseil d'Etat n'accueillit pas ce vœu dans sa révision définitive; le projet fut maintenu, puis voté en son entier par le Corps législatif.

Il existe donc deux espèces de tribunaux de police: l'un tenu dans chaque canton par le juge de paix, qui a une compétence exclusive pour certaines contraventions ; l'autre tenu dans les communes qui ne sont pas chefs-lieux de canton, par le maire, qui statue concurremment avec le juge de paix sur certaines contraventions.

« La connaissance des contraven-« tions de police est attribuée aux ju-« ges de paix et aux maires, suivant « les règles et les distinctions qui se-« ront ci-après établies. C. instr. crim. 138.

« Les juges de paix connaîtront « exclusivement :—1° des contraven-« tions commises dans l'étendue de la « commune chef-lieu du canton ; — « 2° des contraventions dans les au-

« tres communes de leur arrondisse-« ment, lorsque, hors le cas où les « coupables auront été pris en flagrant « délit, les contraventions auront été « commises par des personnes non « domiciliées ou non présentes dans « la commune, ou lorsque les témoins « qui doivent déposer n'y sont pas ré-« sidents ou présents ; — 3° des con-« traventions à raison desquelles la « partie qui réclame conclut, pour les « dommages-intérêts, à une somme « indéterminée ou à une somme ex-« cédant quinze francs ;—4° des con-« traventions forestières, poursuivies « à la requête des particuliers ; — « 5° des injures verbales ;—6° des af-« fiches, annonces, ventes, distribu-« tions ou débit d'ouvrages, écrits ou « gravures contraires aux mœurs (1); « — 7° de l'action contre les gens qui « font le métier de deviner et pronos-« tiquer, ou d'expliquer les songes. C. instr. crim., 139.

« Les juges de paix connaîtront « aussi, mais concurremment avec les « maires, de toutes autres contraven-« tions commises dans leur arrondis-« sement. C. instr. crim., 140.

« Les maires des communes non « chefs-lieux de canton connaîtront, « concurremment avec les juges de « paix, des contraventions commises « dans l'étendue de leur commune « par des personnes prises en flagrant « délit, ou par des personnes qui ré-« sident dans la commune, ou qui y « sont présentes, lorsque les témoins « y seront aussi résidents ou présents, « et lorsque la partie réclamante con-« clura pour ses dommages-intérêts à « une somme déterminée, qui n'ex-« cédera pas celle de quinze francs.— « Ils ne pourront jamais connaître des « contraventions attribuées exclusive-« ment aux juges de paix par l'arti-« cle 139, ni d'aucune des matières « dont la connaissance est attribuée « aux juges de paix, considérés « comme juges civils. » C. instr.; crim., 166.

(1) Ainsi que nous le verrons ci-après, les juges de paix ne sont plus compétents pour connaître des contraventions d'affiches, annonces, ventes, distributions ou débit d'ouvrages, écrits ou gravures contraires aux mœurs.

CHAPITRE II.

Du tribunal de police des maires.

Le maire tient donc de l'article 166 du Code d'instruction criminelle le droit d'organiser dans sa commune, lorsqu'il n'y a pas de juge de paix, un tribunal de police ; et aucune disposition de la loi n'oblige le maire à demander au préalable l'autorisation, ni de l'autorité judiciaire, ni de l'autorité administrative.

De la combinaison des articles 139, 140 et 166, sus-rapportés, du Code d'instruction criminelle, il résulte que la connaissance d'aucune contravention n'est exclusivement attribuée aux maires; que leur compétence est, au contraire, circonscrite; qu'ils ne peuvent connaître d'une contravention de police que concurremment avec les juges de paix, et seulement lorsque la contravention réunit les conditions déterminées.

Il suit de là que le maire siégeant comme juge de simple police est incompétent pour juger d'une affaire d'injures verbales. Cass., 27 décembre 1811 ; 18 décembre 1812 ; 1er avril 1813.

Lorsqu'une affaire de la compétence exclusive du juge de paix comme juge de police a néanmoins été jugée par le maire, le vice d'incompétence dont le jugement est entaché n'empêche pas qu'il acquière l'autorité de la chose jugée, s'il n'est pas régulièrement attaqué et réformé. Cass., 1er avril 1813.

Il ne saurait appartenir au juge de paix, tant que ce jugement subsiste, de statuer sur l'affaire incompétemment jugée par le maire; car, d'une part, il ne lui appartient pas hiérarchiquement de connaître, comme juge supérieur, des affaires jugées par le maire en tribunal de police; et, d'autre part, l'existence simultanée de deux décisions successivement rendues dans le même procès serait une atteinte à la maxime *non bis in idem*. Même arrêt; Mangin, *Traité de l'action publique*, t. III, p. 257, n° 375, et Merlin, *Rép.*, v° *Non bis in idem*, n° 4.

La juridiction de simple police du maire, dans une commune non chef-lieu de canton, s'étend à toutes les habitations, soit éparses, soit réunies, qui se trouvent dans l'étendue de sa mairie, encore bien que quelques-unes forment une section connue sous une désignation particulière. Cass., 28 mars 1812.

« Le ministère public sera exercé « auprès du maire, dans les matières « de police, par l'adjoint: en l'absence « de l'adjoint, ou lorsque l'adjoint « remplacera le maire comme juge de « police, le ministère public sera « exercé par un membre du Conseil « municipal, qui sera désigné à cet « effet par le procureur impérial pour « une année entière. C. inst. crim., 167.

Il y a incompatibilité légale entre les fonctions d'huissier et celles d'officier du ministère public exercées dans la même affaire; en conséquence, l'huissier qui a délivré la citation au prévenu devant le tribunal de simple police ne peut, lors du jugement, remplir les fonctions du ministère public en sa qualité d'adjoint du maire. Cass., 20 févr. 1847.

La loi n'a pu vouloir, en effet, que ces deux fonctions distinctes pussent être remplies simultanément par la même personne. Mais l'aptitude de l'huissier, maire ou adjoint, demeure entière pour toutes les affaires dans lesquelles il n'a point exercé d'actes de son ministère.

« Les fonctions de greffier des mai- « res dans les affaires de police seront « exercées par un citoyen que le maire « proposera, et qui prêtera serment « en cette qualité au tribunal de police « correctionnelle. Il recevra, pour ses « expéditions, les émoluments attri- « bués au greffier du juge de paix. C. instr. crim. 168.

« Le ministère des huissiers ne sera « pas nécessaire pour les citations aux « parties; elles pourront être faites par « un avertissement du maire, qui an- « noncera au défendeur le fait dont il « est inculpé, le jour et l'heure où il « doit se présenter. C. instr. crim., 169.

« Il en sera de même des citations « aux témoins; elles pourront être « faites par un avertissement qui in- « diquera le moment où leur déposi- « tion sera reçue. C. instr. crim., 170.

« Le maire donnera son audience « dans la maison commune; il enten- « dra publiquement les parties et les « témoins; Seront, au surplus, obser- « vées les dispositions des articles « 149, 150, 151, 153, 154, 155, 156, « 157, 158, 159 et 160, concernant « l'instruction et les jugements au « tribunal du juge de paix. » C. instr. crim., 171.

Indépendamment de la différence qui existe, quant au mode d'introduction d'instance, entre le tribunal de police tenu par le juge de paix et celui qui est tenu par le maire, il y en a une autre qui n'est que la conséquence de cette première différence ; c'est que l'avertissement, suffisant pour constituer l'inculpé en demeure de comparaître devant le tribunal du maire, autorise ce dernier à prononcer défaut contre l'inculpé en cas de non-comparution, tandis qu'une citation est indispensable pour que le juge de paix puisse prononcer défaut.

CHAPITRE III.

Du tribunal de police du juge de paix. — Constitution.— Ministère public. — Greffier. — Huissier.

SECTION I.

Du juge de paix au tribunal de simple police.

« Dans les communes dans lesquel-« les il n'y a qu'un juge de paix, il « connaîtra seul des affaires attribuées « à son tribunal : les greffiers et les « huissiers de la justice de paix feront « le service pour les affaires de police.

« Dans les communes divisées en « deux justices de paix ou plus, le « service du tribunal de police sera fait « sucessivement par chaque juge de « paix, en commençant par le plus « ancien : il y aura, dans ce cas, un « greffier particulier pour le tribunal « de police. C. inst. crim., 143.

« Il pourra aussi, dans le cas de l'ar-« ticle précédent, y avoir deux sections « pour la police : chaque section sera « tenue par un juge de paix ; et le « greffier aura un commis assermen-« té pour le suppléer.

« Les fonctions du ministère public, « pour les faits de police, seront rem-« plies par le commissaire de police « du lieu où siégera le tribunal : en « cas d'empêchement du commissaire « de police, ou s'il n'y en a point, elles « seront remplies par le maire, qui « pourra se faire remplacer par son « adjoint. S'il y a plusieurs commis-« saires de police, le procureur géné-« ral près la Cour impériale nommera « celui ou ceux d'entre eux qui feront « le service. C. inst. crim., 144.

Il ne faut pas confondre la *justice de paix* avec le *tribunal de simple police* tenu par le juge de paix. Quoique l'un et l'autre aient le même juge, ce sont cependant deux tribunaux différents : à la justice de paix est réservée la connaissance des affaires civiles, tandis que c'est au tribunal de police seul qu'il appartient de prononcer sur les faits de police. Cass., 27 vendém. an IX.

Ainsi, un tribunal de paix saisi d'une pure action civile ne peut la transformer en une affaire de police municipale, en la renvoyant au tribunal de police du même canton. Le tribunal qui, sur ce renvoi, prononce les peines applicables aux seules contraventions de police, commet une usurpation de pouvoirs qui donne lieu à la cassation de son jugement. Cass., 18 prairial an VIII.

Un juge de paix ne peut, à plus forte raison, lorsqu'il est saisi de la connaissance d'une affaire comme juge civil, se transformer immédiatement en juge de police et prononcer des peines de police. Cass., 25 avril 1806 et 1er avril 1813.

En conséquence, sont nuls les jugements qui, prononçant en matière de simple police, sont intitulés comme ayant été rendus par le tribunal de paix, en ce qu'ils contiennent une interversion de l'ordre des juridictions et un empiétement sur les droits du tribunal compétent. Cass., 6 brum. an VII, 5 niv. an VII, 9 brum. an IX. Mais s'il était évident que la qualification de tribunal de paix appliquée à un tribunal de simple police aurait été le résultat d'une erreur de rédaction, cette qualification ne saurait être alors une cause d'infirmation du jugement.

En cas de maladie, absence ou autre empêchement, le juge de paix de service est remplacé par le plus ancien de ses suppléants (Loi du 29 ventôse an IX, art. 3). La disposition de l'art. 141 portant : « Dans les communes où il n'y a qu'un juge de paix, il connaîtra seul des affaires attribuées à son tribunal », avait fait penser d'abord, dit M. Berriat-Saint-Prix, dans son traité de la procédure des tribunaux criminels, *Tribunaux de simple police*, n° 4, que le jugement des affaires de police était personnellement réservé au juge de paix, et, partant, interdit à ses suppléants; mais on n'a pas tardé à reconnaître que cette disposition, empruntée, sans réflexion, à l'art. 2 de la loi du 29 ventôse an IX, ne pouvait être entendue de la sorte. Cette loi, en supprimant les assesseurs des justices de paix, institués en 1790 (Loi des 16-24 août 1790, tit. X, art. 1er), ajouta, surabondamment, que le juge de paix remplirait seul les fonctions, soit judiciaires, soit de conciliation ou autres, qui étaient attribuées aux justices de paix ; puis elle disposa, art. 3, que le juge de paix serait remplacé par son suppléant. Il ne saurait donc y avoir de doute sur ce point. L'article 141 du Code actuel signifie que le tribunal de police est tenu par un seul magistrat, savoir : le juge de paix d'abord, puis, en cas d'empêchement, l'un de ses suppléants. Aussi a-t-il été jugé que le suppléant qui refuserait de siéger au tribunal de police en remplacement de son juge de paix, commettrait un déni de justice. Cass., 7 juillet 1809.

Ce remplacement, ajoute M. Berriat, doit s'opérer de la même manière dans les communes où il y a plusieurs justices de paix que dans celles où il n'y en a qu'une seule : le juge titulaire empêché est remplacé, non par un de ses collègues, mais par un de ses suppléants (Cass., 2 frimaire an XIV). Mais ce n'est pas ce qui a lieu à Paris : les juges de paix des douze arrondissements y siégent à tour de rôle au tribunal de police, et sans que les suppléants soient jamais appelés à les remplacer.

Lorsque le remplacement d'un juge de paix par son suppléant a lieu, la preuve de l'empêchement du titulaire n'a pas besoin d'être rapportée ; le suppléant qui siége est présumé, jusqu'à preuve du contraire, remplacer le juge de paix pour une cause légale (Cass., 6 avril 1809). Quant aux affaires commencées par le juge de paix, le suppléant ne peut les juger sans avoir recommencé l'instruction à l'audience; il faut évidemment que les conclusions aient été prises (Loi 20 avril 1810; Cass., 2 janvier 1816). Toutefois, le suppléant pourrait connaître d'une affaire dans laquelle le juge de paix aurait rendu un jugement simplement préparatoire (Cass., 19 novembre 1818), ou un jugement par défaut. Cass., 6 mars 1845.

On peut, suivant l'article 143 précité du Code d'instruction criminelle, dans les communes divisées en deux justices de paix ou plus, diviser le tribunal de police en deux sections; chaque section est tenue par un juge de paix. Un décret du 18 août 1810, art. 28, postérieur au Code d'instruction, portait même qu'à Bordeaux,

Lyon, Marseille, Nantes et Rouen, le tribunal de police serait divisé en deux Chambres, et celui de Paris en trois Chambres; mais il ne paraît pas que cette disposition ait jamais été exécutée. A Paris, où le tribunal de police juge un si grand nombre d'affaires, il n'est encore aujourd'hui formé que d'une seule section.

SECTION II.

Du ministère public près le tribunal de police.

Article 1er. — Par qui doivent être remplies les fonctions du ministère public près le tribunal de police du juge de paix. — Fonctions. — Costume.

Sous l'empire du Code du 3 brumaire an IV, les fonctions du ministère public près chaque tribunal de police étaient exercées par les commissaires du pouvoir exécutif de l'administration municipale du lieu (art. 152). Après la suppression de ces commissaires, une loi du 27 ventôse an VIII conféra les fonctions du ministère public aux commissaires de police et aux adjoints des maires.

L'article 144 du Code d'instruction criminelle, qui régit aujourd'hui la matière, porte : Les fonctions du ministère public pour les faits de police seront remplies par le commissaire du lieu où siégera le tribunal : en cas d'empêchement du commissaire de police, ou s'il n'y en a point, elles seront remplies par le maire, qui pourra se faire remplacer par son adjoint. — S'il y a plusieurs commissaires de police, le procureur général près la Cour impériale nommera celui ou ceux d'entre eux qui feront le service.

Les commissaires de police exercent donc les fonctions du ministère public près des tribunaux de police; et, à ce titre, ils font citer les prévenus et les témoins, concluent, requièrent, font exécuter les jugements.

Suivant l'art. 162 du Code du 3 brumaire an IV, reproduit par l'art. 153 du Code d'instruction criminelle, le ministère public fait partie essentielle de tous les tribunaux de police; il doit être entendu sur toutes les affaires; tout jugement à l'instruction duquel il n'aurait pas assisté serait radicalement nul. Cass., 16 mars 1809.

L'article 144 du Code d'instruction criminelle porte, ainsi que nous l'avons vu plus haut, qu'en cas d'empêchement du commissaire de police, il sera remplacé par le maire : on s'est demandé s'il en était ainsi quand, en cas d'existence de plusieurs commissaires de police dans la même localité, le commissaire de police désigné par le procureur général pour remplir les fonctions du ministère public près le tribunal de police était empêché, ou s'il pouvait être remplacé par l'un des autres commissaires de police. MM. Legraverend, t. II, p. 340, et Mangin, *Act. publ.*, n° 101, enseignent qu'il peut être remplacé par son collègue. Ce n'est qu'une mesure d'ordre prise par le procureur général, et rien de plus.

M. Mangin pense même (*loc. cit.*) que le maire et les adjoints ne doivent remplir les fonctions du ministère public que quand tous les commissaires de police sont empêchés.

L'empêchement est, au reste, suffisamment justifié par la mention qu'en font les maires et adjoints qui ont procédé.

A défaut des commissaires de police, des maires et adjoints, les fonctions du ministère public ne peuvent être remplies par un membre du Conseil municipal (Cass., 25 févr. 1830), ni par un membre du Conseil municipal qui serait désigné soit par le maire (Cass., 3 décembre 1840, *Bulletin des arrêts de la Cour de cassation*, n° 343), soit par le tribunal de police (Cass., 7 novembre 1844, *Bulletin*, n° 356), soit par le procureur impérial lui-même (Cass., 10 sept. 1835, *Bulletin*, n° 365); aucun texte, dit M. Berriat-Saint-Prix, dans son traité de procédure criminelle, ne confère ce droit de désignation ni au maire du chef-lieu, ni au tribunal de police. Quant au procureur impérial, si ce magistrat peut, aux termes de l'article 167 du Code d'instruction criminelle, pour le cas d'empêchement de l'adjoint, désigner pour une année entière un conseiller municipal qui exercera les fonctions du ministère public près le tribunal du *maire*, c'est par une disposition exceptionnelle, qui concerne un tribunal spécial, et ne saurait être étendue au delà de ses limites; les compétences sont de droit strict et ne peuvent être réglées par analogie. A la vérité, la loi du 21 mars 1831, sur l'organisation municipale, art. 5, appelle les conseillers municipaux à remplacer, dans l'ordre du tableau, les maires et adjoints empêchés; mais cette loi est étrangère aux attributions judiciaires de ces agents de l'administration, lesquelles sont exclusivement régies par le Code d'instruction criminelle. Quant à la loi du 18 juillet 1837 sur les attributions des pouvoirs municipaux, elle n'a pas non plus dérogé à ce Code. Cass., 13 nov. 1841; *Bulletin*, n° 326; 29 mars 1854, *Bulletin*, n° 126.

Jugé encore, d'après les mêmes principes, qu'un membre du Conseil municipal ne peut remplir les fonctions du ministère public près le tribunal de police tenu par le juge de paix (Cass., 25 fév. 1830, 29 janv. 1835, 10 sept. 1835). Aux auteurs ci-dessus qui ont adopté la même opinion on peut ajouter M. Mangin, *De l'action publique*, t. I, n° 204; et Massabiau, *Manuel du procureur impérial*, t. III, n° 2963.

L'article 144 du Code d'instruction criminelle autorise le maire à se faire remplacer par son adjoint dans ses fonctions du ministère public au tribunal de police. Cette faculté n'étant pas limitée au cas d'empêchement personnel, l'adjoint peut recevoir du maire une délégation générale qui l'investisse d'une manière permanente des fonctions du ministère public (Mangin, *De l'action publique*, t. I, n. 104). La délégation reçue, il peut agir absolument comme le maire aurait fait lui-même, et sans exprimer que celui-ci était empêché (Cass., 20 août 1842, *Bulletin*, n° 189). Enfin, cette délégation produit son effet tant qu'elle n'a pas été retirée, et tant que la démission donnée par l'adjoint à cet égard n'a pas été acceptée. Cass., 18 août 1828, *Bulletin*, n° 116.

Toutefois, une délégation générale donnée à l'adjoint ne dépouille pas le maire de son droit, parce que la loi le lui confère personnellement, et que l'exercice de l'action publique lui appartient pleinement. Il peut donc, nonobstant sa délégation, faire donner une citation à sa requête; siéger aux audiences, quand il le trouve à propos, seul ou avec l'assistance de son adjoint; il pourrait même (Cass., 6 mars 1845, *Bulletin*, n° 78), se pourvoir en cassation contre les jugements rendus conformément aux réquisitions de ce dernier. Berriat-Saint-Prix, n° 12.

Si le maire venait à être empêché, sans avoir délégué son adjoint, ce dernier, qui se trouverait alors investi de l'autorité municipale, pourrait siéger légalement. La justification de la délégation n'est même jamais indispensable; elle peut être donnée verbalement, et, à moins d'opposition de la part du maire, l'adjoint qui siége est légalement censé remplacer le chef de l'administration communale. Provision est due à la qualité des fonctionnaires qui occupent une place dans un tribunal, soit comme juges, soit comme officiers du ministère public, soit comme greffiers, etc.; tous sont légalement présumés avoir caractère à cet effet, et les parties sont sans droit pour contester la validité des titres en vertu desquels les magistrats exercent leurs fonctions (Cass., 21 juillet 1832, *Journal de jurisprudence criminelle* de Chauveau, art. 914); pour demander, par exemple, qu'un commissaire de police soit tenu de justifier de la prestation de son serment par l'acte constatant l'accomplissement de cette formalité. Cass., 21 mai 1840, *Bulletin*, n° 140; Berriat, n° 13.

L'officier du ministère public près le tribunal de police n'a pas de costume spécial à ses fonctions; il doit porter celui de ses fonctions ordinaires, suivant qu'il est maire, ou adjoint, ou commissaire de police. Arrêtés des 17 floréal et 8 messidor, an VIII; ord. du 18 sept. 1830.

Dans quelques grandes villes, le commissaire qui remplit les fonctions du ministère public à l'audience porte le costume complet de juge de paix, y compris le chaperon avec la toque et son galon d'argent; mais cet usage, qui n'est fondé que sur une simple tolérance et sur l'analogie entre les fonctions du ministère public près les tribunaux de police et celles des procureurs impériaux près les tribunaux correctionnels, ne doit pas être suivi. Berriat, n° 147.

ARTICLE 2. — De qui dépendent, sous le rapport disciplinaire, les officiers du ministère public près le tribunal de police. — Le juge de paix a-t-il sur eux droit de censure?

Le ministre de la justice, le procureur général près la Cour impériale, le procureur impérial, et dans certains cas, les tribunaux de première instance ont seuls droit de surveillance, de réprimande et de répression sur les officiers du ministère public des tribunaux de simple police. Quant aux tribunaux de simple police eux-mêmes, ils n'ont aucun droit de surveillance, encore moins de censure, sur leur parquet. La magistrature debout est essentiellement indépendante des juges dans les fonctions qu'elle a à remplir; elle ne peut aucunement être gênée dans l'exercice de son action d'abord, et ensuite dans les développements que cette action peut nécessiter à l'audience. Cass., 1er juillet 1847, *Bulletin*, n° 341; 20 janvier 1848, *Bulletin*, n° 17; Mangin, *Action publique*, t. I, nos 114 et 115.

Toutes les fois que des tribunaux, même des Cours d'appel, ont voulu s'arroger ce droit de censure, et surtout l'exercer à l'audience, la partie de leurs jugements ou actes qui renfermait un blâme ou de simples observations concernant des officiers du ministère public a été annulée par la Cour suprême.

« Et spécialement à l'égard des tribunaux de simple police, dit M. Berriat-Saint-Prix, auquel nous empruntons les citations qui suivent, la Cour de cassation a jugé que ces tribunaux avaient excédé leurs pouvoirs, à l'audience notamment :

« En désignant, dans un jugement, un blâme ou une censure de l'officier du ministère public, qui avait poursuivi la répression de la contravention. Cass., 27 juin 1845, *Bulletin*, n° 213;

« En déclarant que le commissaire de police, en faisant assigner des témoins qui ne devaient pas l'être, avait aggravé la condition des prévenus ou blessé les intérêts du gouvernement. Cass., 8 mars 1821, *Bulletin*, n° 31;

« En manifestant le regret, à propos de l'acquittement d'un prévenu, d'avoir à prononcer une seconde fois, dans moins de quinzaine, sur une recherche que tout citoyen paisible aurait fait en sorte d'éviter. Cass., 1er juin 1839, *Bulletin*, n° 172;

« En exprimant un blâme sur la conduite du ministère public, qui aurait formé son action judiciairement, sans avoir auparavant invité les prévenus à comparaître volontairement. Cass., 24 juin 1842 (deux arrêts), *Bulletin*, nos 160, 161;

« En insinuant que le maire, à l'audience, aurait substitué à la qualité d'officier du ministère public celle de défenseur officieux de la partie citée, et ce, en se refusant à prendre des réquisitions contre elle. Cass., 30 décembre 1842, *Bulletin*, n° 343;

« En exprimant le regret de voir embarrasser le cours de la justice par des poursuites que devaient éviter de simples avertissements, et qui ne peuvent avoir pour résultat que de grever le trésor de frais irrecouvrables. Cass., 20 avril 1844, *Bulletin*, n° 146;

« En reprochant au ministère public d'avoir, d'office, donné suite à des plaintes qu'il aurait dû laisser à la partie intéressée le soin de poursuivre elle-même. Cass., 14 février 1845, *Bulletin*, n° 50;

« En motivant un jugement de renvoi, entre autres considérations, sur l'incapacité du maire à remplir les fonctions du ministère public. Cass., 8 juillet 1843, *Bulletin*, n° 173;

« En déclarant ne pouvoir s'empêcher de reconnaître que la poursuite était non-seulement sévère, mais vexatoire. Cass., 13 novembre 1847, *Bulletin*, n° 277;

« En ordonnant qu'il serait adressé au maire d'une commune, qu'intéressait un jugement du tribunal, un extrait de ce jugement pour tenir la main à son exécution. Cass., 23 août 1810, *Bulletin*, n° 105;

« Enfin, 1° en exprimant l'opinion, dans une affaire, que le commissaire de police n'avait pas usé de toute la modération et de la prudence nécessaires; et surtout, dans les débats, de toutes les convenances de langage que ne doit jamais abandonner un fonctionnaire public; — 2° En donnant acte au prévenu des divers passages du réquisitoire écrit du ministère public dont il s'était plaint, et en ordonnant le dépôt de ce réquisitoire au greffe (Cass., 20 octobre 1835, *Bulletin*, n° 141).— Le jugement énonçait que c'était du consentement du ministère public qu'il aurait été, sur ces derniers points, fait droit à la demande du prévenu, mais ce motif n'a pas empêché la cassation. La Cour suprême a considéré que les discours prononcés, ou les réquisitions prises à l'audience par les officiers du ministère public, ne pouvaient donner lieu contre eux, dans aucun cas, à une action en diffamation ou en injures (Loi du 17 mai 1819, art. 23) (1), sauf l'inter-

(1) Jugé encore que les discours prononcés, ou les réquisitions prises par le ministère public à l'audience ne peuvent donner lieu contre eux à une action en diffamation ou en injures. Cass., 11 janvier 1851, Ch. crim.

vention de leurs supérieurs, s'il y a lieu de les rappeler à leur devoir; et qu'il n'était pas au pouvoir des officiers de la vindicte publique de renoncer à la protection qu'ils reçoivent de ces principes, dans l'intérêt de l'ordre public, dont ils sont les organes.

Les tribunaux de police n'ont pas non plus le droit de limiter les développements ou productions à l'audience de documents jugés utiles par les officiers du ministère public; ni de leur prescrire des poursuites à l'égard de telle contravention (Cass., 10 septembre 1836, *Bulletin*, n° 295), ou de tel ou tel individu non compris dans la citation (Cass., 24 avril 1834, *Bulletin*, n° 120; 23 juillet 1836, *Bulletin*, n° 248; 20 décembre 1845, *Bulletin*, n° 368). Les omissions de ce genre, lorsqu'il s'en découvre, devront être officieusement signalées par le juge au ministère public, qui ne manquera pas, lorsqu'il y aura lieu, en effet, de compléter sa poursuite, de réclamer, si besoin est, la remise de l'affaire à un autre jour. Berriat, n° 24.

D'après l'article 61 de la loi du 20 avril 1810, « les tribunaux de première instance instruiront le premier président et le procureur général de la Cour impériale des reproches qu'ils se croiront en droit de faire aux officiers du ministère public exerçant dans l'étendue de l'arrondissement, soit auprès de ces tribunaux, soit auprès des tribunaux de police. »

Le juge de paix qui aurait des reproches graves à faire au magistrat de son parquet pourrait les faire connaître au président du tribunal de première instance (20 octobre 1835, *Bulletin*, n° 401), et celui-ci les soumettrait à ce tribunal. Il paraîtrait plus naturel encore que le juge de paix s'adressât au procureur impérial, qui avertirait le procureur général; la justice serait ainsi régulièrement rendue.

Car le droit de surveillance ou de censure des procureurs généraux près les Cours impériales et du ministre de la justice, sur les membres du ministère public n'est pas douteux; il résulte de l'article 60 de la loi précitée du 20 avril 1810, article ainsi conçu : « Les officiers du ministère public dont la conduite est répréhensible seront rappelés à leur devoir par le procureur général du ressort; il en sera rendu compte au grand-juge, (ministre de la justice), qui, suivant la gravité des circonstances, leur fera faire par le procureur général les injonctions qu'il jugera nécessaires, ou les mandera près de lui. »

Quant au procureur impérial, quoique aucun texte spécial ne lui donne le droit d'avertir diciplinairement les membres du ministère public près les tribunaux de police, il n'en a pas moins sur eux un droit de surveillance et de direction, comme sur tous les officiers de police judiciaire qui lui sont inférieurs (C. instr. crim., 17). Il est certain qu'ils peuvent leur donner des instructions; quant au droit d'injonction, M. Morin, *Discipline judiciaire*, tome I, page 102, le leur accorde; M. Mangin, *Action publique*, tome I, page 102, M. Hélie, *Instruction criminelle*, tome II, page 229, le leur dénient. Quoi qu'il en soit des rapports incessants qui existent entre les magistrats, la Cour suprême a décidé à deux reprises (27 août 1825, *Bulletin*, n° 169; 16 septembre 1834, *Bulletin*, n° 310) « que les officiers qui exercent le ministère public devant les tribunaux de simple police sont les délégués ou les substituts du procureur impérial du ressort, comme celui-ci est lui-même le substitut du procureur général. »

« Lors donc, dit M. Berriat, n° 30, que le procureur impérial réclame d'un officier du ministère public des tribunaux de police de son arrondissement, des renseignements sur certaines affaires, ou lui adresse des instructions sur la suite à donner à certains procès-verbaux ou plaintes, ou certains jugements, ces renseignements doivent être fournis, ces instructions suivies sans retard. En ce qui concerne les actes de poursuite, une fois le tribunal de police saisi, l'officier du ministère public recouvre, à l'audience, sa liberté d'opinion ; c'est l'ancienne maxime : « Si la plume doit obéir, la parole doit être libre. » M. le procureur général Dupin l'a plusieurs fois mise en pratique à la Cour suprême. Après avoir, pour se conformer aux ordres du ministre de la justice, présenté un réquisitoire écrit pour demander une cassation dans l'intérêt de la loi, il a verbalement exposé à l'audience les doutes qui s'élevaient dans son esprit sur les difficultés.

SECTION III.

Des greffiers des tribunaux de police. — Nomination, serment, fonctions, attributions, costume, traitement.

Un greffier est attaché à chaque justice de paix. L. 6 mars 1791.

Dans les communes où il n'y a qu'un seul juge de paix, son greffier est chargé du service auprès du tribunal de police. C. instr. crim, art. 141.

Mais dans les communes divisées en deux justices de paix ou plus (il y en a 105 en France), il y a un greffier distinct pour le tribunal de police (art. 142). Ce greffier reçoit à cet effet une commission spéciale de l'Empereur ; il peut être choisi parmi les greffiers de justice de paix.

Quand le tribunal de police est divisé en deux sections, le greffier est remplacé à l'une des sections par un commis assermenté. Art. 143.

En cas d'absence ou d'empêchement du greffier et de son commis, par exemple, lorsque cet officier ministériel vient à être appelé comme témoin, le juge peut les remplacer momentanément par un citoyen français, âgé de vingt-cinq ans, auquel il fait prêter le serment de « bien et fidèlement remplir les fonctions de greffier » (Arg. de la loi des 16-24 août 1790, tit. IX, article 2 et 5). Cette formule est suffisante pour donner qualité au greffier. Berriat-Saint-Prix, n° 33.

Comme l'officier du ministère public, le greffier fait partie intégrante du tribunal de police. Un jugement rendu sans son assistance serait nul. Arrêt de la Cour de cassation du 25 février 1819.

Le greffier du tribunal de police tenu par le juge de paix ne peut remplir les mêmes fonctions auprès du tribunal de police tenu par le maire. Décis. minist., 8 juin et 5 août 1811.

Les fonctions du greffier du tribunal de police consistent :

1° A assister à chaque audience ; à lire, à l'appel de chaque affaire, les procès-verbaux, s'il y en a. C. instr. crim., 153 ;

2° A tenir note de la prestation de serment des témoins et des termes dans lesquels ils l'ont prêté ; ainsi que de leurs noms, prénoms, âge, profession et demeure, et de leurs principales déclarations. C. instr. crim., 155 ;

3° A écrire les jugements, à en faire signer la minute par le juge qui aura tenu l'audience, dans les vingt-quatre heures au plus tard, à peine de 25 fr.

d'amende et de prise à partie, s'il y a lieu, tant contre le greffier que contre le président. C. instr. crim., 164;

4° A tenir un registre coté et paraphé par le juge de police, et tenu sous sa surveillance, dans lequel sera ouvert pour chaque affaire un compte particulier aux parties civiles qui auront consigné le montant présumé des frais de la procédure, et à y porter exactement les sommes reçues et payées. Ordon. du 28 juin 1832, art. 1 et 2;

5° A remettre sans frais, sur simple récépissé, à la partie civile, les sommes non employées, lorsque l'affaire sera terminée par une décision qui, à l'égard de la partie civile, aura force de chose jugée. Ordonnance, art. 3;

6° A adresser, à l'expiration de chaque année, par l'intermédiaire de nos procureurs près les Cours et tribunaux, à notre ministre de la justice, un compte sommaire tant des sommes consignées entre leurs mains, que de celles qu'ils auront employées ou qui auront été restituées aux parties civiles. Même ordonnance, article 5;

7° A délivrer copie ou expédition des jugements aux parties, avec ou sans la formule exécutoire;

8° A conserver au greffe, avec grand soin, les procès-verbaux, rapports, minutes de jugements, et généralement toutes pièces et papiers qui pourraient lui être confiés en sa qualité de greffier;

9° A délivrer, sans frais, au commencement de chaque trimestre, au président du tribunal de police, l'extrait de tous les jugements rendus pendant le trimestre précédent, et prononçant la peine d'emprisonnement, pour que ces extraits soient envoyés au procureur impérial. C. instr. crim., 178;

10° A recevoir, sur un registre à ce destiné, la déclaration que doit faire au greffe soit le condamné, soit la partie civile, soit le ministère public, qui se pourvoit en cassation; à signer cette déclaration; à mentionner si le déclarant signe lui-même, ou s'il ne peut ou ne veut signer; à tenir ce registre à la disposition du public, et en délivrer des extraits à toutes personnes qui le demanderont. C. instr. crim., 417;

11° A remettre au receveur de l'enregistrement une note des jugements portant condamnation d'amendes, afin que ceux-ci en opèrent le recouvrement, et à envoyer aux préfets, au commencement de chaque semestre, le relevé de ces mêmes jugements, rendus dans le cours du semestre précédent, pour servir à contrôler les états de recouvrement produits par les receveurs. Ordon. 30 déc. 1823, art. 2.

Le greffier du tribunal de police n'a absolument d'autres fonctions à remplir que celles dépendant du tribunal de police. On pourrait croire qu'étant attaché à la justice criminelle, il devrait assister le juge de paix dans les actes d'instruction criminelle dont ce magistrat peut être chargé comme officier de police judiciaire, ou comme remplaçant, dans la constatation des crimes et des délits, le procureur impérial ou le juge d'instruction : il n'en est rien. Ce n'est pas comme *juge au tribunal de police* que le juge de paix est chargé dans certains cas de l'instruction criminelle, mais bien en qualité de *juge de paix*. Les articles 9 et 48 du Code d'instruction criminelle indiquent les *juges de paix*, et non les *juges de police*, comme pouvant remplacer le procureur impérial; les articles 83 et 84 désignent aussi les *juges de paix* seuls comme pouvant être commis par le juge d'instruction pour interroger les témoins empêchés de se rendre au chef-lieu de l'arrondissement où l'instruction se fait.

Dès lors que c'est le juge de paix qui agit, il doit donc se faire accompagner du greffier de la justice de paix, et non du greffier du tribunal de police.

Le greffier du tribunal de police prête serment devant le juge de paix du canton où il est attaché. L. 16-24 août 1790, tit. IX, art. 5.

Le greffier soit de la justice de paix, soit du tribunal de police, doit, à peine de déchéance, résider dans la commune chef-lieu du canton où est établi le tribunal. Arg. de l'art. 139 du Code d'instruction criminelle ; décret, 30 mars 1808, art. 100; circulaire du grand-juge du 30 octobre 1807.

Les greffiers sont sous la surveillance du juge de paix, du procureur impérial, du procureur général et du ministre de la justice ; ils sont avertis et réprimandés par le juge de paix, et dénoncés, s'il y a lieu, au ministre. Loi, 20 avril 1810, article 45, 62.

D'après l'ordonnance des 5-8 novembre 1823, dans les cinq premiers jours de chaque mois, les procureurs impériaux près les tribunaux de première instance doivent faire, par eux-mêmes ou par leurs substituts, la vérification des feuilles d'audience, minutes et actes des greffes des tribunaux de police établis dans les lieux de leur résidence, le récolement des minutes sur les répertoires, et constater par un procès-verbal l'état des registres du greffe.

« A l'égard de ceux desdis tribunaux établis dans le ressort, mais hors du lieu où siége le tribunal de première instance, les procureurs impériaux pourront déléguer celui des juges de paix qui ne sera pas de service près ledit tribunal. »

Les greffiers spéciaux de simple police sont institués dans les villes, au nombre de cent six (y compris Alger), où il y a deux ou plusieurs justices de paix.

Ils reçoivent un traitement annuel qui est, d'après les arrêtés des 30 fructidor an X et 18 frimaire an XI,

A Paris, de 6,000 fr.

A Bordeaux, Lyon, Marseille, de 1,200

A Alger, de 1,000

A Lille, Nantes, Rouen, Toulouse, de 900

A Amiens, Avignon, Caen, Nîmes, Montpellier, Rennes, Orléans, Angers, Reims, Metz, Clermont, Strasbourg, Versailles, de 600

Dans les quatre-vingt-quatre autres, de 500

Le traitement du commis assermenté est à la charge du greffier. Loi du 28 floréal an X, art. 14.

Les menues dépenses des tribunaux de police étaient, d'après l'arrêté du 30 fructidor an X, payées sur les fonds du Trésor public.

« Indépendamment des droits d'expédition, attribués en matière de police, les greffiers particuliers des tribunaux de police établis dans les villes où il y a plusieurs justices de paix auront, dit l'article 1er de la loi du 30 fructidor an X, pour subvenir aux frais d'entretien de leurs greffes et au salaire des commis dont ils auraient besoin, les sommes portées dans l'état ci-annexé :

A Paris, 2,800 fr.

A Bordeaux, Lyon, Marseille, 400

A Lille, Toulouse, Nantes

et Rouen, 200

A Amiens, Caen, Nîmes, Montpellier, Rennes, Orléans, Bourges, Angers, Reims, Metz, Clermont, Strasbourg, Versailles, 100

Dans les autres villes, 50

« Ces chiffres, dit M. Berriat-Saint-Prix, sont aujourd'hui variables, parce que c'est une dépense départementale, sur laquelle influent les besoins de la localité, le prix du combustible, etc. » En effet, la loi du 10 mai 1838 sur les attributions des Conseils généraux porte, art. 12, dans les dépenses ordinaires des départements, les loyers mobiliers et menues dépenses des courses.

L'arrêté du 30 fructidor an X dispose encore que « les administrations municipales de chacune des villes où il existe un tribunal de police distinct de la justice de paix, pourvoiront aux frais de premier établissement, et fourniront un local particulier pour la tenue des audiences et du greffe de ces tribunaux, de manière que leurs minutes ne soient, en aucun cas, confondues avec celles des justices de paix et bureaux de conciliation. »

L'art. 30 de la loi des 18-22 juillet 1837, sur l'administration municipale, met à la charge des communes les frais de loyer et de réparation de local de la justice de paix, ainsi que ceux d'achat et d'entretien de son mobilier, dans les communes chefs-lieux de canton.

Le costume du juge de paix et de son greffier au tribunal de police et celui du greffier spécial du tribunal de police sont les mêmes que ceux qui ont été fixés pour les audiences civiles (arrêté du 2 nivôse an XI, art. 4, 5, 7). Ce costume est non moins obligatoire aux audiences de police, par la raison que le public y est généralement plus nombreux ; que des étrangers au canton peuvent y être appelés, et qu'il est utile de leur signaler, par des marques extérieures, la qualité du magistrat qui préside et celle des fonctionnaires qui l'assistent. Circ. min. just., 7 juin 1826 et 22 nov. 1830.

SECTION IV.

Des huissiers du tribunal de police des juges de paix.

Un ou plusieurs huissiers, qui portent le titre d'huissiers audienciers, sont chargés du service des audiences du tribunal de police. Le juge les désigne parmi ceux du canton. Décrets des 30 mars 1808, art. 54 ; 14 juin 1813, art. 3 et 4 ; loi du 25 mai 1838, art. 16.

Ils ont, en cette qualité, le privilége des appels de cause et de la signification des jugements par défaut.

Les huissiers audienciers du tribunal de police n'ont pas un autre costume qu'à la justice de paix proprement dite : l'habit noir complet et le petit manteau (arrêté du 2 nivôse an XI, art. 8). Dans quelques siéges, ils portent la robe et la toque du greffier, mais ils ne sont pas autorisés légalement à se décorer ainsi. Berriat-Saint-Prix, n° 148.

SECTION V.

Des prohibitions pour cause de parenté et d'alliance entre les membres du tribunal de police.

« Les parents et alliés, jusqu'au degré d'oncle et neveu inclusivement, ne pourront être simultanément membres d'un même tribunal ou d'une même Cour, soit comme juges, soit comme officiers du ministère public, ou même comme greffiers, sans une dispense de l'Empereur. Il ne sera accordé aucune dispense pour les tribunaux composés de moins de huit juges. — En cas d'alliance survenue depuis la nomination, celui qui l'a contractée ne pourra continuer ses fonctions sans obtenir une dispense de Sa Majesté. » Loi du 28 avril 1810, art. 45.

Cette composition irrégulière se présentera bien rarement, sans doute, dit M. Berriat-Saint-Prix, au tribunal de police ; cependant, ajoute-t-il, j'ai connu un tribunal de police où, durant plusieurs années, les deux frères avaient siégé l'un comme juge, l'autre comme officier du ministère public. Toutefois, les jugements rendus par un tribunal de police où siégeraient des parents ou alliés à ce degré ne seraient pas nuls, parce qu'ils ne sont rendus que par un magistrat unique. La Cour de cassation a décidé, en effet, et tout récemment, que l'alliance du ministère public avec un juge au degré de gendre et de beau-père n'entraînait pas la nullité de l'arrêt, parce qu'un officier du ministère public ne prend que des réquisitions et n'opine pas comme juge (16 janvier 1851, non imprimé). Mais cette composition du tribunal de police ne doit pas moins être soigneusement évitée, comme contraire à l'ordre public et à l'indépendance des membres du tribunal.

TITRE V.

Définition des contraventions. — Des peines. — De l'amende, de la confiscation, des restitutions civiles et des frais. — De la récidive. — De la tentative. — De la complicité. — De l'âge des prévenus et de ses effets sur l'application des peines. — De la responsabilité civile. — De l'action publique et de l'action civile.

CHAPITRE PREMIER.

Définition des contraventions. — Défaut d'intention criminelle. — Discernement. — Excuse légale. — Nécessité d'une disposition législative pour constituer une contravention.

Au chapitre Ier du titre IV ci-dessus, nous avons déjà donné la définition des contraventions, tirée de l'espèce et de la gravité de la peine qui leur est appliquée.

A un autre point de vue, on peut définir les contraventions des atteintes légères, soit contre les propriétés, soit contre les personnes, qui sont le résultat d'une imprudence, d'une négligence ou d'une faute quelconque, et que la loi a voulu réprimer, moins parce qu'elles seraient coupables en elles-mêmes, que dans un intérêt de bonne police.

Les dispositions relatives aux contraventions et aux peines de police composent le livre IV du Code pénal.

Mais le Code, au lieu de classer ces différentes contraventions d'après leur nature, leur but et l'objet auquel elles se rapportent, les a confondues et n'a pris pour base de sa classification que le degré de la peine appliquée.

Le caractère principal de la contravention, celui qui la distingue radicalement des crimes et délits, c'est qu'elle existe par le seul fait de la désobéissance aux prescriptions, ou de la négligence à les suivre, indépendamment de toute intention criminelle, de toute volonté malveillante : « Ainsi, disent MM. Chauveau et Hélie (t. VIII, p. 277), la loi de police ne recherche et ne voit que l'acte lui-même; elle le punit dès qu'elle le constate ; elle ne s'inquiète ni de ses causes, ni de la volonté qui l'a dirigé. La contravention est toute matérielle.

Cette règle, toutefois, reçoit quelques exceptions, et on trouve dans le Code pénal lui-même certains exemples de contraventions à l'égard desquelles l'intention criminelle du contrevenant entre comme élément constitutif. C'est ainsi qu'il place au rang des contraventions le fait de ceux qui ont volontairement jeté des corps durs ou immondices sur quelqu'un (art. 475, n° 8); le vol de récoltes ou autres productions utiles de la terre qui, avant dêtre soustraites, n'étaient pas encore détachées du sol, lorsque ce vol n'a été accompagné d'aucune des circonstances prévues en l'article 388 (même article, n° 15); le fait de ceux qui auront *méchamment* enlevé ou déchiré des affiches apposées par ordre de l'administration. Article 479, n° 9.

Du principe qu'en règle générale la contravention existe par la seule matérialité du fait, il résulte que la bonne foi du contrevenant et l'absence d'intention de nuire ne sauraient effacer la contravention. C'est ce que la Cour de cassation a souvent reconnu, et notamment par les arrêts des 11 décembre 1807, 5 août 1836, 4 août 1837, 20 juillet 1838.

Jugé encore qu'aucune excuse pour ignorance du règlement, erreur, absence d'intention, ou bien aussi en ce que l'infraction aurait été réparée, ne saurait être admise. Cass., 27 décembre 1828; 28 août 1829; 1er juillet 1830.

Toutefois la loi suppose toujours que si le contrevenant s'est mis en opposition à la loi ou au règlement, il a eu nécessairement la liberté suffisante pour s'y conformer: « Il n'y a ni crime, ni délit, lorsque le prévenu était en état de démence au moment de l'action, ou lorsqu'il a été contraint par une force à laquelle il n'a pu résister (C. pén., 64). Aussi a-t-il été jugé que si l'inculpé justifie qu'il s'est trouvé dans un cas de force majeure qui l'a mis dans l'impossibilité physique de se conformer à la loi, il doit être acquitté. Cass., 17 juillet 1827; 19 novembre 1829; 2 juin 1837; 20 juillet 1838; 8 août 1840. »

Au surplus, l'article 65 du Code pénal s'applique aux contraventions de police comme aux délits et aux crimes, et le juge ne peut admettre d'autres excuses que celles qui sont formellement autorisées par la loi, comme le défaut de discernement (C. pén., 66); le cas de légitime défense. C. pén., 328, etc.; Cass., 4 août 1824, 23 juillet 1836, 24 juin 1842.

Notamment, il a été plusieurs fois jugé que l'article 66 du Code pénal, d'après lequel l'inculpé doit être condamné si, ayant moins de seize ans, il est déclaré avoir agi sans discernement, est applicable aux contraventions de simple police. Cass., 20 janvier 1837, 10 juin 1842, et 7 mars 1843.

Indépendamment des contraventions dont s'occupe le Code pénal, il est d'autres infractions prévues par des lois spéciales, qui reçoivent également cette qualification, bien que des peines correctionnelles y soient attachées et que les tribunaux correctionnels doivent en connaître; mais ces infractions, pour quelques-unes du moins, ont cela de commun avec les contraventions, que leur perpétration n'admet pas non plus l'excuse de l'intention : telles sont plus spécialement les infractions aux lois fiscales, aux lois de douanes, de contributions indirectes, etc., au moins en ce qui concerne les condamnations pécuniaires; car, quant aux condamnations corporelles, c'est au chef du pouvoir exécutif seul qu'il appartient de les remettre, de les modérer.

Il en est des contraventions comme des crimes et délits. Les juges ne peuvent qualifier contraventions que les faits auxquels la loi a spécialement imprimé ce caractère.

Le principe qui proscrit les peines arbitraires est formellement consacré dans nos lois, soit par l'article 1er du Code pénal, qui ne reconnaît de contraventions, de délits ou de crimes, que dans les infractions punies par la loi ; soit par les dispositions du Code d'instruction criminelle qui ne permettent de poursuivre que l'individu coupable d'une contravention, d'un délit ou d'un crime (art. 128 et 229) ; soit par les dispositions du même Code qui ordonnent d'absoudre l'individu qui n'est reconnu coupable d'aucun fait puni par la loi (art. 159, 191 et 364) ; soit par les dispositions qui ordonnent aux tribunaux, lorsqu'ils condamnent, d'insérer dans leurs jugements les termes de la loi appliquée, et même de les lire à l'audience (art. 163, 195 et 1369) ; soit enfin par les dispositions qui permettent de faire annuler, par la voie du recours en cassation, les arrêts ou jugements qui auraient prononcé une peine autre que celle appliquée par la loi à la nature de la contravention, du délit ou du crime dont le prévenu ou l'accusé aura été déclaré coupable. Art. 407, 410, 414.

Nous verrons au reste, dans le chapitre suivant, que non-seulement on ne peut qualifier contravention que les faits auxquels la loi a spécialement imprimé ce caractère, mais que même le juge ne peut appliquer que les peines que la loi a formellement édictées et telles qu'elle les a édictées.

CHAPITRE II.

De l'application des peines aux contraventions. — Nécessité d'une disposition législative. — Peines applicables seulement dans les termes de la loi. — Affiche du jugement.

Les peines ne peuvent être prononcées que par une loi et en vertu d'un acte ayant force de loi, c'est-à-dire, émané du pouvoir législatif.

Jugé, d'après ce principe, que la peine de l'emprisonnement ne peut pas être prononcée en vertu d'un simple décret impérial qui n'a jamais été exécuté dans cette partie de ses dispositions. Bordeaux, 22 mars 1832.

De même le pouvoir municipal ou administratif ne peut, par des arrêtés, rien changer à l'ordre des juridictions, ni à la gravité des peines prononcées par la loi. Cass., 28 septembre 1827.

Le tribunal de simple police qui réprime des contraventions à un règlement de police doit donc appliquer la peine prononcée par la loi, et non celle qu'il a plu au maire d'insérer dans son règlement. Cass., 17 janvier 1829, 12 novembre 1830, 13 mars 1834.

Lorsque la loi a fixé le maximum d'une peine et a attribué juridiction au tribunal correctionnel, le tribunal de simple police est incompétent, nonobstant l'arrêté du maire, portant que les contrevenants seront punis d'une amende d'une journée de travail, par voie de police municipale. Cass., 22 juin 1809.

Réciproquement, le tribunal de simple police ne peut se déclarer incompétent pour connaître de la contravention à un arrêté de police, sous prétexte que cet arrêté prononce une amende de 1,000 fr. Il doit réprimer la contravention, sauf à ne prononcer que des peines de police. Cass., 1er décembre 1809, 10 avril 1819.

Quant aux anciens arrêtés et règlements de police, ils ne doivent recevoir aujourd'hui leur exécution que lorsqu'ils statuent sur des objets qui n'ont pas été réglés soit par le Code pénal, soit par les lois postérieures à 1789, soit par des arrêtés pris depuis cette époque dans l'exercice légal des fonctions municipales. Cass., 11 juin 1819, 2 juin 1825.

Et même, dans ces divers cas, les peines qu'ils prononcent sont virtuellement réduites au taux des peines de simple police. Cass., 23 fév. 1811, 12 nov. 1813, 7 octobre 1826, 29 avril 1831, 26 nov. 1831.

Il est à remarquer qu'avant 1832, l'art. 484 C. pén., portant que dans toutes les matières qui n'ont pas été réglées par ledit Code et qui sont régies par des lois et règlements particuliers, les Cours et tribunaux continueraient de les observer, laissait quelque doute sur la nature et la quotité de la peine à infliger lorsque ces règlements ne prononçaient ou n'invoquaient aucune pénalité. — La loi du 28 avril 1832 a fait cesser ces doutes, en ajoutant à l'article 471 un quinzième numéro qui applique à ces sortes d'infractions l'amende de un franc à cinq francs inclusivement. La suppression des anciennes corporations ayant entraîné l'abolition des différents statuts qui les régissaient, un tribunal de police excède ses pouvoirs en prononçant une peine par application de ces statuts. Cass., 25 fructidor an XIII.

Du principe qui a proscrit de notre nouvelle législation toute peine arbitraire, il faut tirer cette conséquence: que lorsque la loi, en établissant la peine de l'amende, a omis d'en fixer la quotité, le juge ne doit appliquer que les amendes les plus faibles, c'est-à-dire les amendes de simple police. Le Sellyer, t. Ier, p. 364; Chauveau et Hélie, t. Ier, p. 263.

Ainsi jugé que, la loi du 19 vent. an XI n'ayant fixé ni le maximum ni le minimum de l'amende encourue par les individus qui exercent sans titre l'art de guérir, mais qui n'en ont usurpé aucun, les tribunaux ne peuvent leur appliquer que des peines de simple police.

Lorsque le préfet du département a fixé à 1 fr. et 1 fr. 30 c. la valeur de la journée de travail, le tribunal de police ne peut condamner à 5 fr. d'amende le contrevenant passible seulement d'une amende qui ne peut excéder la valeur de trois journées de travail. Cass., 20 mai 1831.

De même, un tribunal ne peut, en acquittant le prévenu de la poursuite dont il était l'objet, prononcer contre lui une formule de blâme; cette peine, qui existait sous les anciens Parlements, a été abolie par l'art. 35, tit. Ier du Code pénal de 1791, et n'a pas été rétablie par le Code pénal de 1811. Cass., 25 juill. 1839.

Lorsqu'il n'y a point de partie civile en cause, la disposition par laquelle un tribunal de police ordonne l'affiche de son jugement ne peut être considérée que comme une aggravation de peine et un excès de pouvoir. Cass., 17 mai 1811; 12 juillet 1838.

Cependant la Cour de cassation a jugé que, lorsque la contravention est publique, le tribunal de simple police peut, sur les conclusions du ministère public, ordonner l'impression et l'affiche des on jugement. Cass., 10 avril 1808.

Et que la disposition par laquelle, sur les conclusions du ministère public, un tribunal ordonnait l'impression et l'affiche du jugement de condamnation qu'il rendait contre des individus, pour contravention à l'arrêt du Conseil du 16 juillet 1784 sur les épizooties, n'était pas une aggravation de peine, mais une mesure publique. Cass., 18 novembre 1808.

Jugé encore que l'impression d'un jugement, avec affiche, aux frais du condamné, n'est point une peine, mais une réparation civile, ordonnée dans l'intérêt de la partie civile, ou dans l'intérêt public, comme mesure de police, pour donner à la condamnation une plus grande publicité par forme de réparation civile. Cass., 26 mars 1819.

Mais ces dernières décisions sont critiquées ; on ne voit pas que l'on puisse s'arrêter à la distinction de réparation civile dans l'intérêt public, qu'ils ont adoptée : une fois, en effet, le principe admis que l'affiche et l'impression du jugement sont une peine, il paraît, et dans tous les cas, impossible qu'on les ordonne quand la loi ne les prononce point.

Mais lorsque l'affiche du jugement est demandée et accordée à titre de réparation civile, elle n'a aucun caractère pénal, quoiqu'elle soit ordonnée pour un cas où la loi ne l'avait pas prescrite. Cass., 10 avril 1806, 25 mars 18131, 2 mars 1839.

De ce qui a été dit plus haut, il résulte que, si le tribunal ordonne l'impression et l'affiche d'un plus grand nombre d'exemplaires que le plaignant n'en avait demandé, la mesure conserve le caractère de dommages-intérêts jusqu'au chiffre demandé, et, au delà, reprend le caractère de peine ; dès lors, cette peine, n'étant point autorisée par la loi, constitue une aggravation illicite, qui entraîne la nullité du jugement ; c'est ce qu'a formellement décidé la Cour de cassation, le 17 thermidor an XI.

CHAPITRE III.

Des diverses peines de police. — Amende, emprisonnement, confiscation, frais et dépens, dommages-intérêts, réparation civile. — De l'application de la peine en cas de condamnation antérieure. — De la prescription. — De l'amnistie.

Ainsi que nous l'avons déjà vu, les peines de simple police sont l'amende, l'emprisonnement et la confiscation de certains objets saisis. C. pén., 464 et 470.

Le juge du tribunal de police ne peut pas appliquer d'autres peines ; mais il peut condamner la partie qui succombe aux dépens (C. instr. crim.), et accorder à la partie civile des dommages-intérêts.

L'article 51 du Code pénal dispose, en effet, en termes formels que, quand il y a lieu à restitution, le coupable peut être condamné en outre envers la partie lésée, si elle le requiert, à des indemnités dont la détermination est laissée à la justice de la Cour ou du tribunal, lorsque la loi ne les aura pas réglées, sans que la Cour ou le tribunal puisse, du consentement même de ladite partie, en prononcer l'application à une œuvre quelconque. Carnot, sur l'art. 153 C. instr. crim., t. II, p. 639, n° 23.

Bien que l'article 51 soit au chapitre des matières criminelles, il n'en doit pas moins être étendu aux simples contraventions, puisque la raison de décider est la même, et qu'il n'y a rien dans la loi qui s'y oppose. Voir Carnot sur l'art. 153 C. instr. crim., n° 23, et tous les auteurs qui ont écrit sur la matière.

Le plaignant auquel le tribunal de police a accordé des dommages-intérêts ne peut se faire un moyen de nullité de ce que le tribunal n'en aurait pas ordonné, sur sa demande, l'application à une œuvre déterminée. Cass., 23 février 1830.

Il est cependant une autre espèce de peine, ou plutôt de réparation, que le juge du tribunal de simple police peut prononcer : c'est le rétablissement des lieux dans l'état primitif, c'est-à-dire dans l'état où ils étaient avant la contravention. On comprend tout ce que cette réparation peut avoir de gravité lorsqu'une construction, une maison, par exemple, a été élevée contrairement à l'alignement, et sans que la permission de l'autorité municipale ait été obtenue ; c'est là un pouvoir énorme donné aux juges des tribunaux de police, et qui soumet à leur jugement des intérêts souvent considérables. Nous aurons à traiter, en son lieu, de ce pouvoir et des questions qui s'y rattachent.

Nous avons dit que la contravention est indépendante de l'intention du prévenu : cependant le fait matériel lui-même, bien que séparé d'une intention coupable, peut se présenter avec des circonstances diverses et entraîner des effets différents. La loi a donc dû admettre une certaine flexibilité dans les peines de police. Le juge a la faculté de les graduer ; elles se mesurent sur la gravité du fait.

L'emprisonnement pour contravention de police ne peut être moindre d'un jour, ni excéder cinq jours. Les jours d'emprisonnement sont des jours complets de vingt-quatre heures. C. pén., art. 465.

Les amendes pour contravention peuvent être prononcées depuis 1 fr. jusqu'à 15 fr. exclusivement ; elles sont appliquées au profit de la commune où la contravention a été commise. C. pén., art. 466.

La contrainte par corps a lieu pour le payement de l'amende ; néanmoins, le condamné ne pourra être, pour cet objet, détenu plus de quinze jours, s'il justifie de son insolvabilité. C. pén., 467 ; loi du 17 avril 1832, art. 35 ; loi du 13 décembre 1848, art. 8.

L'article 467 du Code pénal contenait une disposition toute spéciale à la contrainte par corps en matière de contravention, et fixait pour la durée de l'emprisonnement du contrevenant, en cas d'insolvabilité, une durée différente de celle qui était réglée par l'article 53 du même Code, lorsque la condamnation à l'amende avait lieu par suite de crime ou de délit. Les lois nouvelles sur la contrainte par corps des 17 avril 1832 et 13 décembre 1848 ne prennent plus pour base de ces différences le caractère du fait, objet de la condamnation, mais uniquement la quotité de la dette pécuniaire. Nous devons rapporter ici les dispositions de ces deux lois, qui règlent aujourd'hui la contrainte par corps en matière criminelle, car elles sont d'une application journalière dans les jugements du tribunal de police.

Loi du 17 *avril* 1832, *art.* 33 : Les arrêts, jugements et exécutoires portant condamnation, au profit de l'Etat, à des amendes, restitutions, dommages-intérêts et frais, en matière criminelle, correctionnelle ou de police, ne pourront être exécutés par la voie de la contrainte par corps que cinq jours après le commandement qui sera fait au condamné, à la requête du receveur de l'enregistrement et des domaines. — Dans le cas où le jugement de condamnation n'aurait pas été précédemment signifié au débiteur, le commandement portera en tête un extrait de ce jugement, lequel contiendra le nom des parties et le dispositif.—Sur le vu du commandement et sur la demande du receveur de l'enregistrement et des domaines, le procureur impérial adressera les réquisitions nécessaires aux agents de la force publique et aux fonctionnaires chargés de l'exécution des mandats de justice. —Si le débiteur est détenu, la recommandation pourra être ordonnée immédiatement après la notification du commandement.

Art. 34. Les individus contre lesquels la contrainte par corps aura été mise à exécution, aux termes de l'article précédent, subiront l'effet de cette contrainte jusqu'à ce qu'ils aient payé le montant des condamnations, ou fourni une caution admise par le receveur des domaines, ou, en cas de contestation de sa part, déclarée bonne et valable par le tribunal civil de l'arrondissement. —La caution devra s'exécuter dans le mois, à peine de poursuites.

Art. 35. Néanmoins, les condamnés qui justifieront de leur insolvabilité, suivant le mode prescrit par l'art. 420 du Code d'instruction criminelle, seront mis en liberté, après avoir subi quinze jours de contrainte, lorsque l'amende et les autres condamnations pécuniaires n'excéderont pas 15 f. ; un mois, lorsqu'elles s'élèveront de 15 à 50 fr.; deux mois, lorsque l'amende et les autres condamnations s'élèveront de 50 à 100 fr. ; et quatre mois, lorsqu'elles excéderont 100 fr.

Art. 36. Lorsque la contrainte par corps aura cessé, en vertu de l'article précédent, elle pourra être reprise, mais une seule fois, et quant aux restitutions, dommages et intérêts et frais seulement, s'il est jugé contradictoirement avec le débiteur qu'il lui est survenu des moyens de solvabilité.

Art. 37. Dans tous les cas, la contrainte par corps, exercée en vertu de l'art. 33, est indépendante des peines prononcées contre les condamnés.

Art. 38. Les arrêts et jugements contenant des condamnations en faveur des particuliers pour réparation des crimes, délits ou contraventions commis à leur préjudice, seront, à leur diligence, signifiés et exécutés suivant les mêmes formes et voies de contrainte que les jugements portant des condamnations au profit de l'Etat. —Toutefois, les parties poursuivantes seront tenues de pourvoir à la consignation d'aliments, aux termes de la présente loi, lorsque la contrainte aura lieu à leur requête et dans leur intérêt.

Art. 39. Lorsque la condamnation prononcée n'excédera pas 300 fr., la mise en liberté des condamnés, arrêtés ou détenus à la requête et dans l'intérêt des particuliers, ne pourra avoir lieu en vertu des art. 34, 35 et 36, qu'autant que la validité des cautions ou l'insolvabilité des condamnés auront été, en cas de contestation, jugées contradictoirement avec le créancier. — La durée de la contrainte sera déterminée par le jugement de condamnation, dans les limites de six mois à cinq ans.

Art. 40. Dans tous les cas, et quand bien même l'insolvabilité du débiteur pourrait être constatée, si la condamnation prononcée, soit en faveur d'un particulier, soit en faveur de l'Etat, s'élève à 300 fr., la durée de la condamnation sera déterminée par le jugement de condamnation, dans les limites fixées par l'art. 7 de la présente loi (1). Néanmoins, si le débiteur a

(1) Art. 7. Dans tous les cas où la con-

commencé sa soixante-dixième année avant le jugement, les juges pourront réduire le minimum à six mois, et ils ne pourront dépasser un maximum de cinq ans.—S'il atteint sa soixante-dixième année pendant la durée de la contrainte, sa détention sera de plein droit réduite à la moitié du temps qu'il avait encore à courir aux termes du jugement.

Art. 41. Les articles 19, 21 et 22 (1) de la présente loi sont applicables à la contrainte par corps, exercée par suite des condamnations criminelles, correctionnelles ou de police.

Loi du 1er décembre 1848, article 8. — La durée de la contrainte par corps, dans les cas prévus par l'article 35 de la loi du 17 avril 1832, ne pourra excéder trois mois. — Lorsque les condamnations auront été prononcées au profit d'une partie civile et qu'elles seront inférieures à trois cents francs, si le débiteur fait les justifications prescrites par l'art. 39 de la même loi, la durée de l'emprisonnement sera la même que pour les condamnations prononcées au profit de l'État.—Lorsque le débiteur de l'Etat ou de la partie civile ne fera pas les justifications exigées par les articles ci-dessus indiqués de la loi du 17 avril 1832, et par le § 2 de l'art. 420 du Code d'instruction criminelle, la durée de l'emprisonnement sera du double.

Art. 9. Si le débiteur a commencé sa soixante-dixième année avant le jugement, la contrainte par corps sera déterminée dans la limite de trois mois à trois ans. — S'il atteint sa soixante-dixième année avant d'être écroué ou pendant son emprisonnement, la durée de la contrainte sera, de plein droit, réduite à la moitié du temps qui restera à courir.

En cas d'insuffisance des biens, les restitutions et les indemnités dues à la partie lésée sont préférées à l'amende. C. pén., 468.

Les tribunaux de police pourront aussi, dans les cas déterminés par la loi, prononcer la confiscation, soit des choses saisies en contravention, soit des choses produites par la contravention, soit des matières ou des instruments qui ont servi ou étaient destinés à la commettre. C. pén., 470.

Lorsque le prévenu est convaincu, le tribunal de simple police ne peut

trainte par corps a lieu en matière civile ordinaire, la durée en sera fixée par le jugement de condamnation; elle sera d'un an au moins, et de dix ans au plus.—Néanmoins, s'il s'agit de fermages de biens ruraux, aux cas prévus par l'article 2062 du Code Napoléon, ou de l'exécution de condamnations intervenues dans le cas où la contrainte par corps n'est pas obligée, et où la loi attribue seulement aux juges la faculté de la prononcer, la durée de la contrainte ne sera que d'un an au moins, et de cinq ans au plus.

(1) Art. 19. La contrainte par corps n'est jamais prononcée contre le débiteur au profit : 1° de son mari ou de sa femme ; 2° de ses ascendants, frères ou sœurs, ou alliés au même degré. — Les individus mentionnés dans les deux paragraphes ci-dessus, contre lesquels il serait intervenu des jugements de condamnation par corps, ne pourront être arrêtés en vertu desdits jugements ; s'ils sont détenus, leur élargissement aura lieu immédiatement après la promulgation de la présente loi.

Art. 21. Dans aucun cas, la contrainte par corps ne pourra être exécutée contre le mari et contre la femme simultanément pour la même dette.

Art. 22. Tout huissier, garde du commerce ou exécuteur des mandements de justice, qui, lors de l'arrestation d'un débiteur, se refuserait à le conduire en référé devant le président de première instance, aux termes de l'article 786 du Code de procédure civile, sera condamné à 1,000 francs d'amende, sans préjudice des dommages-intérêts.

s'abstenir de prononcer une peine, et se borner à une simple condamnation aux frais. Cass., 1er avril 1813, et 24 octobre 1823.

Ou aux dommages-intérêts de la partie offensée. Cass., 10 déc. 1809.

De même, le tribunal de simple police viole la loi en ne condamnant un prévenu qu'à une amende inférieure à celle qu'elle prononce. Cass., 24 octobre 1823 ; 20 janvier 1826.

De même encore un tribunal de simple police ne peut réduire à 50 c. d'amende la peine qu'il prononce pour un délit rural. Cass., 1er février 1822.

Ni à douze heures la durée d'une peine d'emprisonnement. Cass., 30 janvier 1807.

Les tribunaux de simple police ne sont pas plus maîtres de réduire la condamnation de dépens au-dessous de la liquidation, qu'ils ne le seraient de prononcer une amende inférieure au minimum fixé par la loi (Cass., 24 octobre 1823), au moins s'il s'agit des frais de l'action publique ; car rien ne s'oppose à ce que les dépens soient compensés entre une partie civile et un prévenu qui succombe.

Il n'appartient pas davantage aux tribunaux de police de diviser les peines que la loi a cumulativement prononcées. Ainsi, quand la loi prononce cumulativement l'emprisonnement et l'amende, ils ne peuvent se contenter d'appliquer l'emprisonnement. Cass., 15 octobre 1807.

Il est, au surplus, à remarquer que la peine de l'emprisonnement n'est jamais que facultative en matière de contravention (sauf le cas de récidive) ; c'est ce qui résulte formellement des articles 473, 476 et 480.

Mais il n'en est pas de même de l'amende ; le juge, dans le cas où la contravention existe, ne peut se dispenser de la prononcer. Cass., 22 novembre 1811 ; 25 décembre 1815 ; 13 mai 1831.

L'option que la loi laisse au juge entre la peine d'amende et la peine d'emprisonnement, lui est personnelle ; il ne pourrait pas l'abandonner au condamné. Cass., 2 septembre 1825.

Avant la loi du 28 avril 1832, les juges de police ne pouvaient abaisser les peines de leur compétence au-dessous du minimum fixé par la loi, ni se dispenser de prononcer la peine d'emprisonnement en cas de récidive.

Depuis cette loi, et en vertu du § 2 qu'elle a ajouté à l'article 483 du Code pénal, ces magistrats sont autorisés, lorsqu'il existe des circonstances atténuantes dans la cause, et à la charge de le déclarer expressément dans leur jugement, à réduire l'emprisonnement et l'amende au-dessous du minimum fixé par la loi, et même à substituer l'amende à l'emprisonnement, sans qu'en aucun cas elle puisse être au-dessous des peines de simple police, conformément à l'article 463 du même Code.

La faculté accordée au juge par cet article est générale et absolue, et par conséquent applicable à toutes les contraventions que le Code punit, qu'il y ait ou non récidive. Cass., 1er février 1833.

Cette modération, quant à l'amende, n'est applicable qu'aux contraventions de seconde et de troisième classe, attendu que le minimum des amendes de police étant d'un franc, le juge ne pourrait l'abaisser au-dessous du taux sans violer la dernière disposition de l'article 463 du Code pénal.

Quant à l'emprisonnement, comme il n'est obligé qu'au cas de récidive, c'est dans ce cas seulement que le juge doit s'appuyer sur l'article 463 pour se dispenser de le prononcer, ou pour le prononcer seul et sans amende. Dans les autres cas, il ne pourrait pas être prononcé seul à la place de l'amende. — La loi autorise bien la substitution de la peine de l'amende à celle de l'emprisonnement quand cette dernière est seule prononcée, mais elle ne pouvait pas autoriser la substitution de l'emprisonnement à l'amende, puisqu'elle n'a d'autre but que d'affaiblir la pénalité quand les circonstances paraissent atténuantes, et que, dans l'échelle des peines, celle de l'emprisonnement est plus grave que celle de l'amende. Art. 9 et 462 du Code pénal ; Cass., 13 mai 1831.

L'amende et la confiscation étant de véritables *peines*, ne peuvent atteindre que les prévenus déclarés coupables; elles sont donc personnelles et ne passent pas aux héritiers.

L'amende est, comme l'emprisonnement, une peine qui n'est pas susceptible de division entre les contrevenants ; l'amende doit être individuelle, c'est-à-dire infligée à chacun des auteurs du même fait. Il est évident, en effet, que dans la perpétration d'un fait puni par la loi, il y a autant de contraventions qu'il y a de contrevenants ; l'infraction n'est pas seulement dans le fait matériel, mais dans la violation de la défense de la loi. Chauveau et Hélie, Théorie du C. pén., t. Ier, p. 261 ; Cass., 22 avr. 1813.

Il n'y a d'exception à cette règle que relativement à l'amende portée par l'article 144 du Code forestier pour l'enlèvement de certaines matières dans les forêts ; aux amendes qui représentent le bénéfice illégitime dérivant du crime, comme en matière de faux (C. pén., 164) ; ou enfin aux amendes prononcées contre des prévenus qui, réunis entre eux, forment une société collective, un être moral.

L'amende, quoique devant être appliquée individuellement à plusieurs individus pour un même fait, peut être exigée, en cas de condamnation *pour crime ou délit*, *solidairement*, contre chacun d'eux (C. pén. 55) ; la solidarité est même de plein droit, et doit être appliquée, bien que le jugement ait omis d'en faire mention, mais ne concerne, d'après l'article 55, que les amendes pour *crimes ou délits ;* elle ne saurait donc être prononcée en matière de *contravention* par le tribunal de simple police.

La confiscation dont parle l'article 464, et que les tribunaux sont autorisés à prononcer dans les cas déterminés par la loi, porte soit sur les choses saisies en contravention, soit sur les choses produites par la contravention, soit sur les matières ou les instruments qui ont servi ou étaient destinés à la commettre. Art. 470, 472, 477, 481 C. pén.

La confiscation atteint les objets du délit ou les choses produites par le délit, alors même qu'ils n'appartiennent pas aux condamnés : un arrêt de la Cour de cassation l'a décidé ainsi, pour une arme de chasse (*Journal du droit criminel*, année 1835). La confiscation ne peut être prononcée que suivant une disposition formelle ; elle est appliquée en matière de police par les articles 464 et 490 du Code pénal.

La condamnation aux peines établies par la loi est toujours prononcée sans préjudice des restitutions et dommages-intérêts qui peuvent être dus aux parties. C. pén., 10.

Le tribunal de police ne peut condamner à des dommages-intérêts qu'en prononçant une peine ; il doit prononcer par un seul jugement sur l'action publique et sur l'action civile (Cass., 11 sepembre 1818, 19 juin 1832 et 22 août 1845). Les Cours d'assises sont seules autorisées par les articles 358 et 359 du Code d'instruction criminelle à statuer sur les dommages-intérêts en cas de déclaration négative du jury, ou lorsque aucune peine n'est attachée au fait déclaré constant.

De même que l'amende, les restitutions, indemnités et frais entraînent, comme nous l'avons vu plus haut, la contrainte par corps. Quant à la durée de cette contrainte, la loi du 17 avril 1832 distingue les droits de la partie civile et ceux de l'Etat : la durée de la contrainte, pour une condamnation prononcée au profit d'une partie civile, doit être fixée par le jugement, dans les limites de six mois à cinq ans, si elle est inférieure à 300 fr. ; dans celles d'un à dix ans, si la dette égale ou excède 350 fr. ; dans l'un ou l'autre cas, le débiteur peut faire cesser la contrainte en donnant caution ; il peut encore, mais seulement dans le cas où la dette est inférieure à 300 fr., obtenir son élargissement, en justifiant de son insolvabilité, et après des délais qui sont calculés sur le montant de cette dette. Art. 35, 39 et 40.

Les condamnations prononcées au profit de l'Etat suivent à peu près les mêmes règles : l'article 34 de la loi porte que les débiteurs subiront la contrainte jusqu'à ce qu'ils aient payé le montant des condamnations ; mais ce principe rigoureux est tempéré : 1° par le droit que le débiteur a, dans tous les cas, de fournir caution ; 2° par la faculté qui lui est donnée de justifier de son insolvabilité lorsque la dette est inférieure à 300 fr. ; 3° par la limite apportée à la durée de cette détention, dans le cas même où l'insolvabilité n'est pas établie par l'article 40 de la loi.

D'après l'article 55 du Code pénal, tous les individus condamnés pour un même crime ou pour un même délit, sont tenus solidairement, non-seulement des amendes, mais des restitutions, des dommages-intérêts et des frais. Nous avons vu plus haut que cette solidarité ne s'applique pas aux amendes en matière de police. Doit-on en dire autant des restitutions, dommages-intérêts et frais ? « L'article 156 du décret du 18 juin 1811 étend, dit M. Faustin Hélie (dans sa *Théorie du Code pénal*, tom. Ier, pag. 308), le lien civil de la solidarité aux auteurs et complices *du même fait*, ce qui pourrait s'entendre des auteurs et complices des simples contraventions ; mais si l'on ne reconnaît à ce décret d'autre force que celle d'un règlement, il faut se reporter, pour interpréter cette disposition, à l'article 55 du Code pénal, dont elle avait pour objet d'assurer l'exécution, et restreindre la solidarité, comme cet article l'a fait, aux frais qui résultent des crimes et des délits.

L'application de la peine, en cas de condamnation antérieure, c'est-à-dire en cas de récidive, a donné lieu aussi à quelques dispositions particulières. De ces dispositions, les unes, comprises dans le chapitre IV du livre Ier du Code pénal, sont générales ; cependant, il résulte du titre même de ce chapitre IV, *des peines de la récidive pour crimes et délits*, comme des dispositions qu'il renferme, que ces dispositions ne sont pas applicables aux contraventions.

La récidive, relativement aux contraventions, est d'ailleurs réglée par les articles 471, 478 et 482 du Code pénal, au livre IV, intitulé : *Contra-*

ventions de police et peines ; elle sera plus loin l'objet d'un chapitre particulier.

Plusieurs décrets, et entre autres le décret du 23 juillet 1810, relatif à la publication des Codes criminels, ont consacré, sur la non-rétroactivité des lois pénales, un principe que ce dernier décret formule en ces termes : « Si la nature de la peine prononcée « par notre nouveau Code était moins « forte que celle prononcée par le « Code pénal actuel, les cours et tri- « bunaux appliqueraient les peines du « nouveau Code. »

Il a été jugé, d'après ce principe, que la non-rétroactivité en matière pénale n'est pas applicable lorsque la peine nouvellement établie est plus douce que celle fixée au temps du délit ; que, dans ce cas, c'est la peine la plus douce qui doit être infligée. Cass., 12 mess. an X ; 6 niv. an XII ; 19 février 1813 ; 18 janvier 1833.

L'action publique et l'action civile pour une contravention de police seront prescrites après une année révolue, à compter du jour où elle aura été commise, même lorsqu'il y aura eu procès-verbal, saisie, instruction ou poursuite, si, dans cet intervalle, il n'est point intervenu de condamnation. S'il y a eu jugement définitif de première instance, de nature à être attaqué par la voie de l'appel, l'action publique et l'action civile se prescriront après une année révolue, à compter de la notification de l'appel qui en aura été interjeté. C. instr. crim., art. 640.

Le pourvoi en cassation a le même effet que l'appel pour suspendre le cours de la prescription ; l'article 640 ne le dit pas formellement, mais c'est évidemment une lacune qu'il faut combler à l'aide des principes généraux posés dans les articles 177 et 413 du même Code, qui donnent au ministère public et à la partie civile le droit de former contre le jugement définitif un recours en cassation, dont l'effet légal est de suspendre le cours de la prescription. Mangin, *Traité de l'act. publ.*, t. II, pag. 232 ; Cass., 21 oct. 1830.

La prescription, constituant une exception de droit public, peut être invoquée en tout état de cause et doit même être suppléée d'office.

Elle a lieu par année ou par mois, calculée d'après le calendrier grégorien, date par date, et non par mois de trente jours. Cass., 27 décemb. 1811 ; Nancy, 28 janvier 1846.

Toute poursuite qui a été discontinuée pendant un an après citation, appel ou pourvoi, est éteinte elle-même par la prescription. Cass., 25 nov. 1830 ; 4 août 1831 ; 1er février 1833 ; 11 mars et 16 juin 1836 ; 19 juillet 1838.

En matière de contravention de police, il y a lieu d'appliquer le principe que la prescription ne court pas contre celui qui ne peut agir, alors surtout que l'empêchement provient du fait même de la partie qui oppose l'exception de prescription. Cass., 29 août et 26 septembre 1846.

Ainsi, celui qui, traduit en simple police, à raison d'une contravention, a élevé une question préjudicielle, ne peut opposer à l'action publique l'exception de prescription, si, pendant le temps où elle s'est accomplie, il y a eu un renvoi, provoqué par la partie, devant l'autorité administrative pour le jugement de la question préjudicielle. Cass., 27 mai 1843 ; 26 septembre 1846.

Il en est de même lorsqu'il y a eu instance engagée devant les tribunaux civils sur la question préjudicielle (Cass., 10 avril 1836 ; Faustin Hélie, t. III, pag. 638). Mais, dans tous les cas, la prescription reprend son cours de plein droit, à partir du jugement définitif, sans qu'il soit besoin que ce jugement soit signifié. Cass., 10 avril 1853.

La durée de la prescription pour délits ruraux est d'un mois, à dater du délit (Code rural de 1791, tit. Ier, sect. VII, art. 8), à l'exception, toutefois, de ceux qui ont été prévus depuis par le Code forestier et par le Code pénal. Ainsi, certains délits ruraux, punis d'abord par la loi du 6 octobre 1791, et comme tels soumis à la prescription d'un mois, ayant été, depuis, compris dans la nomenclature des contraventions de police prévues par le Code pénal, l'effet de ce passage d'une loi spéciale dans la loi générale a été de les soumettre à la prescription d'un an qui est de droit commun en France pour les contraventions de police. Cass., 26 mai 1820 ; 7 nov. 1822 ; 25 juin 1825 ; 24 avril 1829 ; 20 octobre 1835.

Les actions en réparation des délits et contraventions en matière forestière se prescrivent par trois mois, à compter du jour où ils ont été constatés lorsque les prévenus sont désignés dans les procès-verbaux ; dans le cas contraire, le délai de la prescription est de six mois, à compter du même jour. Code forest., art. 185.

En matière de pêche, les simples contraventions se prescrivent par un mois, à compter du procès-verbal, s'il désigne les prévenus, et par trois mois dans le cas contraire. L. 15 avril 1829, art. 62.

Quant aux contraventions à des lois spéciales antérieures ou postérieures au Code pénal de 1832, qui ne renferment pas de dispositions à cet égard, elles se prescrivent par un an, comme celles prévues par ce Code. Arg. C. instr. crim., art. 640 et 643; C. pén., art. 484.

Pour les délits spéciaux, comme pour les contraventions, la discontinuation des poursuites opère elle-même prescription à ce point que le ministère public ne peut y échapper par aucun changement de qualification. Cass., 13 janv. 1837 et 30 janv. 1847.

Les peines portées par les jugements rendus sur les contraventions de police se prescrivent après deux années révolues, savoir, pour les peines prononcées par arrêt ou jugement en dernier ressort, à compter du jour de l'arrêt, et à l'égard des peines prononcées par les tribunaux de première instance, à compter du jour où ils ne pourront plus être attaqués par la voie de l'appel. C. instr. crim., art. 639.

Cette disposition s'applique à toutes espèces de contraventions, même à celles prévues par des lois spéciales qui ont été tracées par le Code d'instruction criminelle.

Mais les jugements contradictoires des tribunaux de police, qui prononcent l'emprisonnement ou des condamnations supérieures à 5 fr., étant toujours susceptibles d'appel tant qu'ils n'ont pas été signifiés, il suit de là, et du texte même de l'article 639 du Code d'instruction criminelle, que la prescription ne court point contre la peine jusqu'à ce que, par cette signification, on ait fait écouler les délais de l'appel.

L'amnistie, encore plus que la prescription, empêche l'application de la peine ; l'essence de l'amnistie est d'être accordée dans un intérêt général, deconsidérer plus les délits que les personnes, d'être irrévocable, et de produire, quant à l'action pénale et à la peine prononcée, un effet rétroactif et absolu. La nature de l'amnistie est, en outre, de s'appliquer aux délits qu'elle spécifie, en tout état de cause, soit avant, soit après jugement, aux délits poursuivis ou non, à ceux jugés par contumace; d'être enfin générale et absolue, c'est-à-dire sans condition.

Mais l'amnistie n'a pas pour effet d'éteindre de droit les actions civiles des tiers lésés par les délits amnistiés. Comme le droit d'amnistie n'est pas exercé seulement dans de très-graves circonstances politiques, mais encore à l'égard de simples contraventions de police, comme l'amnistie ne détruit que la criminalité du fait sans empêcher que le fait lui-même ait existé, l'utilité générale a fait admettre en principe que l'amnistie ne préjudicie pas à l'action civile.

En général, les actes d'amnistie émanés du Prince renferment des dispositions qui réservent expressément les actions civiles; voir notamment ceux des 23 et 26 avr., 11 juill. 1814; 13 janv. 1815; 20 oct. 1820; 28 mai 1825.

Il a été plusieurs fois jugé que l'amnistie, à moins d'une clause expresse, ne forme pas obstacle à l'action civile résultant des faits auxquels elle s'applique. Cass., 23 mars 1811; 8 févr. 1817; 11 juin 1825.

Notamment, l'amnistie du 26 septembre 1830, en faveur des contraventions de police, n'embrasse que les peines, mais ne peut préjudicier aux particuliers, communes et établissements publics, relativement aux dommages-intérêts et dépens qui pourraient leur être alloués. Cass., 21 oct. 1830; 29 avr. 1831.

En conséquence, la Cour de cassation doit, en cas de cassation, renvoyer devant un autre tribunal pour y être statué à fins civiles. Cass., 29 avr. 1831.

La Cour de cassation doit s'occuper d'un pourvoi formé contre un jugement de police rendu sur une contravention amnistiée, lorsqu'il y a en cause une commune qui a droit à des réparations par suite de cette contravention. Cass., 21 oct. 1830.

Mais une amnistie, et surtout une amnistie forestière, peut s'appliquer aux dommages et restitutions auxquels l'Etat pourrait avoir droit par suite de délits forestiers. Spécialement, il résulte de la combinaison des articles 1, 3 et 4 de l'ordonnance du 30 mai 1837, portant amnistie de délits forestiers, que l'amnistie s'applique non-seulement aux amendes encourues, mais aussi, en ce qui concerne les intérêts de l'Etat, aux dommages et restitutions non encore alloués par jugement. Cass., 2 sept. 1837.

C'est le tribunal civil qui est compétent pour connaître de l'action civile après l'amnistie promulguée, si l'action n'était pas encore intentée avant la promulgation de l'amnistie; c'est le tribunal correctionnel ou le tribunal de police, s'ils étaient déjà saisis à cette époque. Ainsi, jugé que l'ordonnance qui fait remise de l'action publique, à raison d'un délit forestier, ne met aucun obstacle à ce que la partie civile poursuive devant le tribunal correctionnel les réparations à elle dues, lorsque ce tribunal a été saisi avant l'amnistie. Cass., 30 janv. 1830; Massabiau, *Manuel du procureur impérial*, n° 1313.

CHAPITRE IV.

Du cumul des peines en matière de contravention.

L'article 365 du Code d'instruction criminelle porte que si le fait soumis à une Cour d'assises est défendu, la Cour prononcera la peine établie par la loi. En cas de conviction de plusieurs crimes ou délits, la peine la plus forte sera seule prononcée.

Pendant longtemps on a cru, et la jurisprudence avait consacré cette opinion, que l'article 365 était d'une application générale et de droit commun, quoiqu'il ne mentionnât que les crimes et délits, et qu'il se trouvât placé sous la rubrique des Cours d'assises.

Plus tard, la jurisprudence changea. Ainsi, après plusieurs arrêts rendus pour et contre, les Chambres réunies de la Cour de cassation furent appelées à se prononcer; elles posèrent en principe : 1° qu'en ne désignant que deux des trois catégories de faits déclarés punissables, et en gardant le silence sur la troisième, l'article 365 a suffisamment montré qu'il n'a pas compris cette dernière dans ses dispositions ; — 2° qu'en prohibant le cumul des peines applicables aux délits et aux crimes, et en établissant une règle spéciale pour la punition des divers crimes dont un accusé serait convaincu, le législateur a été déterminé tant par la nature des peines et les limites du droit de punir, que par l'intérêt même de l'humanité et de l'amendement des coupables; — 3° que ces motifs ne sauraient exister quand il s'agit de peines qui ne sont applicables, le plus souvent, qu'à de simples infractions ou omissions, négligences ou désobéissances, sans intention de la part de celui qui les a commises, à des lois ou des règlements de police. Elles jugèrent donc que la prohibition du cumul des peines ne s'applique pas aux contraventions de police. Cass., 7 juin 1842.

Depuis, la Chambre criminelle s'est rendue à cette doctrine, en décidant spécialement que les contraventions à un arrêté municipal qui fixe l'ouverture des vendanges pour les vignes non closes doivent être punies par autant d'amendes qu'il a été commis de contraventions. Cass., 13 février 1845.

D'un autre côté, on s'est demandé si l'article 365 C. instr. crim. pouvait recevoir son application relativement aux faits prévus par les lois spéciales, ou si, au contraire, ses effets ne devaient pas être restreints aux crimes et délits prévus par le Code pénal.

Ou bien il s'agit de faits punis par des lois spéciales en vigueur avant la promulgation du Code d'instruction criminelle, et dans ce cas la Cour de cassation décide que le principe de non-cumulation n'est pas applicable, par le motif que l'article 365 est une disposition du droit pénal qui se confond avec le Code de 1810, dont l'article 484 respecte les lois spéciales antérieures. Cass., 16 février 1844.

Ou bien il s'agit de faits atteints par des lois pénales postérieures au Code d'instruction criminelle, et qui ne contiennent rien de contraire; et, dans ce cas, le principe de non-cumulation reprend toute sa force, puisque le silence de ces lois à cet égard les place sous l'empire du droit commun et de la règle consignée dans les arrêts des 23 mars 1837 et 2 juin 1838, et que l'article 365 s'applique à tous ces cas.

Ainsi, il est de règle générale, qu'en cas de poursuites pour plusieurs contraventions de police, une peine particulière devra être appliquée à chaque contravention.

Mais comment appréciera-t-on ce que l'on doit entendre par *chaque contravention?* Par exemple, si un boulanger ayant un moule trop petit, ou par suite de toute autre cause, a façonné un grand nombre de pains n'ayant pas le poids, et qu'il les ait mis en vente comme pesant le poids ordinairement attribué à leur forme; qu'un procès-verbal ait été dressé constatant la contravention, et indiquant le nombre des pains au-dessous du poids, étalés dans la boutique du boulanger : y aura-t-il dans ce fait autant de contraventions, et le juge devra-t-il prononcer autant d'amendes qu'il y aura eu de pains saisis? Nous nous sommes prononcé, dans nos *Annales des justices de paix*, pour la négative (2e série, t. III, page 263); mais, depuis, un arrêt de la Cour de cassation du 22 juillet 1852, rapporté, 2e série, t. IV, page 44, a jugé que, lorsqu'un boulanger est prévenu de contravention à des règlements de police pour avoir omis d'apposer sur *plusieurs* pains exposés en vente la marque destinée à faire connaître l'établissement dans lequel les pains ont été fabriqués, le tribunal de police, saisi régulièrement de ces diverses contraventions, ne peut, sans faire une fausse application desdits règlements, et sans violer l'article 471, n° 15 du Code pénal, se contenter de prononcer, contre le contrevenant, une seule amende, par le motif que l'opération de la marque était une opération complexe, et que son omission ne présentait qu'une seule et même contravention.

CHAPITRE V.

De la tentative et de la complicité en matière de contraventions.

La tentative de *crime* est seule punie par le Code pénal d'une manière générale. C. pén., 2.

Les tentatives de *délit* ne sont considérées comme *délits* que dans les cas déterminés par une disposition spéciale de la loi. C. pén., 3.

Quant aux tentatives de contraventions, le Code pénal n'en fait pas mention. Aucune peine ne saurait donc être prononcée contre une contravention non consommée.

Pour que la loi punisse la tentative, même de crime ou de délit, il faut, au reste, que, manifestée par un commencement d'exécution, elle n'ait été suspendue ou n'ait manqué son effet que par des circonstances indépendantes de la volonté de son auteur.

La complicité est définie, par l'article 60 du Code pénal, le fait d'avoir, par dons, promesses, menaces, abus d'autorité ou de pouvoir, machinations ou artifices coupables, provoqué à une action, ou donné les instructions pour la commettre; d'avoir procuré des armes, des instruments, ou tout autre moyen qui aura servi à l'action, sachant qu'ils devaient y servir; d'avoir, avec connaissance de cause, aidé ou assisté l'auteur ou les auteurs de l'action dans les faits qui l'auront préparée ou facilitée, ou dans ceux qui l'auront consommée.

Mais le Code pénal ne punit encore que les *complices* d'un *crime* ou d'un *délit*, d'où la conséquence que les dispositions sur la complicité ne peuvent être appliquées aux contraventions (Cass., 21 avril 1826). Il faut pourtant excepter de cette règle le cas où la loi a formellement compris dans ses dispositions l'auteur et le complice de la contravention, comme dans l'article 479, n° 8 du Code pénal, qui punit les auteurs ou *complices* des tapages injurieux ou nocturnes.

CHAPITRE VI.

De l'âge des contrevenants et de ses effets sur l'application des peines.

Ainsi que nous l'avons dit plus haut, chap. 1er de ce titre V, l'âge de l'accusé est un motif ou d'acquittement ou de diminution de la peine. « Lorsque l'accusé aura moins de seize ans, dit l'article 66, s'il est décidé qu'il a agi sans discernement, il sera acquitté. » Les articles 67 et suivants abaissent la peine applicable à l'accusé de moins de seize ans, lorsqu'il est décidé qu'il a agi avec discernement.

Mais les dispositions du Code pénal sur l'âge sont encore restreintes aux crimes et aux délits. Cependant, l'excuse tirée de l'âge est une loi générale qui domine toutes les lois. « Prétendrait-on, dit M. Faustin Hélie (t. II, p. 188), créer une exception à cette loi commune, à l'égard des délits spéciaux? Mais il faudrait prouver alors que l'enfant, dont l'intelligence est trop débile pour concevoir la criminalité d'un délit commun, a toute l'intelligence nécessaire pour apprécier et comprendre les délits spéciaux; il faudrait admettre qu'inhabile à discerner la culpabilité d'un vol ou d'un assassinat, sa conscience lui révélerait sans peine la criminalité d'un délit de douanes, d'une contravention aux lois de la chasse, d'une infraction à la police sanitaire. Or, n'est-il pas évident que les délits spéciaux, qui varient, chez les divers peuples, suivant les besoins et les mœurs, et qui puisent leur criminalité relative dans la loi, et non dans la conscience humaine, sont plus difficiles à saisir que des infractions communes, que les plus simples notions de la morale révèlent plus ou moins vivement? A la vérité, dans certaines matières spéciales, le fait matériel constituera à lui seul la contravention; aussi, nous n'hésitons point à reconnaître, avec la Cour de cassation (arrêt du 22 novembre 1811), que les contraventions *purement matérielles* échappent à l'application de notre règle. Mais toutes les contraventions qui admettent la fraude comme élément constituent de véritables délits, et c'est surtout en ce qui concerne les infractions de cette nature que la présomption de non-discernement devrait protéger les mineurs de seize ans. »

Nous irons plus loin que M. Faustin Hélie, et nous dirons que les contraventions, même purement matérielles, doivent échapper à l'application des lois pénales, lorsqu'elles ont été commises par des enfants sans discernement. Qu'ainsi que l'a jugé la Cour de cassation (arrêt du 18 mars 1842), une amende par suite de contravention aux lois des douanes puisse être appliquée au mineur de moins de seize ans, on le conçoit, puisque, comme le dit la Cour dans cet arrêt, cette espèce d'amende n'est point une peine, mais bien la réparation du préjudice causé à l'Etat par l'effet de la fraude; mais infliger à un enfant sans discernement, pour une contravention ordinaire, une amende qui a un véritable caractère de pénalité, ou l'emprisonnement, cela choque toutes les règles du bon sens et de la raison; et nous ne doutons pas, pour notre part, que le juge du tribunal de police qui constaterait que le prévenu a agi sans discernement à cause de son âge, ne dût le renvoyer absous. C'est, du reste, ce qui résulte encore de l'arrêt précité de la Cour de cassation du 18 mars 1842, lequel a jugé que l'art. 66 du Code pénal, qui ordonne l'acquittement du prévenu âgé de moins de seize ans, lorsqu'il a agi sans discernement, doit être appliqué dans toutes les matières, sans exception, à moins que des lois spéciales ne contiennent, à cet égard, quelque dérogation expresse ou tacite.

CHAPITRE VII.

De la responsabilité civile.

On répond, non-seulement du dommage causé par son fait, mais encore de celui qui est causé par le fait des personnes que l'on a sous sa garde ou auxquelles on a donné pouvoir et mandat d'agir : les articles 1384, 1385 et 1386 du Code civil contiennent les principes de la responsabilité civile, soit des pères et mères à l'égard de leurs enfants mineurs, soit des maîtres et commettants à l'égard de leurs domestiques et préposés, soit des instituteurs ou artisans à l'égard de leurs élèves et apprentis, soit du propriétaire de l'animal à l'égard du dommage causé par cet animal, soit du propriétaire d'un bâtiment relativement au dommage causé par la ruine de ce bâtiment.

Sont donc responsables civilement : 1° le père, et la mère après le décès du mari, du dommage causé par leurs enfants mineurs habitant avec eux. C. Nap., art. 1384 ;

2° Les maîtres et les commettants, du dommage causé par leurs domestiques et préposés dans les fonctions auxquelles ils les ont employés. C. Nap., art. 1384 ;

3° Les instituteurs et les artisans, du dommage causé par leurs élèves, domestiques et apprentis, pendant le temps qu'ils sont sous leur surveillance. C. Nap., art. 1384.

Mais la responsabilité ci-dessus cesse lorsque les instituteurs et artisans prouvent qu'ils n'ont pu empêcher le fait qui donne lieu à la responsabilité civile. C. Nap., art. 1384.

D'après le Code rural de 1791, certaines personnes qui étaient réputées avoir sous leur surveillance l'auteur du dommage dans certains cas, étaient civilement responsables du délit ; l'article 7 du titre II dispose que les maris, pères, mères, tuteurs, maîtres, entrepreneurs de toute espèce, sont civilement responsables des délits commis par leurs femmes et enfants, pupilles, mineurs n'ayant pas plus de vingt ans et non mariés, domestiques, ouvriers, voituriers ou autres subordonnés ; cette responsabilité civile diffère, sous plusieurs rapports, de celle qu'établit l'art. 1384 du Code Napoléon, pour les dommages en général, notamment en ce que la disposition de l'article 7 prévoit une responsabilité civile du mari, pour les délits ruraux commis par la femme.

Cet article 7 doit s'appliquer à tous les délits ruraux qui sont encore régis par le Code rural, l'art. 1384 du Code Napoléon étant étranger aux matières réglées par les lois spéciales.

Le dommage causé par un animal ou par la chute d'un bâtiment peut donner lieu à une action *directe* pour délit ou contravention ; nous avons inséré aux *Annales* 1853, p. 129, un article fort remarquable d'un juge de paix sur la responsabilité *directe* ou sur la culpabilité des maîtres et parents, relativement aux contraventions commises par les personnes dont ils répondent; nous renvoyons à cet article. Dans les autres cas, il n'y a lieu qu'à une action en responsabilité.

La personne civilement responsable peut être citée, en même temps que le prévenu, devant le tribunal de police; mais elle ne saurait l'être séparément : en effet, l'obligation de celui qui est soumis à la responsabilité d'un fait auquel il n'a pas concouru est une obligation accessoire, purement civile, et dont par conséquent les tribunaux ne peuvent connaître qu'accessoirement à l'action criminelle qui constitue l'obligation principale. Mais ce ne serait pas un motif pour renvoyer purement et simplement de la plainte la partie civilement responsable qui aurait seule été traduite devant le tribunal de simple police. Ce tribunal devrait surseoir à statuer, et fixer le délai dans lequel le ministère public serait tenu de mettre en cause le contrevenant.

Il n'y a lieu non plus à condamner les personnes civilement responsables qu'autant que les prévenus succombent, soit vis-à-vis du ministère public, soit vis-à-vis de la partie civile.

CHAPITRE VIII.

De la chose jugée, considérée quant à l'application de la peine, de l'action publique, de l'action civile, de l'influence de l'une sur l'autre.

Tout délit ou contravention peut donner lieu à une double action, l'action publique et l'action civile.

L'action publique est poursuivie devant les tribunaux de police, par le commissaire de police ou par le maire, qui remplissent près de ces tribunaux les fonctions de ministère public.

L'action civile peut être poursuivie par la partie lésée, indépendamment de toute action publique, devant les tribunaux civils; lorsqu'elle est poursuivie séparément, l'exercice en est suspendu, tant qu'il n'a pas été prononcé définitivement sur l'action publique intentée avant ou pendant la poursuite de l'action civile. C. instr. crim., 3.

La renonciation à l'action civile ne peut arrêter ni suspendre l'exercice de l'action publique. C. instr. crim., 4.

L'action civile peut être aussi poursuivie en même temps que l'action publique, soit que la partie civile intervienne et se présente sur les poursuites du ministère public, pour demander des dommages et intérêts, soit qu'elle cite elle-même le contrevenant devant le tribunal de police. C. d'instr. crim., 145.

Mais, ainsi que nous l'avons dit plus haut, le juge du tribunal de police ne peut prononcer sur les dommages-intérêts que quand il applique une peine.

L'inflence des décisions civiles sur les décisions criminelles, et réciproquement, a fait l'objet de plusieurs graves discussions. En fait, avec l'ordre de nos juridictions, il n'est pas possible d'empêcher que l'existence du même fait soit soumise à deux juridictions différentes pour qu'elles en tirent chacune les conséquences qui lui conviennent.—Ainsi, le fait d'avoir tué un homme appartient à la juridiction civile en ce qu'elle condamnera l'auteur du meurtre à réparer le préjudice causé, et à la juridiction criminelle en ce qu'elle applique les peines prononcées par la loi.

En matière de contravention, un jugement ne saurait être invoqué comme ayant force de chose jugée, qu'autant qu'il a statué sur le fait même qui a donné lieu aux poursuites. Cass., 22 mars 1838.

Ainsi, jugé que le fait qui a motivé une condamnation comme constituant une contravention, peut donner lieu, de la part du ministère public, à de nouvelles poursuites, comme contenant également une seconde contravention. Cass., 22 mars 1838.

De même, le jugement d'acquittement sur une première contravention n'élève aucune fin de non-recevoir contre une nouvelle poursuite, à raison d'un fait nouveau du même genre. Cass., 14 décembre 1833 ; 11 octobre 1828 ; Mangin, *Traité de l'action publique*, t. II, p. 345, n° 403.

Le renvoi par le tribunal de police d'un individu inculpé d'infraction à un règlement de police, ne fait pas obstacle à ce que le même individu soit de nouveau poursuivi pour une seconde infraction au même règlement et constatée par un procès-verbal différent, alors surtout que ledit règlement, produit d'une manière incomplète la première fois, l'a été plus régulièrement la seconde. Cass., 25 avr. 1835.

Décidé, comme conséquence de ce même principe, que le jugement par lequel un tribunal de simple police s'est déclaré incompétent pour connaître d'une première contravention à un règlement municipal, n'a pas l'autorité de la chose jugée sur une nouvelle action intentée contre la même partie, à raison d'une autre contravention postérieure. Cass., 26 mars 1819.

TITRE VI.

De la constatation des contraventions et des procès-verbaux.

Il y a plusieurs manières de constater les contraventions ; ainsi, la preuve littérale, telle que les procès-verbaux ; les preuves vocales, telles que l'aveu du prévenu, les dépositions de témoins à l'audience, peuvent être invoquées. Nous renvoyons au titre relatif à la procédure tout ce qui a rapport aux preuves vocales ; dans le présent titre, nous ne nous occuperons que des procès-verbaux, et nous détachons les procès-verbaux du titre de la procédure, parce qu'ils sont le premier acte officiel et judiciaire relatif à la contravention, et qu'ils précèdent toute espèce de poursuite.

On appelle procès-verbal l'acte écrit par lequel un officier public rend témoignage de faits qui se sont passés en sa présence, ou qu'il a reconnus dans l'exercice de ses fonctions.

On désigne plus spécialement sous le nom de rapport la déclaration faite devant un officier public ayant capacité pour la recevoir.

Nous donnerons, sous ce titre, les règles générales applicables aux procès-verbaux, à leur rédaction, à leur forme, à leur affirmation, à l'obligation de porter les procès-verbaux sur papier timbré, à l'enregistrement des procès-verbaux ; nous dirons quelle est la foi due aux procès-verbaux ; enfin, nous passerons aux règles particulières aux procès-verbaux qui peuvent être produits devant les tribunaux de police.

CHAPITRE I.

Règles générales applicables aux procès-verbaux, à leur rédaction, à leur forme. — Affirmation des procès-verbaux. — Obligation de les porter sur papier timbré. — Enregistrement des procès-verbaux.

SECTION PREMIÈRE.

Règles générales applicables aux procès-verbaux, à leur rédaction, à leur forme. — Compétence de l'officier public ; juridiction territoriale; parenté avec le prévenu; costume; jour férié; signature du procès-verbal. — Date, lieu. — Ecriture de l'officier public. — Renvois et ratures. — Poids et mesures, système métrique. — Procès-verbaux des officiers publics en dehors de leurs fonctions habituelles.

La première de toutes les conditions pour la validité des procès-verbaux est la compétence de l'officier public de qui ils émanent.

Il est hors de doute que lorsqu'un officier public, sortant des limites des attributions qui lui sont propres, s'ingère de verbaliser dans des matières qui sont étrangères à ces attributions, les procès-verbaux qu'il dresse sont radicalement nuls.

Ainsi, le procès-verbal dressé par un garde champêtre pour constater une contravention à la loi du 18 novembre 1814, sur la célébration des fêtes et dimanches, devrait être annulé pour cause d'incompétence, les maires et les commissaires de police ayant seuls reçu de cette loi le droit de verbaliser contre les infractions qu'elle punit. Cass., 22 avr. 1820.

Et il en est de même du procès-verbal dressé par un garde forestier pour constater un délit de chasse commis en plaine, cet agent n'ayant qualité que pour constater les délits commis dans les bois et forêts. Cass., 18 oct. 1827.

Ainsi encore, un employé de l'octroi ne pourrait constater une contravention étrangère à la perception des droits à laquelle il a été préposé.

Les commissaires de police, maires et adjoints, les préfets des départements et le préfet de police dans le département de la Seine peuvent rechercher et constater toutes les contraventions de police qui n'ont pas été *exclusivement* attribuées par les lois à certains fonctionnaires désignés.

Les officiers publics chargés de constater les contraventions et de rédiger les procès-verbaux n'ont de pouvoir et n'exercent leur juridiction que sur le territoire confié à leur surveillance.

Il y a donc encore nullité du procès-verbal qui constate un délit commis hors du ressort dans lequel l'officier public rédacteur exerce ses fonctions (Cass., 27 frim. an VIII); et, par exemple, les gardes champêtres des particuliers ne sauraient agir légalement que relativement aux contraventions commises sur les propriétés à la garde desquelles ils ont été commis.

La parenté qui existerait entre le rédacteur du procès-verbal et le prévenu serait-elle une cause de nullité du procès-verbal?

Carnot (*Instr. crim.*, art. 11, n° 4) se prononce pour l'affirmative, en assimilant les fonctionnaires ayant qualité pour verbaliser, aux témoins qui déposent en justice, pour lesquels la parenté avec le prévenu est une cause de reproche. Mais Legraverand (*Instr. crim*, t. Ier, pag. 213) et Mangin (pag. 41, n° 16) soutiennent avec raison le contraire, en faisant remarquer que le caractère dont les officiers publics sont revêtus ne permet pas de les mettre sur la même ligne que les témoins. C'est, du reste, dans ce dernier sens que s'est prononcée la jurisprudence; ainsi, il a été jugé qu'un commissaire de police a pu dresser un procès-verbal valable, quoique parent de l'auteur de la contravention. Cass., 4 novemb. 1808;

Qu'un garde champêtre a pu légalement constater un délit de chasse commis par son propre frère. Cass., 7 novemb. 1817; Bulletin 109;

Qu'un garde forestier a pu aussi régulièrement verbaliser contre un délit forestier commis par son beau-frère. Cass., 18 oct. 1822.

Les articles 150 et 189 du Code d'instruction criminelle, relatifs aux témoignages en justice criminelle des parents et alliés, ne s'applique pas, en effet, aux procès-verbaux des officiers de police judiciaire, dont les pouvoirs sont déterminés par les articles 16 et 154 du même Code. Cependant, dans les cas où le procès-verbal ne fait pas foi jusqu'à l'inscription de faux, les tribunaux peuvent apprécier quelle influence la parenté a pu avoir sur leur rédaction.

Bien qu'il soit convenable que les officiers publics soient revêtus du costume qui leur est attribué par la loi, lorsqu'ils rédigent des procès-verbaux, aucune loi ne subordonne la validité d'un procès-verbal à ce que son rédacteur ait été porteur des insignes de ses fonctions. Cass., 10 mars 1815, 11 oct. 1821, 11 nov. 1826, 20 sept. 1833, 14 fév. 1840; Legraverend, t. Ier, pag. 213; Mangin, pag. 42, n° 17.

Les procès-verbaux peuvent être dressés les jours fériés tout aussi bien que les autres jours, cela n'est pas douteux (Loi du 17 therm. an VI, art. 2; Cass., 29 nov. 1838, Bulletin 374). L'article 1037 du Code de procédure civile ne s'applique pas aux actes de la justice répressive.

Quant à la présence et à l'assistance des prévenus à la rédaction du procès-verbal et à la sommation qui leur serait faite d'y assister, ces formalités ne sont point nécessaires à la validité des procès-verbaux concernant les délits et les contraventions ordinaires, c'est-à-dire de l'immense majorité de ces actes produits devant les tribunaux de police (Cass., 5 oct. 1820; 9 fév. 1821; 15 oct. 1829). La loi ne les a exigées que pour les procès-verbaux des employés des contributions indirectes, des octrois et des douanes.

De même, l'obligation pour le rédacteur du procès-verbal d'en donner lecture au contrevenant n'existe qu'autant qu'une loi spéciale en prescrit l'accomplissement sous peine de nullité. Cass., 11 mars 1835 (inst. de la loi).

Tout procès-verbal doit porter en lui la preuve de sa validité, et, dès lors, toutes les formalités indispensables dont il ne constate pas l'accomplissement doivent être considérées comme ayant été omises. Cass., 20 mars 1810; 30 juill. 1812.

On peut diviser les formalités qui sont requises pour la complète régularité des procès-verbaux en deux classes : celles qui sont intrinsèques, et celles qui sont extrinsèques. Les premières s'entendent de tout ce qui concerne la rédaction du procès-verbal, sa signature et sa date; les secondes sont celles auxquelles on soumet le procès-verbal lorsqu'il est déjà clos, c'est-à-dire l'enregistrement et l'affirmation. Ces dernières formalités ne s'appliquent qu'à une certaine classe de procès-verbaux.

Les procès-verbaux doivent être signés par l'officier public rédacteur; ils sont datés; ils doivent contenir l'indication des noms, demeures et qualités des fonctionnaires qui les dressent; constater l'existence du délit, en précisant toutes les circonstances de temps et de lieu; rapporter toutes les preuves, tous les indices; présenter, en un mot, tous les renseignements qui peuvent éclairer la justice (C. instr. crim, art. 11). Mais ces indications ne sont pas toutes également jugées indispensables à la validité du procès-verbal.

La date, qui doit être indiquée sur le procès-verbal, est toujours une formalité importante ; il est même des cas dans lesquels son omission serait une cause de nullité du procès-verbal ; et cela a lieu notamment à l'égard des procès-verbaux qui doivent être affirmés ou enregistrés dans un certain délai, ou contre lesquels on ne peut employer que la voie de l'inscription de faux. Dans ces divers cas, le procès-verbal serait nul, si l'absence de date enlevait tout moyen de savoir si les divers délais prévus par la loi ont été observés. Il en serait peut-être autrement, si quelque circonstance particulière donnait les moyens de suppléer à l'absence de date, et de fixer cette date avec certitude (Mangin, n°s 147 et 201). Quoi qu'il en soit, hors les cas exceptionnels indiqués ci-dessus, une erreur matérielle dans la date du procès-verbal n'entraînerait pas sa nullité. Cass., 2 janvier 1833.

L'indication de l'heure peut être utile dans la rédaction des procès-verbaux, mais elle n'est pas exigée. Cass., 9 février 1821, 11 mars 1825 (int. de la loi).

L'indication du lieu où le délit a été commis est une formalité dont l'accomplissement aussi est désirable, mais dont l'omission ne peut être une cause de nullité des procès-verbaux qui ne font foi que jusqu'à preuve contraire. (Cass., 9 février 1821.) Quant à ceux qui font foi jusqu'à inscription de faux, Mangin (n° 160) est d'avis que l'absence de toute désignation du lieu du délit empêche le procès-verbal de faire foi contre le prévenu ; car celui-ci serait dans l'impossibilité de s'inscrire en faux pour établir soit son alibi, soit celui de l'officier public rédacteur. Mais nous ne saurions adopter complétement cette opinion ; la loi ne prescrivant pas l'indication du lieu, et plusieurs autres renseignements pouvant y suppléer.

Il n'est pas nécessaire qu'un procès-verbal soit entièrement écrit de la main de l'officier public qui l'a dressé ; ces actes peuvent même, en général, être écrits par un tiers, quel qu'il soit. Cependant, doivent être écrits en entier de la main de l'officier public les procès-verbaux des vérificateurs des poids et mesures, loi du 4 juillet 1837, art. 7 ; ordonnance du 17 avril 1839. Il en est de même des procès-verbaux des gardes-champêtres et des gardes particuliers, à moins que ceux-ci ne sachent pas écrire. (Voir ci-après).

Mais la signature du procès-verbal par celui qui le rédige est évidemment une formalité indispensable.

Les ratures, surcharges et interlignes des procès-verbaux, et les mots portés en marge, doivent être approuvés ; il ne faut rien mettre en interligne. Qnand les ratures ou surcharges ne sont pas approuvées, il faut distinguer si les énonciations qui en sont l'objet sont substantielles ou non. Dans le premier cas, le procès-verbal est nul (Cass., 4 janv. 1821). Dans le second, il conserve sa validité ; seulement, ce qui n'est pas approuvé par le rédacteur est considéré comme n'existant pas (Cass., 9 février 1811 ; Mangin, n° 23) ; les parties raturées sont réputées n'avoir jamais été insérées dans le procès-verbal. C. instr. crim., 78.

On peut considérer comme parties substantielles de l'acte les noms et qualités du rédacteur, la date du procès-verbal, les circonstances constitutives de la contravention, le nom du délinquant.

Jugé que le procès-verbal d'un garde-forestier est nul lorsqu'il y a, tant sur la date de l'affirmation que sur celle de l'enregistrement, une surcharge, non approuvée, qui ne permet pas de juger si ces formalités ont été remplies dans le délai légal. Grenoble, 2 janvier 1829.

L'approbation est valable, quoiqu'elle ne soit revêtue que du paraphe de l'officier public rédacteur du procès-verbal. Cass., 22 juillet 1824.

Le contrevenant ne doit pas être, à moins d'exception formelle portée par la loi, requis de signer le procès-verbal dirigé contre lui.

Les poids et mesures doivent être mentionnés, dans les procès-verbaux, d'après le système métrique; mais aucune loi ne frappe de nullité les procès-verbaux dans lesquels ils ne seraient pas déterminés d'après ce système. Cass., 11 décembre 1851.

Lors même que la loi a institué des agents spéciaux pour rechercher et constater certains délits et contraventions, elle appelle, en outre, dans plusieurs cas, à participer à cette mission des agents d'un autre ordre, dont les fonctions habituelles ont un tout autre objet. On s'est demandé si ces derniers fonctionnaires sont alors obligés de suivre, pour les procès-verbaux qu'ils dressent, les formes spéciales à la matière dans laquelle ils opèrent exceptionnellement. Mangin (p. 31, n° 13), se prononce pour la négative; et la Cour de cassation a jugé, dans ce sens, que les procès-verbaux dressés par les gendarmes pour constater les délits de chasse ne sont pas soumis à la formalité de l'affirmation imposée aux gardes champêtres. Cass., 30 juillet 1825.

SECTION II.

De l'affirmation des procès-verbaux. — Règles générales.

Nous ne donnerons sous cette section que les règles générales de l'affirmation des procès-verbaux; on trouvera, au chapitre 3 de ce titre, les règles particulières à chaque espèce de procès-verbal.

L'affirmation est définie par Mangin (*Procès-verb.*, p. 64) : « Le serment prêté par le rédacteur d'un procès-verbal que les énonciations contenues dans cet acte sont sincères. » — Ce serment, dit le même auteur, n'est assujetti par la loi à aucune formule, et les expressions *affirmation*, *affirmer*, ne sont pas tellement sacramentelles qu'on ne puisse leur donner des équivalents; mais il faut absolument qu'il résulte de l'acte dressé par l'officier public qui reçoit l'affirmation que la déclaration à lui faite par le rédacteur que le procès-verbal est sincère a été confirmée par son serment. Cependant le mot *affirmer*, lui-même, signifie déclarer avec serment : c'est l'expression dont se sert la loi; mais le vœu de la loi ne serait pas rempli et le procès-verbal serait nul, si le rédacteur déclarait simplement qu'il persiste dans son procès-verbal, qu'il en confirme le contenu, qu'il le déclare sincère et véritable. Cass., 20 et 29 février 1812. Il suffit donc que la déclaration de celui qui atteste la sincérité de son procès-verbal soit faite avec serment, Cass., 19 janvier 1810, 16 août 1811, 3 juillet 1812; Merlin, *Rép.*, v° *Serment*, § 3; et même l'expression du serment n'est pas exigée à peine de nullité. Cons. d'État, 18 novembre 1847,

ANNALES et RÉPERT. GEN. DES J. DE PAIX, tom. V, p. 143.

La loi n'exige pas non plus que les actes d'affirmation rappellent en détail les faits ou contraventions énoncés dans les procès-verbaux qui les constatent. Cass., 19 février 1808.

Mais l'affirmation serait nulle, si elle consistait uniquement dans l'attestation du fonctionnaire apte à la recevoir, par exemple, d'un adjoint, mise à la suite du procès-verbal ou rapport, et portant seulement que cet acte est conforme à la vérité. Cass., 4 févr. 1841.

L'irrégularité de l'affirmation entraîne la nullité du procès-verbal lorsque cette irrégularité est radicale : c'est ce qui a lieu lorsque le procès-verbal a été affirmé devant un officier public qui n'est pas celui qu'indique la loi pour le recevoir ; par exemple, lorsqu'il a été affirmé devant le maire ou l'adjoint d'une commune autre que celle dans laquelle le délit a été commis. Cass., 5 brum. an XII, 30 mars 1809 ; Merlin, *Rép.*, v° *Procès-verbal*, n° 6. Cependant le fonctionnaire compétent peut recevoir l'affirmation hors du territoire dans lequel il exerce ses fonctions, Mangin, n° 26.

L'acte d'affirmation doit être signé non-seulement par l'officier public qui le dresse, mais par celui qui affirme le procès-verbal. Cass., 8 mai 1818 ; 1er avril 1830; Merlin, *Rép.*, v° *Procès-verbaux*, § 4, n° 6 *bis* ; mais l'omission de la signature de l'affirmant n'entraîne pas absolument la nullité : il n'y aurait nullité absolue qu'autant que l'acte d'affirmation ne serait pas signé par l'officier public devant lequel il a été procédé à cette formalité ; la signature de l'affirmant n'est pas indispensable.

Il n'est pas nécessaire de mentionner dans l'acte d'affirmation que le procès-verbal a été lu à l'affirmant. Metz, 18 mars 1822.

Lorsque l'erreur de date qui s'est glissée dans l'acte d'affirmation d'un procès-verbal se trouve clairement rectifiée par l'ordre dans lequel sont placées les écritures du procès-verbal, de l'affirmation et de la relation d'enregistrement, faisant suite les unes aux autres, cette erreur n'opère pas nullité si, d'ailleurs, il résulte de la disposition des dates et des écritures que le procès-verbal a été affirmé dans les délais voulus. Cass., 28 août 1812.

Dans l'espèce de cet arrêt, un procès-verbal de délit de chasse était daté : « L'an 1811, le 16 du mois d'a- « vril, heure de huit du matin. » L'affirmation l'était seulement ainsi : « A « Dijon, le 17 avril, heure de six du « matin. » L'enregistrement était daté : « Le 19 avril 1811. » (3 nov. 1811, *Bull.*, 167; 28 août 1812, *Bull.*, 198.)

Un autre procès-verbal de contravention aux droits d'octroi était daté du 8 octobre 1819 ; après les signatures des commis venait immédiatement l'acte d'affirmation daté du 7 octobre 1811, suivi lui-même de la relation de l'enregistrement, sous la date du 9 octobre 1811 ; la Cour de cassation, malgré cette irrégularité, déclara l'affirmation valable. Arrêt du 28 août 1812 ; *Bull.*, 198.

Jugé de même que la seule omission du millésime dans l'acte d'affirmation d'un procès-verbal n'est pas une cause de nullité, lorsqu'il est prouvé, par la date du procès-verbal même, et par celle de son enregistrement, que l'affirmation a eu lieu dans le délai prescrit. Cass., 30 nov. 1811. (Trois arrêts du même jour en ce sens.)

Mais le procès-verbal serait nul si, devant être affirmé dans un délai de rigueur, l'original, tout en contenant la mention de l'affirmation faite dans le délai de la loi, laissait douter, à raison de la substitution non datée du nom d'un maire à celui d'un autre, si l'affirmation a été faite en temps utile devant l'autorité compétente. Metz, 2 juill. 1821.

On peut poser en principe général que, pour la supputation des délais prescrits pour l'affirmation et l'enregistrement des procès-verbaux, le jour de l'échéance du délai (*dies ad quem*) doit être compris dans le délai, si la loi ne l'a expressément déclaré franc. Mais le jour qui sert de point de départ (*dies à quo*) ne doit pas être compté. Cass., 7 oct. 1809, 14 juin 1834; Merlin, *Rép.*, v° *Délai*, § 3, sect. Ire.

L'affirmation n'est obligatoire que pour certains fonctionnaires publics auxquels la loi impose cette formalité d'une manière expresse ; nous verrons au chapitre 3, ci-après, quels sont ces fonctionnaires, par qui et dans quel délai l'affirmation doit être reçue dans chaque cas particulier. Il est regrettable que les lois diverses qui prescrivent cette formalité n'aient pas été rédigées dans des vues d'ensemble qui permissent de les rattacher à des régles générales.

SECTION III.

De l'obligation de porter les procès-verbaux sur papier timbré, et de leur enregistrement.

ART. 1. — Du timbre. — Timbre en débet. — Timbre ordinaire obligatoire.

En général, les actes et jugements relatifs aux contraventions et à la procédure criminelle peuvent, lorsqu'il n'y a pas de partie civile en cause, être enregistrés et timbrés en débet, et sont ainsi, au moins provisoirement, exempts des droits de timbre et d'enregistrement.

Cependant ceux relatifs à la police ordinaire étaient jadis exceptés de l'exemption à laquelle participaient les actes et jugements concernant la vindicte publique; mais le ministre des finances écrivit, le 12 germinal an VII, au ministre de la justice, que « comme l'on ne pouvait raisonnablement obliger les greffiers, ni ceux qui exercent les fonctions du ministère public sans adjonction d'aucune partie civile, à faire l'avance des droits de timbre, il autorisait à viser pour timbre en débet les papiers destinés à ces actes et jugements, sauf à recouvrer les droits sur les parties condamnées. »

L'article 71 de la loi du 28 avril 1816 défendait d'admettre, sous aucun prétexte, aucune espèce de papier au timbre en débet ; mais une ordonnance du 22 mai, même année, vint rétablir la faculté du visa en débet pour tous les actes et procès-verbaux des huissiers, gendarmes, préposés, etc., pour lesquels elle existait antérieurement à la loi du 28 avril 1816 ; et la loi du 25 mars 1817, par son article 74, légalisa les dispositions que contenait l'ordonnance du 22 mai 1816.

Les procès-verbaux produits devant les tribunaux de simple police par le ministère public peuvent donc être rédigés sur papier libre ; ils sont seulement visés pour timbre, Lois du 13 brumaire an VII, art. 7, n° 1, et du 25 mars 1817, art. 74, formalité qui s'accomplit au besoin en même temps que celle de l'enregistrement.

« A la rigueur, dit M. Berriat-Saint-Prix dans son *Traité de la procédure des tribunaux de police*, la feuille destinée à recevoir le procès-verbal devrait préalablement être visée pour timbre ; mais, par une tolérance assez générale, les receveurs visent en même temps qu'ils les enregistrent les procès-verbaux qui leur sont présentés. »

Tous les receveurs n'ont pas cette tolérance, et nous allons être amenés à examiner dans les *Annales*, par suite d'une condamnation prononcée contre un greffier de justice de paix, si les actes de la procédure des tribunaux de simple police, susceptibles d'être visés pour timbre en débet, peuvent n'être présentés à cette formalité qu'après leur rédaction, ou s'il faut nécessairement que le papier qui leur est destiné soit visé pour timbre préalablement.

Or, nous remarquions tout d'abord que les dispositions de toutes les lois sur le timbre ne parlent que des *actes* à timbrer et à enregistrer en débet. « Les *actes* et *procès-verbaux* des « huissiers, gendarmes, préposés, « gardes champêtres ou forestiers (au- « tres que ceux des particuliers), et gé- « néralement tous actes et procès-ver- « baux concernant la police ordinaire « et qui ont pour objet la poursuite et « la répression des délits et contraven- « tions aux règlements généraux de « police et d'imposition, seront visés « pour timbre et enregistrés en débet, « lorsqu'il n'y aura pas de partie ci- « vile poursuivante... — Seront visés « pour timbre et enregistrés gratis les « actes de procédure et les jugements « à la requête du ministère public, « ayant pour objet, 1° de réparer les « omissions et faire les rectifications « sur les registres de l'Etat civil d'ac- « tes qui intéressent les individus no- « toirement indigents ; 2° de rempla- « cer les registres de l'état civil perdus « ou incendiés. » Tels sont les termes des articles 74 et 75 de la loi du 25 mars 1817. Comme on le voit, cette loi porte que ce sont les *actes* et *procès-verbaux*, les *jugements* qui seront timbrés et enregistrés en débet ou gratis, et non pas le papier sur lequel doivent être inscrits ces actes et procès-verbaux.

Il existe même une décision du ministre des finances (*Journal de l'Enregistrement et du Timbre*, n° 6353, ou *Dictionnaire*, au mot *Timbre*, n° 645) prononçant qu'il n'est pas nécessaire que le papier destiné aux procès-verbaux à timbrer en débet soit visé avant la rédaction.

Nous n'ignorons pas que, dans l'usage et dans la pratique, les greffiers ont l'habitude de faire timbrer préalablement le papier destiné aux actes en débet ; nous n'ignorons pas non plus que quelques instructions des ministères, et notamment celle du 15 septembre 1820, portent que les greffiers pourront faire viser pour timbre en débet les feuilles destinées aux actes et jugements de simple police sans partie civile. Dans cette circulaire, il ne s'agit plus d'actes et jugements, mais de feuilles destinées aux actes et jugements. En conclura-t-on que le timbre en débet doit être appliqué préalablement et d'avance ? Non ; car ces instructions et circulaires ne sont que des mesures d'ordre administratives, et s'il est un principe reconnu, c'est qu'elles ne peuvent rien changer ou ajouter à la loi, et surtout être appliquées par les tribunaux comme servant de base à une peine quelconque; l'usage ne peut avoir plus de force.

Quant aux procès-verbaux qui sont dressés à la requête et dans l'intérêt des simples particuliers, le timbre est obligatoire. Il en est de même à l'égard des procès-verbaux rédigés dans l'intérêt d'une commune, tels que ceux des employés de son octroi. Loi de l'an VII, art. 12, n° 1.

L'emploi du papier libre à la rédaction des procès-verbaux qui ne peuvent être portés que sur papier timbré n'entraîne pas la nullité de ces actes (Cass., 31 mars 1848, *Bulletin*, 92); il donne seulement lieu à une amende contre l'officier qui a dressé le procès-verbal, amende dont la régie de l'enregistrement poursuit le recouvrement, et à un sursis pour les jugements que les tribunaux sont appelés à rendre sur les mêmes actes. Lorsqu'un pareil procès-verbal est produit au tribunal de simple police, l'officier du ministère public doit prendre des réquisitions, afin qu'il soit sursis, jusqu'à ce que l'irrégularité ait été réparée, à la diligence de la partie réquérante, par un visa pour timbre; et, à défaut de réquisition par le ministère public, le juge de paix doit surseoir d'office. Berriat-Saint-Prix, p. 128.

Art. 2. — De l'enregistrement des procès-verbaux.

Les procès-verbaux doivent, en général, être enregistrés. Il y a même des cas où la loi les soumet à cette formalité, sous peine de nullité ; tels sont ceux de ces actes qui font foi jusqu'à inscription de faux, Cass., 10 mai 1810, et aussi les procès-verbaux des gardes forestiers, que ces agents soient commissionnés par l'Etat, par une commune, par un établissement public ou par un simple particulier. C. forestier, art. 170, 189.

Quant aux autres, le défaut d'enregistrement ne donne lieu qu'à des amendes et au sursis du jugement à rendre sur ces procès-verbaux jusqu'à ce que l'irrégularité ait été réparée ; et cette distinction a été consacrée par plusieurs arrêts de la Cour de cassation, notamment par les arrêts des 1er mai 1818, 5 mars 1819 et 18 févr. 1820.

Ce dernier arrêt décide, en propres termes, que la nullité pour défaut d'enregistrement dans le délai n'est applicable qu'aux procès-verbaux qui font foi en justice jusqu'à inscription de faux, et non à ceux qui tendent uniquement à constater une contravention de simple police.

Le défaut d'enregistrement ne peut donc empêcher les juges de statuer : l'article 34 de la loi du 22 frimaire an VII, qui déclare d'une manière générale les exploits et procès-verbaux *nuls* s'ils n'ont pas été enregistrés dans le délai prescrit, ayant été restreint par l'article 47 de la même loi, qui ne défend de rendre jugement sur des actes non enregistrés que lorsque le jugement est rendu en faveur des particuliers, et non lorsque les actes intéressent l'ordre public. Cass., 23 février 1827.

Décidé de même que la défense faite aux tribunaux par la loi de rendre aucun jugement sur des actes non enregistrés ne s'applique qu'au cas où il s'agit d'intérêts privés, et ne s'étend pas aux actes qui intéressent l'ordre et la vindicte publics. En conséquence, un procès-verbal constatant une contravention de police ne peut être annulé pour défaut d'enregistrement. Cass., 31 mars 1848.

Jugé encore dans le même sens, relativement aux procès-verbaux des agents forestiers, avant le Code forestier, Arrêt du 27 juillet 1827 ; des gardes champêtres, Arrêts du 18 février 1820 et du 16 janvier 1824 ; des gendarmes, Arrêt de 2 août 1828 ; des commissaires de police, Arrêt du

20 mai 1848 ; des maires et adjoints ; arrêt du 31 mars 1848.

Le délai pour l'enregistrement des actes des huissiers ou autres ayant pouvoir de faire des procès-verbaux et exploits est de 4 jours, le jour de la date de l'acte ne compte pas dans ce délai ; si le dernier jour du délai est un dimanche ou un jour férié, il ne compte pas non plus, Loi du 22 frimaire an VII, art. 20 et 25.

En général, les actes et procès-verbaux concernant la police ordinaire et qui ont pour objet la poursuite et la répression des délits et contraventions, de même qu'ils sont visés pour timbre gratis ou en débet, sont aussi enregistrés gratis ou en débet lorsqu'il n'y a pas de partie civile poursuivante, sauf à suivre le recouvrement des droits contre les condamnés :

Ainsi, doivent être enregistrés en débet : les actes et procès-verbaux des juges de paix pour faits de police. L. 22 frim. an VII, art. 70, § 1er, n° 1;

Les actes et procès-verbaux des commissaires de police. L. 22 frim. an VII, art. 70, § 1er, n° 3;

Ceux des gardes établis par l'autorité publique pour délits ruraux et forestiers, L. 22 frim. an VII, art. 70, § 1er, n° 4.

Ces deux dispositions ont été complétées par l'article 74, L. 25 mars 1817, portant que les actes et procès-verbaux des huissiers, gendarmes, préposés, gardes champêtres ou forestiers (autres que ceux des particuliers), et généralement tous actes et procès-verbaux concernant la police ordinaire, et qui ont pour objet la poursuite et la répression des délits et contraventions aux règlements généraux de police et d'impositions, doivent être enregistrés en débet, lorsqu'il n'y aura pas de partie civile poursuivante, sauf à suivre le recouvrement des droits contre les condamnés.

Les inspecteurs de la salubrité publique se trouvent compris sous les dénominations de *préposés* et *d'employés* dont se sert la loi ; en conséquence, leurs procès-verbaux sont assujettis à l'enregistrement en débet. Cass., 22 juin 1842.

Les procès-verbaux des sous-officiers de gendarmerie et gendarmes pouvant donner lieu à des poursuites judiciaires sont préalablement enregistrés en débet ou gratis, suivant les distinctions établies par la loi du 22 frim. an VII, et l'ordonn. du 22 mai 1816. Ordonn. du 29 oct. 1820, art. 308.

Avant la loi du 22 frim. an VII, les procès-verbaux des gardes champêtres et forestiers n'étaient pas assujettis à l'enregistrement, L. 23 thermid. an IV ; Circ. 7 fructid. an IV, 940. Aujourd'hui ils doivent être enregistrés en débet, lorsque les délits et contraventions intéressent l'État, le domaine de la couronne, ou les communes et les établissements publics. C. for., art. 170; Solut., 28 oct. 1828 ; Décis. min. fin., 1829 ; Inst. 44, 58, 1265, § 9, et 1409.

Jugé en ce sens que les procès-verbaux des gardes champêtres, constatant des délits ruraux ou forestiers, sont, comme tous les actes ayant pour but la poursuite ou la répression des délits et contraventions, soumis au visa pour timbre et à l'enregistrement en débet; le coût de ce visa et de cet enregistrement doit être compris dans la liquidation des frais. Cass., 24 juin 1842.

Doivent également être enregistrés en débet les procès-verbaux de délits commis, dans les bois vendus par l'État, lorsque ces procès-verbaux sont dressés par les agents forestiers, avant que le prix en ait été soldé ; car l'adjudicataire n'est propriétaire incommutable qu'après le payement intégral de son prix. Solut., 2 août 1832.

Les garde-pêches sont assimilés aux agents forestiers pour la formalité d'enregistrement de leurs actes et procès-verbaux. Instr. 63 et 246.

Les procès-verbaux des gardes des particuliers, lors même qu'ils ont pour objet des délits poursuivis d'office par le ministère public, ne peuvent être enregistrés en débet ; à cet égard, la prohibition de la loi du 25 mars 1817 est formelle. Décis. min. fin., 2 mai 1828.

Doivent aussi être enregistrés en débet les procès-verbaux des gardes du génie pour contraventions relatives aux servitudes imposées à la propriété pour la défense de l'État, sauf recouvrement ultérieur des droits sur les contrevenants. L. 29 août 1806 ; Ordonn. 1er août 1821 ; Inst. 998.

Les procès-verbaux des agents des ponts et chaussées, lesquels sont, relativement à leurs fonctions, assimilés aux gardes-forestiers et ruraux. Décis. min. fin., 16 frim. an XI, et 15 déc. 1812.

Ceux pour contravention en matière de grande voirie, sauf recouvrement des droits sur les parties condamnées ou par lesquelles les délits auront été reconnus. Décis. min. fin., 11 frim. et 4 germ. an XI ; Instr. 290, n° 61, et 415, n° 1er.

Ceux des agents voyers (L. 21 mai 1836, art. 11), et de tous autres officiers de police judiciaire, constatant des délits ou contraventions commis sur les chemins vicinaux. Décis. min. fin., 3 juill. 1837 ; Instr. 18 juin 1838, 1562 ; *Contrà*, Instr., 27 janv. 1841.

En matière de roulage, tous les actes postérieurs aux procès-verbaux de contravention, ainsi que les poursuites faites devant les tribunaux ; et les droits sont recouvrés sur les condamnés. Ordonn., 30 déc. 1822 ; Décis. min. fin., 14 mai 1835 ; Instr. 345 et 1498, § 8.

Les simples notes des commissaires de police, énonçant les contraventions poursuivies et indiquant les noms des témoins, ne sont soumises ni au timbre ni à l'enregistrement, car elles ne constituent ni un procès-verbal, ni un rapport, ni un acte quelconque ; si une pareille note avait été, par inadvertance, visée pour timbre et enregistrée en débet, les frais qui pourraient résulter de l'indû accomplissement de ces formalités ne devraient pas être compris dans les dépens. Cass., 34 juin 1842, *Bulletin*, 162.

Il faut en dire autant des rapports des simples agents de police. Ces pièces, qui ne font pas foi en justice et ne valent que comme simples renseignements, ne sont, dit M. Berriat-Saint-Prix, n° 588 *bis*, que les pièces d'administration intérieure, qui ne doivent pas être assujetties à la formalité de l'enregistrement. Au tribunal de simple police de Paris, ajoute le même auteur, où se jugent une si prodigieuse quantité de contraventions révélées par de simples rapports de sergents de ville, ce principe est admis depuis quelques années dans la pratique, d'accord avec l'administration de l'enregistrement.

Quant aux lettres missives et notamment à celles des maires, elles n'ont pas besoin d'être enregistrées pour être produites en justice. Cass., 26 mars 1825 ; *Bulletin*, 57.

SECTION IV.

Foi due aux procès-verbaux. — Procès-verbaux faisant foi jusqu'à inscription de faux. — Procès-verbaux ne faisant foi que jusqu'à preuve contraire.

ART. 1. — Notions générales.—Procès-verbaux *de visu*. — Procès-verbaux *de auditu*. — Aveux de la partie consignés dans un procès-verbal. — Conséquences tirées. — Exceptions de nullité opposables en tout état de cause.

La foi due aux procès-verbaux varie suivant la nature des faits qu'ils sont destinés à constater, et suivant le caractère et la compétence de l'officier public de qui ils émanent. Les uns font foi de leur contenu à tel point que les tribunaux sont contraints de tenir pour vrai ce qu'ils attestent, tant qu'ils ne sont pas attaqués par la voie de l'inscription de faux; les autres, bien que faisant foi des faits qu'ils rapportent, ne conservent leur force probante que tant que la preuve contraire n'a pas été administrée. Il en est, enfin, qui, dressés par un officier public incompétent, ou viciés par quelque nullité, ne font pas foi de leur contenu et ne valent que comme simples renseignements.

Après avoir dit que les contraventions seront prouvées, soit par procès-verbaux ou rapports, soit par témoins, à défaut de rapports ou procès-verbaux, ou, à leur appui, l'article 154 du Code d'instruction criminelle ajoute, en effet : « Nul ne sera admis, à peine « de nullité, à faire preuve par té- « moins, outre ou contre le contenu « aux procès-verbaux ou rapports des « officiers de police ayant reçu de la « loi le pouvoir de constater les délits « ou les contraventions jusqu'à in- « scription de faux. Quant aux procès- « verbaux et rapports faits par des « agents, préposés ou officiers aux- « quels la loi n'a pas accordé le droit « d'en être crus jusqu'à inscription « de faux, ils pourront être débattus « par des preuves contraires, soit « écrites, soit testimoniales, si le tribu- « nal juge à propos de les admettre. » La distinction qui précède n'est pas fondée sur cette idée générale que le degré de force probante, attaché aux divers procès-verbaux, serait en raison, soit de l'importance des fonctions des officiers ou des agents qui les rédigent, soit de la gravité du fait qu'ils doivent constater. Ainsi, les procès-verbaux que rédigent les préposés des administrations fiscales ont plus de force probante que ceux que rapportent la plupart des officiers de police judiciaire.

Il résulte du rapprochement des divers éléments de la législation sur la matière qu'on peut considérer comme principes à peu près généraux : 1° que plus les traces laissées par le fait coupable sont fugitives, et plus est grand le degré de force probante que la loi attache au procès-verbal qui le constate; 2° que le degré de force probante qu'elle attache aux diverses espèces de procès-verbaux que peut rapporter le même fonctionnaire est en raison inverse de la gravité de la peine dont elle punit le fait constaté.

Le même agent n'imprime pas toujours la même autorité à tous les procès-verbaux qu'il rédige, ni même à toutes les parties d'un même procès-verbal. C'est ainsi que la foi, attachée aux procès-verbaux des gardes forestiers et des employés des administrations fiscales, lorsqu'ils constatent seulement des contraventions en matière de délits forestiers ou de contributions, n'est plus aussi grande lorsque leurs procès-verbaux constatent, soit des actes de rébellion, soit des voies de fait où des injures. Dans ce dernier cas, les prévenus peuvent toujours administrer la preuve contraire. Merlin, *Répert.*, v° *Procès-verbal*, § 4 et § 6, n° 16.

C'est ainsi que le procès-verbal d'un garde forestier, constatant un délit de chasse commis dans un bois, n'a pas la même force probante que celui qu'il rapporte pour constater un véritable délit forestier. Mangin, n° 31.

La foi due aux procès-verbaux ne porte que sur les faits que leurs rédacteurs ont reconnus eux-mêmes et qu'ils ont constatés par l'usage de leurs propres organes. Toutefois, l'article 254 du Code d'instruction criminelle n'exige pas que les rédacteurs des procès-verbaux aient verbalisé *de visu;* une contravention serait légalement constatée, si les agents en avaient eu une suffisante connaissance par la simple audition. Ainsi, des gendarmes faisant leur tournée pour s'assurer de la fermeture, à l'heure fixée, des lieux publics d'une commune, un limonadier leur refusa l'entrée de son café, par le motif que l'heure de la clôture était passée; les gendarmes, prêtant l'oreille, entendirent le bruit du jeu de billard dans l'intérieur du café et mentionnèrent ce fait dans leur procès-verbal. Cité, pour avoir conservé dans son établissement des joueurs ou des consommateurs après l'heure, le limonadier fut condamné; et le jugement a été maintenu par la Cour de cassation. Arrêt du 5 juin 1841.

Mais les procès-verbaux de toute nature, quel que soit le degré de force probante que la loi y attache, ne font foi que des faits matériels qu'ils constatent. Les conséquences que les rédacteurs ont tirées de ces faits, en ne les appuyant que sur leur opinion personnelle, n'ont aucune force probante. Mangin, n° 32.

La jurisprudence a fait de nombreuses applications de ce principe. Notamment, il a été décidé que le procès-verbal d'un garde, attestant qu'un filet prohibé, et mouillé, avait été trouvé dans le domicile du prévenu, et en tirant la conséquence que le prévenu s'en était servi pour pêcher, ne faisait pas foi de ce second fait, parce que ce n'était là qu'une simple induction, et non un fait matériel ayant frappé le sens du garde. Cass., 1er mars 1822.

Jugé, d'après les mêmes principes, que si un commissaire de police a caractère pour constater que des eaux ont été répandues sur la voie publique, il ne lui appartient pas de décider que ces eaux sont insalubres, question dont la solution suppose un examen et des connaissances spéciales, tandis qu'un procès-verbal n'est destiné, par sa nature, qu'à constater un fait actuel. Cass., 7 août 1825; Mangin, *Procès-verbaux*, p. 82 et 178.

Lorsque le fait matériel a été constaté par un procès-verbal régulier, ce procès-verbal constate avec le même degré de force probante les aveux et les déclarations des prévenus que les rédacteurs y ont consignés, si ces aveux se rattachent à la matérialité du délit, ou s'ils en font connaître les auteurs (Cass., 10 avril 1830; 6 août 1834, 16 avril 1835; Merlin, *Rép.*, v° *Procès-verbaux*, § 4, n° 13). Mais le procès-verbal ne fait pas foi de la véracité de l'aveu ou de la déclaration. Mangin n'hésite pas non plus à comprendre, parmi les faits matériels dont les procès-verbaux peuvent faire foi, les aveux et déclarations des prévenus que les rédacteurs y ont consignés. «Il est reconnu, dit-il (*Procès-verbaux*, p. 89), que les procès-verbaux font foi des faits matériels qu'ils constatent, et l'on doit entendre par faits matériels tous ceux qui frappent les organes. Or, comment établir une distinction entre les faits qui frappent tel organe des employés plutôt que tel autre, et ne pas ajouter foi à ce qu'ils disent avoir entendu, aussi bien qu'à ce qu'ils disent avoir vu ?» La jurisprudence avait déjà consacré ce principe, en décidant, à plusieurs reprises, qu'un procès-verbal faisait foi des aveux qui s'y trouvaient consignés (Cass., 20 juin 1806, 29 octob. 1811, 6 août 1834; Ch. réun., 16 avril et 30 juillet 1835); mais que des aveux, non appuyés par le fait matériel de la contravention ne donnaient pas une autorité suffisante au procès-verbal qui les avait recueillis. Cass., 31 janvier 1817; Mangin, *Procès-verbaux*, pag. 87.

La rétractation d'un témoin signataire d'un procès-verbal régulier ne pourrait détruire la foi qui lui est due, ni empêcher les tribunaux d'en appliquer les conséquences. Cass., 19 octobre 1809; Mangin, n° 36.

Lorsqu'un procès-verbal n'a pas été soumis à une formalité que la loi déclare substantielle, le prévenu peut invoquer la nullité qui en résulte, par voie d'exception, devant le tribunal de répression. L'exception de nullité peut, dans ce cas, être proposée pour la première fois en Cour d'appel et même devant la Cour de cassation, les nullités en matière criminelle étant d'ordre public. Merlin, *Rép.*, v° *Procès-verbal*, § 4, n° 13; Mangin, n° 14.

ART. 2. — Procès-verbaux faisant foi jusqu'à inscription de faux. — Règles et formes de l'inscription de faux. — Compétence du tribunal de police en cas d'inscription de faux.

Les procès-verbaux, dressés en matière criminelle, auxquels la loi confère le privilége de faire foi en justice jusqu'à inscription de faux, sont :

Ceux des agents forestiers, c'est-à-dire des conservateurs, inspecteurs, sous-inspecteurs et gardes généraux des forêts; et ceux des simples gardes des forêts de l'État ou brigadiers, dans certains cas et suivant certaines conditions.

Ceux des gardes-pêche, lorsque ces procès-verbaux sont dressés et signés par deux agents ou gardes-pêche de l'administration, et encore en certains cas lorsqu'ils sont signés par un seul garde ou agent.

Ceux des employés des octrois.

Ceux des receveurs et des contrôleurs des bureaux de garantie d'or et d'argent.

Ceux des préposés des douanes.

Ceux des gardes des fortifications et du génie.

Ceux des portiers-consignes des places de guerre. Décret du 16 septembre 1811, art. 19.

Les procès-verbaux dressés par les officiers de police administrative ou judiciaire en cas d'outrage dirigé contre leur personne ou de délit commis en leur présence. C. instr. crim., art. 509. —Si le fait constaté par le procès-verbal, dans ce cas, avait les proportions d'un crime, le procès-verbal pourrait être débattu par la preuve contraire devant la juridiction de répression; car l'affaire devrait être portée devant le jury, qui n'est pas obligé de baser sa conviction sur les énonciations d'un procès-verbal.

Il n'y a guère, dit M. Berriat, n. 203, de procès-verbaux faisant foi jusqu'à inscription de faux qui puissent être produits devant les tribunaux de simple police, par la raison que les infractions que ces actes constatent sont, pour la plupart, de la compétence de la juridiction correctionnelle ; tels sont les délits en matière de contributions indirectes et de douanes, les délits et contraventions forestiers poursuivis par l'administration. Je ne vois que les procès-verbaux des employés de l'octroi et des gardes du génie qui soient, parmi les actes faisant foi jusqu'à inscription, du ressort des tribunaux de simple police.

La forme des procès-verbaux des employés de l'octroi et la foi due à ces actes sont fixées par des lois spéciales. Loi du 27 frimaire an VIII, art. 8; Ordonnances du 9 décembre 1814, art. 60, 75, 77. Ces procès-verbaux, régulièrement dressés et dûment affirmés devant le juge de paix, font pleine foi en justice, non-seulement de tous les faits matériels qui constituent une contravention aux lois sur les octrois (Cass., 28 nivôse an XIII; 5 septembre 1834), mais des aveux et déclarations que les employés recueillent de la bouche des parties, et cela tant qu'une inscription de faux n'est pas formée contre le procès-verbal. Cass., 22 février 1811.

Les gardes du génie sont chargés de constater les délits commis sur les fortifications et établissements militaires des places de guerre. Au nombre des infractions de leur compétence à la fois et de celle des tribunaux de simple police, on peut citer les dégâts des bestiaux laissés à l'abandon et les maraudages de bois. Code rural, tit. II, art. 12 et 36. Les procès-verbaux de ces gardes, dûment assermentés, font foi jusqu'à inscription de faux. Loi 29 mars 1806 ; Ordonnance 1er août 1821, art. 31 à 36.

Indépendamment de l'obligation de s'inscrire en faux contre un procès-verbal pour en détruire l'autorité, un prévenu peut arguer de faux même un procès-verbal susceptible d'être infirmé par la preuve contraire.

Une procédure d'inscription de faux peut être dirigée contre un procès-verbal faisant foi jusqu'à inscription de faux, quoique aucune poursuite criminelle ne soit intentée contre le rédacteur du procès-verbal. En général, la loi a pris soin d'indiquer, dans chaque matière spéciale, suivant quelles formes cette procédure serait instruite; ainsi elle est réglée, en matière de délit forestier, par les articles 179 et suiv. du Code forestier ; en matière de contributions indirectes, par le décret du 1er germ. an XIII ; en matière de douanes, par la loi du 9 flor. an VII. Dans le silence des lois spéciales, la procédure serait soumise aux principes qui régissent le faux incident, soit civil, soit criminel. Il est donc nécessaire de connaître les formes et règles tracées pour l'inscription de faux par le Code d'instruction criminelle ; elles sont établies dans les articles 448 et suivants.

Art. 448. Dans tous les procès pour faux en écriture, la pièce arguée de faux, aussitôt qu'elle aura été produite, sera déposée au greffe, signée et paraphée à toutes les pages par le greffier qui dressera un procès-verbal détaillé de l'état matériel de la pièce, et par la personne qui l'aura déposée, si elle sait signer, ce dont il sera fait mention : le tout à peine de 50 francs d'amende contre le greffier qui l'aura reçue sans que cette formalité ait été remplie.

Art. 449. Si la pièce arguée de faux est tirée d'un dépôt public, le fonctionnaire qui s'en dessaisira la signera aussi et la parafera, comme il vient d'être dit, sous peine d'une pareille amende.

Art. 450. La pièce arguée de faux sera de plus signée par l'officier de police judiciaire et par la partie civile ou son avoué, si ceux-ci se présentent. — Elle le sera également par le prévenu au moment de sa comparution. — Si les comparants, ou quelques-uns d'entre eux, ne peuvent pas ou ne veulent pas signer, le procès-verbal en fera mention. — En cas de négligence ou d'omission, le greffier sera puni de 50 francs d'amende.

Art. 451. Les plaintes et dénonciations en faux pourront toujours être suivies, lors même que les pièces qui en sont l'objet auraient servi de fondement à des actes judiciaires ou civils.

Art. 453. Les pièces qui seront fournies pour servir de comparaison seront signées et paraphées, comme il est dit aux trois premiers articles du présent chapitre pour la pièce arguée de faux, et sous les mêmes peines.

Art. 458. Si, dans le cours d'une instruction ou d'une procédure, une pièce produite est arguée de faux par l'une des parties, elle sommera l'autre de déclarer si elle entend se servir de la pièce.

Art. 459. La pièce sera rejetée du procès, si la partie déclare qu'elle ne veut pas s'en servir, ou si, dans le délai de huit jours, elle ne fait aucune déclaration ; et il sera passé outre à l'instruction ou au jugement. — Si la partie déclare qu'elle entend se servir de la pièce, l'instruction sur le faux sera suivie incidemment devant la cour ou le tribunal saisi de l'affaire principale.

Art. 460. Si la partie qui a argué de faux la pièce soutient que celui qui l'a produite est l'auteur ou le complice du faux, ou s'il résulte de la procédure que l'auteur ou le complice du faux soit vivant et la poursuite du crime non éteinte par la prescription, l'accusation sera suivie criminellement, dans les formes ci-dessus prescrites.— Si le procès est engagé au civil, il sera sursis au jugement jusqu'à ce qu'il ait été prononcé sur le faux.—S'il s'agit de crimes, délits ou contraventions, la cour ou le tribunal saisi est tenu de décider préalablement, et après avoir entendu l'officier chargé du ministère public, s'il y a lieu ou non à surseoir.

Art. 462. Si une cour ou un tribunal trouve dans la visite d'un procès, même civil, des indices sur un faux ou sur la personne qui l'a commis, l'officier chargé du ministère public ou le président transmettra les pièces au substitut du procureur général près le juge d'instruction, soit du lieu où le délit paraîtra avoir été commis, soit du lieu où le prévenu pourra être saisi, et il pourra même délivrer le mandat d'amener.

Art. 463. Lorsque des actes authentiques auront été déclarés faux en tout ou en partie, la cour ou le tribunal qui aura connu des faux ordonnera qu'ils soient établis, rayés ou réformés, et du tout il sera dressé procès-verbal. — Les pièces de comparaison seront envoyées dans les dépôts d'où elles auront été tirées, ou seront remises aux personnes qui les auront communiquées ; le tout dans le délai de quinzaine à compter du jour de l'arrêt ou du jugement, à peine d'une amende de cinquante francs contre le greffier.

Nous ajouterons à ces dispositions celle de l'article 246 du Code de procédure civile, d'après laquelle le demandeur en faux qui succombera sera condamné à une amende qui ne pourra être moindre de trois cents francs, et à tels dommages et intérêts qu'il appartiendra.

La plupart des articles du Code d'instruction criminelle sur les règles à suivre en cas d'inscription de faux s'appliquent à l'inscription de faux formulée devant le tribunal de police comme devant les autres tribunaux; ainsi, tout ce qui concerne la signature et le dépôt des pièces, les formalités à remplir par le greffier, le sursis en cas de poursuites criminelles. Mais en est-il de même de l'injonction de suivre incidemment l'instruction sur le faux fait au tribunal saisi de l'action principale?

« Suivant l'article 14 du Code de procédure civile, disent MM. Dalloz dans leur *Répertoire* au mot *Faux incident*, n° 44, « lorsqu'une des par- « ties déclarera vouloir s'inscrire en « faux.... le juge (de paix) lui en « donnera acte : il parafera la pièce, « et renverra la cause devant les ju- « ges qui en doivent connaître, » c'est-à-dire devant le tribunal civil qui a juridiction pour toutes les affaires qui ne sont pas attribuées à des juges spéciaux. — Le juge de paix a un double caractère, celui de juge civil et celui de juge de simple police; l'article 14 du Code de procédure ne s'applique qu'au juge civil : faut-il en conclure qu'en l'absence d'un texte précis qui déclare l'incompétence du juge de paix pour connaître du faux incident criminel, il pourra retenir l'incident et le juger? Le motif qui a fait distraire la connaissance du faux incident civil de la juridiction du juge de paix est tiré, sans doute, de ce qu'il y aurait du danger à confier à un magistrat unique, placé au dernier degré de la hiérarchie judiciaire, la direction d'une procédure aussi importante que celle du faux incident civil. Or, ce motif se rencontre également quand l'inscription de faux est accessoire à un procès de simple police, et il y a même nécessité, dès lors, de renvoyer devant les juges ordinaires. On ne peut opposer l'article 459 du Code d'instruction criminelle; car cet article ne saurait rien prouver, précisément parce qu'il prouverait trop, car telle est sa généralité que, s'il était pris à la lettre, les juridictions spéciales elles-mêmes, par exemple, les tribunaux militaires, seraient compétentes pour statuer sur les inscriptions de faux incident criminel; mais l'article 459 suppose la présence d'un membre du parquet, disposition qui établit naturellement le sens de l'article, la limite de la compétence entre les tribunaux criminels. »

Nous ajouterons à ces observations que rarement l'occasion se présentera, pour le juge du tribunal de police, de retenir la connaissance d'une inscription de faux incident; l'inscription de faux ne se présentera guère que relativement à des procès-verbaux : or, le rédacteur du procès-verbal sera presque toujours vivant; il y aura donc lieu à l'application de l'article 460 qui ordonne dans ces cas le renvoi, et non à la retenue prévue par l'article 459 du Code d'instruction criminelle.

Art. 3. — Procès-verbaux ne faisant foi que jusqu'à preuve contraire. — Quels sont les procès-verbaux qui font foi jusqu'à preuve contraire. — Quel égard doit y avoir le juge.

Les procès-verbaux qui ne font foi que jusqu'à preuve contraire sont :

1° Ceux des juges d'instruction et des procureurs impériaux et de leurs substituts.

2° Ceux des préfets dans les départements et du préfet de police, dans le cas où ces fonctionnaires croient devoir dresser eux-mêmes des procès-verbaux. C. inst. crim., art. 10.

3° Ceux des juges de paix, des commissaires de police, maires et adjoints, et des officiers de police judiciaire en général.

4° Ceux qui sont dressés par la gendarmerie.

5° Ceux des gardes forestiers et gardes-pêche des particuliers.

6° Ceux des gardes forestiers et gardes-pêche attachés à l'administration ou aux communes, lorsque ces gardes dressent un procès-verbal, non comme agents ou préposés de l'administration, mais comme officiers de police judiciaire. En vertu de l'article 16 du Code d'instruction criminelle, les gardes forestiers des bois de l'Etat, des communes ou des établissements publics, constatent des délits ou contraventions dans le territoire pour lequel ils auront été assermentés.

Depuis la loi du 3 mai 1844, les procès-verbaux des gardes forestiers et gardes-pêche qui constatent des délits de chasse ne font plus foi que jusqu'à preuve contraire; sous la législation antérieure, de semblables procès-verbaux faisaient foi jusqu'à inscription de faux.

7° Ceux des gardes champêtres, sans distinction entre les gardes communaux et les gardes champêtres des particuliers.

8° Ceux dressés, en matière de voirie, par les agents voyers, ingénieurs ou conducteurs des ponts et chaussées, cantonniers, préposés aux ponts à bascule, etc.

Nous devons rappeler ici les termes de l'article 154 du Code d'instruction criminelle, sur la foi due aux procès-verbaux : « Quant aux procès-verbaux et rapports, dit cet article, faits par des agents, préposés, ou officiers auxquels la loi n'a pas accordé le droit d'en être crus jusqu'à inscription de faux, ils pourront être débattus par des preuves contraires, soit écrites, soit testimoniales, si le tribunal juge à propos de les admettre. »

Il est de principe que les tribunaux devant lesquels on produit contre le prévenu un procès-verbal faisant foi jusqu'à preuve contraire ne peuvent l'acquitter en déclarant seulement que la preuve du délit ou de la contravention n'est pas résultée des débats; il faut qu'ils aient reconnu et qu'ils déclarent par leur jugement que les assertions du procès-verbal, sur ce point, ont été détruites par une preuve plus forte que le prévenu a administrée. Merlin, *Quest. de droit*, v° *Tribunaux de police*, § 4, *note*; Legraverend, t. I, p. 210; Carnot, art. 154, n. 4; Mangin, n. 38.

Jugé, d'après ce principe, que le tribunal de police saisi d'une contravention à l'arrêté d'un maire qui défend de troubler les spectacles par des huées et sifflets, contravention constatée par le procès-verbal d'un commissaire de police, ne peut, sans méconnaître la foi due à ce procès-verbal, déclarer la contravention non suffisamment justifiée, et renvoyer le prévenu de la poursuite, en se fondant uniquement sur la dénégation de celui-ci. Cass., 11 avril 1844; RÉP. GEN. DES J. DE PAIX, t. V, p. 186.

Que, lorsqu'un procès-verbal d'un commissaire de police constate l'existence d'une contravention, les contrevenants ne peuvent être renvoyés de la poursuite sans que le procès-verbal ait été débattu par la preuve contraire. Cass., 15 juin 1844.

Qu'un tribunal ne peut se fonder sur une prétendue notoriété publique ou sur ses notions personnelles pour écarter les assertions d'un procès-verbal faisant foi jusqu'à preuve contraire. Cass., 24 juillet 1835.

Que lorsqu'une contravention se trouve constatée par un procès-verbal affirmé sous serment, et que la preuve contraire n'a été ni offerte ni rapportée, le juge ne peut renvoyer les prévenus par des motifs en contradiction avec le procès-verbal. Cass., 22 septembre 1834.

Que la connaissance personnelle que le juge pourrait avoir des faits qui ont donné lieu à un procès-verbal de contravention ne saurait détruire la foi due à ce procès-verbal. Cass., 21 mars 1833, et 9 août 1838 ; RÉPERT. GÉN. DES J. DE PAIX, t. IV, v° *Procès-verbaux*, p. 250, n° 39.

Que la foi due, jusqu'à preuve contraire, conformément à l'article 154 du Code d'instruction criminelle, au procès-verbal régulièrement dressé par un garde champêtre, ne peut être considérée comme infirmée par la seule production d'un certificat émané du garde rédacteur de ce procès-verbal, et contenant des déclarations contraires. Un pareil certificat ne saurait avoir en lui-même aucune force probante, ni comme preuve écrite, ni comme preuve testimoniale. Cass., 5 février 1846.

La preuve testimoniale, nécessaire pour détruire la force probante d'un procès-verbal faisant foi jusqu'à preuve contraire, ne saurait consister dans la déclaration de personnes entendues à titre de renseignement et sans prestation de serment. Cass., 21 fév. 1822, 20 juin 1828, et 14 décembre 1832; RÉP. GÉN. DES J. DE PAIX, t. V, v° *Procès-verbaux*, n. 38.

Un rapport d'expert ne détruit la force probante des procès-verbaux qu'autant que l'expert a prêté serment, conformément à l'article 44 du Code d'instruction criminelle. Cass., 7 déc. 1833, 9 oct. 1834, 24 juillet 1835, *ibid.*

Une descente de police ne pourrait également avoir pour effet de détruire la foi due au procès-verbal qu'autant qu'elle aurait été régulièrement ordonnée. Cass., 9 déc. 1830, 27 septembre 1833.

Un tribunal ne peut méconnaître la foi due à un procès-verbal régulier, en se fondant sur les énonciations contraires d'un autre procès-verbal imparfait, bien que ce dernier se trouve relaté dans un troisième procès-verbal régulier. Cass., 6 oct. 1832; RÉPERT. GÉN. DES J. DE PAIX, t. IV, v° *Procès-verbaux*, p. 250, n. 35.

Lorsqu'il résulte d'un procès-verbal régulier qu'un boulanger faisait distribuer à l'une de ses pratiques un pain qui n'avait pas le poids fixé par le règlement de police, le tribunal de police saisi de cette contravention ne peut relaxer le prévenu par l'unique motif que le consommateur auquel le pain était destiné avait commandé de lui donner une seconde cuisson, ce qui était la cause de la diminution du poids constatée par le procès-verbal, alors qu'aucun témoin entendu ou aucune preuve produite n'ont pu servir à former la conviction du tribunal, ou l'autoriser à ajouter à la teneur des constatations résultant de ce procès-verbal. Cass., 27 févr. 1847.

Lorsqu'il résulte d'un procès-verbal régulièrement dressé en présence du contrevenant, et non débattu par la preuve contraire, qu'un boulanger avait dans sa boutique un pain d'un poids inférieur à celui qu'il devait avoir, le tribunal de police saisi de cette contravention ne peut, sans méconnaître la foi due à ce procès-verbal, relaxer le prévenu, sur le motif que, le pain dont il s'agit n'ayant pas été saisi par le commissaire de police, le tribunal se trouve dans l'impossibilité de s'assurer de l'existence de la contravention déniée par le prévenu. Cass., 12 mars 1847.

La laitière dont un procès-verbal, non débattu par la preuve contraire, a constaté, au moyen de galactomètre, que le lait contenait un tiers d'eau, ne peut, sans qu'il y ait violation de la foi due au procès-verbal, être relaxée de la poursuite du ministère public, sous prétexte que le galactomètre n'est pas un instrument infaillible. Cass., 11 sept. 1847.

Lorsqu'un procès-verbal régulier, non débattu par la preuve contraire, constate qu'un certain nombre d'individus ont été trouvés buvant et jouant dans un cabaret après l'heure fixée par un arrêté du maire pour la fermeture des cafés, cabarets et autres lieux publics, le cabaretier ne peut être renvoyé des poursuites exercées contre lui à raison de ces faits, sur le motif que ces individus étaient des gens connus et du pays, qui passaient paisiblement la soirée chez lui, *ainsi qu'il est résulté de l'audience*. Cass., 18 avril 1845; REPERT. GEN. DES J. DE PAIX, t. IV, v° *Pouvoir municipal*, p. 170, n. 17.

Lorsqu'un procès-verbal de flagrant délit, dressé sur la clameur publique, constate qu'un individu a occasionné la blessure d'un cheval par le jet d'une boule, le tribunal de police viole la foi due au procès-verbal, et contrevient aux dispositions du Code d'instruction criminelle qui déterminent les formes de l'instruction à suivre devant les tribunaux de police, s'il relaxe le prévenu de la poursuite sur le motif unique que le procès-verbal ne constate pas suffisamment qu'il soit l'auteur du fait incriminé, et sans que ledit prévenu ait été interrogé, ni aucun témoin entendu. Cass., 7 fév.

Lorsqu'il résulte d'un procès-verbal régulier que des ouvriers qui jetaient des matériaux dans une rivière, en contravention à un arrêté du maire, agissaient de la sorte en exécution des ordres d'une personne qu'ils ont désignée, cette personne peut être légalement poursuivie comme auteur du fait : et le tribunal méconnaît la foi due au procès-verbal en la renvoyant des poursuites, sur sa simple dénégation, et en l'absence de toute preuve contraire, par le motif qu'elle n'a pas commis personnellement ladite contravention. Cass., 6 mars 1815.

Lorsqu'il résulte d'un procès-verbal régulièrement dressé qu'une voiture non attelée et non enrayée a été trouvée, contrairement à un règlement de police, dans une rue en pente, le tribunal de police saisi de cette contravention ne peut relaxer le propriétaire de la voiture, dont le nom est inscrit sur la plaque, et qui, sans offrir la preuve, soit écrite, soit testimoniale, qu'il était étranger à la contravention, et sans même indiquer la personne à laquelle il aurait prêté sa voiture, se borne à soutenir que cette contravention ne lui est pas imputable. Cass., 30 mai 1846.

Lorsqu'il résulte d'un procès-verbal régulièrement dressé par le commissaire de police, et non combattu par la preuve contraire, qu'une voiture a été trouvée stationnant sur la voie publique, pendant la nuit, encombrant la circulation, et dénuée de lanterne, le tribunal de police ne peut relaxer le prévenu sous prétexte que, le procès-verbal n'indiquant aucun laps de temps entre l'arrivée du commissaire de police et l'intervention du conducteur, l'abandon de la voiture ne paraissait pas avoir existé. Cass., 28 août 1846.

Lorsqu'il est constaté par un procès-verbal régulier, et non débattu par la preuve contraire, qu'un individu a fait passer dans un chemin très-étroit, et ne servant qu'à l'exploitation des terres, des troupeaux de mouton, qui, à raison du peu de largeur du chemin, ont fait un tort considérable aux récoltes riveraines, le tribunal de police ne peut refuser d'appliquer à cet individu les dispositions de l'article 475, § 10, Code pénal, relatives au passage sur les terres ensemencées ou chargées de récoltes sur pied, sous prétexte qu'aucune partie civile n'a porté plainte, qu'il s'agissait de l'usage d'un chemin vicinal, n'ayant pas la largeur voulue, et qu'enfin il ne serait pas prouvé que les bestiaux auraient passé sur le terrain longeant le chemin, et causé quelque dommage. C'est là en même temps violer la foi due au procès-verbal, et admettre des excuses non autorisées par la loi. Cass., 24 mars 1848.

Lorsqu'un procès-verbal régulier, non débattu par la preuve contraire, constate l'existence d'une coupure faite à la voie publique, et d'un barrage qui a occasionné l'inondation du chemin, ainsi que les aveux du prévenu à cet égard, le tribunal de police ne peut, sans méconnaître la foi due audit procès-verbal, et alors qu'il ne dément pas le fait du barrage incriminé, relaxer de la poursuite le prévenu, sur le motif qu'il n'est pas établi que ce soit lui qui a opéré la coupure. Cass., 7 fév. 1845.

Lorsqu'un procès-verbal régulier, non débattu par la preuve contraire, constate que le prévenu a fait creuser sur son terrain, le long d'un chemin vicinal, les fondations d'une construction, sans avoir obtenu l'alignement préalable, le tribunal de simple police ne peut, sans excès de pouvoir et sans violer la foi due au procès-verbal, le renvoyer de la poursuite, sur le motif qu'il aurait entrepris ladite construction, non point le long du chemin, mais au centre de sa propriété. Cass., 27 juin 1845.

Lorsqu'un procès-verbal régulier constate que le prévenu a construit sur la rue un mur qui rétrécit d'un mètre la largeur que cette rue doit avoir, le tribunal, en l'absence de toute preuve contraire, ne peut, sans violer la foi due audit procès-verbal, renvoyer ce prévenu des poursuites, en décidant qu'il a observé la largeur fixée par l'autorité. Cass., 21 fév. 1845.

La foi due au procès-verbal constatant qu'un berger a fait paître son troupeau sur un bien communal affecté, par délibération du Conseil municipal, à la dépaissance des bestiaux des indigents, ne peut être infirmée que par la preuve contraire fournie conformément à l'article 154 du Code d'instruction criminelle; mais le tribunal de police ne saurait admettre comme preuve une simple lettre écrite par le maire, et déclarant que le lieu dont il s'agissait était un abreuvoir servant à tout le monde. Cass., 12 septembre 1846.

Jugé que lorsqu'un procès-verbal régulier, et non débattu par la preuve contraire, constate qu'un individu a fait construire, joignant le chemin vicinal, un mur qui présente une usurpation sur la largeur légale de ce chemin, le tribunal saisi de la connaissance de cette contravention ne peut, sans violer la foi due audit procès-verbal, se dispenser d'ordonner la démolition de la construction, sous le prétexte que le prévenu n'a commis aucune usurpation de terrain. Cass., 16 mai 1846.

Dans les cas où les procès-verbaux de délits ou de contraventions ne font pas foi jusqu'à inscription de faux, la loi s'en rapporte à la conscience des magistrats sur la pertinence des faits articulés contre ces procès-verbaux (C. instr. crim., 154). En conséquence, un prévenu ne peut se faire un moyen de cassation du refus fait par un tribunal de l'admettre à la preuve contraire du contenu au procès-verbal dressé contre lui. Cass., 2 fév. 1816.

ART. 4. — Des procès-verbaux valant seulement comme simples renseignements.

Il y a des procès-verbaux qui ne valent que comme renseignements, ce sont ceux des agents préposés ou subalternes de la police municipale, dits sergents de ville, agents de police, héraults de mairie ou inspecteurs de police. Sous l'empire du décret du 19 juillet 1791, les appariteurs de police et autres agents assermentés avaient qualité pour constater les contraventions par des procès-verbaux avec l'assistance et la signature de deux proches voisins, article 12 de ce décret; mais cette disposition doit être considérée comme abrogée, n'ayant été reproduite ni par le Code de brumaire an IV, titre II, ni par le Code d'instruction criminelle.

Jugé, d'après ces principes, qu'on doit ranger parmi les procès-verbaux qui, ne faisant pas foi en justice, ne peuvent valoir que comme simples renseignements, ceux qui sont dressés par les agents de police. Cass., 7 août 1829.

Jugé encore que les rapports des agents de police ne font pas foi en justice ; que, dès lors, ils peuvent être entendus comme témoins, sur les faits relatés dans leurs procès-verbaux. Cass., 13 août 1841.

De même, un simple rapport dressé par des sergents de ville ne fait pas foi jusqu'à preuve contraire, et dès lors, le prévenu d'une contravention constatée par un semblable rapport peut être renvoyé de la plainte, alors même que, n'avouant pas la contravention, il se borne à dire qu'il ignore si elle a eu lieu, et que, d'ailleurs, aucun témoin n'a été produit. Cass., 15 octobre 1842.

Mais aussi les rapports des agents et inspecteurs de police ne sont soumis ni à la formalité de l'affirmation, ni à l'enregistrement même en débet ; ils peuvent être également faits sur papier libre.

Il est, toutefois, une exception au défaut de pouvoirs des inspecteurs de police pour dresser les procès-verbaux réguliers ; elle est relative aux contraventions en matière de poids et mesures ; l'article 29 de l'ordonnance du 17 avril 1839 sur la vérification des poids et mesures nomme les *inspecteurs de police* comme étant chargés de cette vérification.

ART. 5. — De la manière de suppléer à l'insuffisance des procès-verbaux.

Les procès-verbaux ne sont qu'un des moyens de preuve en matière criminelle et notamment pour les contraventions ; il peut donc être suppléé soit à leur nullité, soit à leur insuffisance, par d'autres preuves, comme la preuve testimoniale, l'aveu de la partie. Il existe, il est vrai, certaines contraventions, telles que celles qui ont lieu en matière de contributions indirectes et de douane, dont la loi a dû limiter la preuve ; alors, en effet, que la contravention ne consiste que dans de simples omissions, et que, rapide et fugitive, elle ne laisse aucune trace de son existence, il est indispensable, pour éviter l'arbitraire dans les poursuites, qu'elle soit constatée dans une forme particulière et au moment même où elle a été commise. C'est à ces contraventions que l'on applique la maxime, *Point de saisie, point d'action*, et qu'il est permis d'opposer, avant même d'aborder le fond, l'absence ou la nullité du procès-verbal. Mais la même règle n'est pas applicable aux matières criminelles proprement dites. L'article 154 du Code d'instruction criminelle autorise notamment à prouver les contraventions, soit par procès-verbaux ou rapports, *soit par témoins à défaut de rapports ou de procès-verbaux, ou à leur appui.*

SECTION V.

Officiers ou fonctionnaires appelés à constater les contraventions de police. — Pouvoirs et qualités de ces officiers et fonctionnaires. — Forme particulière de leurs procès-verbaux.

Les fonctionnaires et agents appelés à constater des contraventions de police ne peuvent, en général, comme nous l'avons dit plus haut, dresser que des procès-verbaux faisant foi jusqu'à preuve contraire.

Ont le droit de dresser ces procès-verbaux, le préfet de police dans le département de la Seine ; dans les autres départements, les maires et les adjoints ; les commissaires de police ; les gardes champêtres des communes et les gardes particuliers ; les gardes forestiers des particuliers ; les gendarmes, brigadiers, sous-officiers et officiers de gendarmerie ; les gardes municipaux de Paris ; les agents voyers ; les piqueurs des ponts et chaussées ; les gardes-chaussées ou gardes-digues ; les gardes-mines ; les capitaines, lieutenants et maîtres des ports maritimes ; les gardes-ports sur les rivières et gardes-rivières ; les inspecteurs de la salubrité des comestibles et des médicaments ; les inspecteurs du travail des enfants dans les manufactures ; les vérificateurs des poids et mesures ; les préposés des douanes et des octrois, relativement aux contraventions à la police du roulage.

ART. 1. — Préfets de police à Paris ; préfets des départements, sous-préfets.

D'après l'article 10 du Code d'instruction criminelle, les préfets des départements et le préfet de police à Paris pourront faire personnellement, ou requérir les officiers de police judiciaire, chacun en ce qui le concerne, de faire tous actes nécessaires à l'effet de constater les crimes, délits et contraventions, et d'en livrer les auteurs aux tribunaux chargés de les punir, conformément à l'article 8 du Code d'instruction criminelle.

Les pouvoirs du préfet de police de Paris ont été, par la loi du 10 juin 1853, étendus à tout le département de la Seine.

Les procès-verbaux des préfets ne sont soumis qu'aux formes ordinaires.

Les sous-préfets n'ont pas les mêmes pouvoirs que les préfets ; ils ne peuvent constater que les contraventions à la police des voitures publiques. Ordonn. du 16 juillet 1838, art. 39.

ART. 2. — Procès-verbaux des juges de paix.

Les juges de paix ont qualité pour constater les crimes et les délits, comme auxiliaires du procureur impérial; mais les articles 48 et 49 du Code d'instruction criminelle qui leur confèrent ce droit, placés sous le titre *Officiers de police auxiliaires du procureur impérial*, n'ont aucun rapport avec les contraventions; les juges de paix ne peuvent donc constater les simples contraventions: et cela se conçoit, puisqu'ils sont appelés à les juger.

ART. 3. — Procès-verbaux des maires et adjoints.

Les fonctions que les commissaires de police remplissent dans les villes de cinq mille âmes et au-dessus sont exercées, dans les communes d'une population inférieure, par les maires et adjoints. Les attributions de ces derniers sont donc les mêmes que celles des commissaires de police. C. inst. crim., 11. Voir l'article 4 ci-après.

Dans les communes où il n'y a qu'un commissaire de police, s'il se trouve légitimement empêché, le maire, ou, à défaut de celui-ci, l'adjoint du maire, le remplacera tant que durera l'empêchement. C. inst. crim., 14.

Mais quoiqu'il y ait dans une commune deux ou un plus grand nombre de commissaires de police, et qu'ils puissent et doivent se remplacer les uns les autres, le maire et les adjoints n'en ont pas moins le droit d'exercer la police municipale toutes les fois qu'ils le jugent convenable, et de constater les contraventions.

Les maires, ou adjoints de maire, remettront à l'officier par qui sera rempli le ministère public près le tribunal de police, toutes les pièces et renseignements, dans les trois jours au plus tard, y compris celui où ils ont reconnu le fait sur lequel ils ont constaté. C. instr. crim., 15.

Les procès-verbaux dressés par les maires et adjoints font foi jusqu'à preuve contraire.

ART. 4. — Procès-verbaux des commissaires de police.

Les commissaires de police rechercheront les contraventions de police, même celles qui sont sous la surveillance spéciale des gardes forestiers et gardes champêtres, à l'égard desquels ils auront concurrence et même prévention (art. 11, Code d'instr. crim.). Ils recevront les rapports, dénonciations et plaintes qui seront relatifs aux contraventions de police. Ils consigneront, dans les procès-verbaux qu'ils rédigeront à cet effet, la nature et les circonstances des contraventions, le temps et le lieu où elles auront été commises, les preuves ou indices à la charge de ceux qui en seront présumés coupables. C. d'instr. crim., art. 11.

Dans les communes divisées en plusieurs arrondissements, les commissaires de police exerceront ces fonctions dans toute l'étendue de la commune où ils sont établis, sans pouvoir alléguer que les contraventions ont été commises hors de l'arrondissement particulier auquel ils sont préposés, art. 12.

Ces arrondissements ne limitent ni ne circonscrivent leurs pouvoirs respectifs, mais indiquent seulement les termes dans lesquels chacun d'eux est plus spécialement astreint à un exercice constant et régulier de ses fonctions. *Eodem.*

Lorsqu'un des commissaires de police d'une même commune se trouvera légitimement empêché, celui de l'arrondissement voisin sera tenu d'y suppléer, sans qu'il puisse retarder le service pour lequel il sera requis, sous prétexte qu'il n'est pas le plus voisin du commissaire empêché, ou que l'empêchement n'est pas légitime ou n'est pas prouvé, art. 13. *Eodem.*

Les procès-verbaux des commissaires de police, comme ceux des gardes champêtres des communes et des particuliers, et ceux des gardes-bois de ces derniers, ne font foi que jusqu'à preuve contraire, aucune loi ne leur accordant le privilége d'être crus jusqu'à inscription de faux.

Les simples agents de police, dont la mission consiste à aider les commissaires de police, maires ou adjoints, dans la recherche des contraventions, ne peuvent, comme nous l'avons dit en l'article 4 de la section IV du chapitre précédent, constater ces contraventions par des procès-verbaux faisant foi en justice.

ART. 5. — Procès-verbaux des gendarmes, brigadiers, sous-officiers et officiers de gendarmerie et des gardes municipaux de Paris.

Après quelques hésitations sur la compétence de la gendarmerie pour constater les contraventions de police, il a été reconnu et décidé par de nombreux arrêts que l'article 1er de la loi du 28 germinal an VI, qui a créé le corps de la gendarmerie pour assurer dans l'intérieur le maintien de l'ordre et l'exécution des lois, et pour exercer une surveillance continue et répressive, les autorisait virtuellement à constater les contraventions soit au Code pénal, soit aux règlements locaux de police, et que leurs procès-verbaux à cet égard faisaient foi jusqu'à preuve contraire. Cass., 8 nov. 1838 ; 8 août 1840 ; 22 février 1844.

Les gendarmes sont, en outre, autorisés par plusieurs lois spéciales à constater d'autres contraventions qui rentrent aussi dans les attributions du tribunal de police. Ainsi la police des campagnes leur a été confiée par l'ordonnance du 29 octobre 1820, art. 179, sur l'organisation, les fonctions et le service de la gendarmerie, relativement à l'abandon dans les champs d'instruments dangereux; par le même article, cette ordonnance leur donne notamment pouvoir de verbaliser relativement à la police des grandes routes et du roulage, pouvoir renouvelé, quant à la police du roulage, par la loi du 30 mai 1851 sur la police du roulage (Voir l'article 14 de cette section).

Relativement à l'exécution des règlements sur la police des fleuves et rivières navigables et flottables, des bacs et bateaux de passage, des canaux de navigation et d'irrigation, des desséchements généraux ou particuliers, des plantations pour la fixation des dunes ; même article 179 de l'ordonnance du 29 octobre 1820 ;

Relativement aux contraventions à la police des ports maritimes du commerce; même article.

Ils ont le droit de saisir tous ceux qui porteraient atteinte à la tranquillité publique et qui seraient trouvés exerçant des voies de fait ou violence contre la sûreté des personnes ou des propriétés; de saisir les dévastateurs des bois, des récoltes, lorsqu'ils sont pris sur le fait; de contraindre les voituriers, charretiers et tous conducteurs de voiture, de se tenir à côté de leurs chevaux, et, en cas de résistance, de saisir ceux qui obstrueraient les passages ;

De protéger l'agriculture, de saisir tout individu commettant des dégâts dans les champs ou les bois, dégradant la clôture des murs, haies et fossés, encore que ces délits ne soient pas accompagnés de vols ; de saisir pareillement tous ceux qui seraient surpris commettant des larcins de fruits ou d'autres productions d'un terrain cultivé ;

De dénoncer à l'autorité locale ceux qui, dans les temps prescrits, auraient négligé d'écheniller ;

De s'emparer et remettre sur-le-champ à l'autorité locale les coutres de charrues, pinces, barres, barreaux, échelles et autres objets, instruments ou armes, dont pourraient abuser les voleurs, et qui auraient été laissés dans les rues, chemins, places, lieux publics ou dans les champs ;

De saisir ceux qui tiendraient sur les places publiques, dans les foires et les marchés, des jeux de hasard et autres jeux défendus par les lois et règlements de police.

L'article 79 de l'ordonnance du 29 octobre 1820, duquel résultent tous ces pouvoirs, a été déclaré applicable, notamment par arrêt de la Cour de cassation du 19 juillet 1838, aux contraventions en matière d'échenillage, et, par arrêt du 1er mars 1844, aux contraventions à la police du roulage.

Les gendarmes ont encore le droit de constater les contraventions à la police des hôtelleries et cabarets (loi du 28 germinal an VI, art. 129 et 130 ; Cass., 8 août 1849), et spécialement celles relatives aux registres des logeurs, les hôteliers et aubergistes étant tenus, d'après l'art. 183 de l'ordonnance du 29 octobre 1820, de communiquer à la gendarmerie leurs registres d'inscription des voyageurs, toutes les fois qu'elle leur en fait la demande. Cass., 22 octobre 1831.

La compétence des gendarmes pour constater les contraventions s'étend à toute la circonscription ordinaire de leur brigade ; ordonnance du 29 octobre 1820, art. 179, 188, 208. Ils peuvent même verbaliser contre tout contrevenant qu'ils rencontrent en se rendant en uniforme et en vertu d'ordres réguliers de leur résidence dans une autre. Cass., 4 mars 1808 et 8 mars 1851.

Les mêmes pouvoirs appartiennent aux officiers de gendarmerie, lesquels ont, en outre, droit d'agir et d'instrumenter comme officiers de police judiciaire auxiliaires du procureur impérial. C. inst. crim., 9 et 48.

Les procès-verbaux de la gendarmerie sont établis en double expédition dont l'une est remise dans les vingt-quatre heures à l'autorité compétente, soit pour les contraventions à l'officier qui remplit les fonctions du ministère public près le tribunal de police ; et l'autre est adressée au lieutenant de l'arrondissement : ordonnance du 29 octobre 1820, art. 187. Les procès-verbaux ne sont assujettis à aucune forme particulière, ils peuvent être signés d'un seul gendarme, quoique deux ou plusieurs aient concouru à la constatation de la contravention ; ils ne sont pas soumis à l'affirmation.

Les officiers, sous-officiers, brigadiers de gendarmerie et simples gendarmes prêtent serment devant le tribunal de première instance dans le ressort duquel ils sont employés. Ce serment est renouvelé en cas de promotion à un autre grade, mais non en cas de changement de résidence.

Les *gardes municipaux de Paris*, faisant dans Paris le service de la gendarmerie, ont, pour la constatation des contraventions, les mêmes pouvoirs que les gendarmes; leurs procès-verbaux sont assujettis aux mêmes règles.

ART. 6. — Procès-verbaux des gardes champêtres des communes.

L'objet de l'institution des gardes champêtres est la conservation des récoltes, fruits de la terre et propriétés rurales de toute espèce. Loi des 28 septembre-6 octobre 1791, art. 1er; Code du 3 brumaire an IV, art. 38.

Leur mission consiste à rechercher, chacun dans le territoire pour lequel ils ont été assermentés, les délits et les contraventions de police qui auront porté atteinte aux propriétés rurales. Art. 16, Code d'instruction criminelle.

Le même individu peut être à la fois garde champêtre et garde forestier de la même commune ou des mêmes communes (Code rural, tit. Ier, sect. 7, art. 2). Ces gardes sont nommés par le maire, sauf l'agrément du Conseil municipal; ils doivent être agréés et commissionnés par le sous-préfet; ils peuvent être suspendus par le maire, mais le préfet seul peut les révoquer. Loi du 18 juillet 1837, art. 13.

Ils prêtent, devant le juge de paix du canton, le serment « de veiller à « la conservation de toutes les pro- « priétés qui sont sous la foi publique, « et de toutes celles dont la garde leur « aura été confiée par l'acte de leur « nomination. » Code rural, tit. Ier, sect. VII, art. 5.

Ils dressent des procès-verbaux, à l'effet de constater la nature, les circonstances, le temps, le lieu des délits et des contraventions, ainsi que les preuves et les indices qu'ils auront pu en recueillir. C. instr. crim., art. 16.

Ces procès-verbaux doivent être écrits par eux-mêmes, ou, sur leurs déclarations, par les juges de paix, leurs greffiers, les commissaires de police, les maires et adjoints. Arguments des lois des 27 décembre-5 janvier 1791 et 27 septembre, tit. IV, même année; de la loi du 28 floréal an X, du C. d'instruction criminelle, art. 11. Arrêts de la Cour de cassation, des 1er juillet 1813, 5 février 1825, et de la Cour de Caen, du 27 janvier 1827.

Les maires peuvent employer leurs secrétaires pour écrire, en leur présence, les procès-verbaux des gardes champêtres; ils les authentiquent ensuite par leur signature.

Les procès-verbaux des gardes champêtres doivent être affirmés, dans les vingt-quatre heures, devant le juge de paix. L'affirmation peut aussi être reçue par les suppléants pour les contraventions commises dans le territoire de la commune où ils résident, lorsqu'elle ne sera pas celle de la résidence du juge de paix (Loi du 28 floréal an X, art. 11). Les maires et, à défaut des maires, leurs adjoints, peuvent également recevoir cette affirmation, soit par rapport aux contraventions commises dans les communes de leur résidence autres que le chef-lieu de canton, soit même par rapport à celles commises dans les lieux où résident le juge de paix et les suppléants, quand ceux-ci seront absents. *Eodem*.

Les procès-verbaux dressés par les gardes champêtres doivent être remis par eux, dans les trois jours au plus tard, y compris celui où ils ont reconnu le fait sur lequel ils ont procédé, au commissaire de police de la commune chef-lieu de la justice de paix, ou au maire, dans les communes où il n'y a point de commissaire de police. C. instr. crim., art. 20.

Les procès-verbaux réguliers des gardes champêtres font foi, jusqu'à preuve contraire, des contraventions qu'ils constatent. Loi des 28 septembre-6 octobre 1791, tit. Ier, art. 7.

Les gardes champêtres ne peuvent constater valablement, par des procès-verbaux, les contraventions qui se commettent dans l'intérieur des villes, bourgs et villages, telles que les infractions à la loi du 18 novembre 1814, sur l'observation des fêtes et dimanches, ou celles relatives aux règlements de police, concernant la fermeture des cabarets, etc., leurs pouvoirs ne s'étendant pas au delà des contraventions relatives aux propriétés rurales. Cass., 13 février 1819 et 1er décembre 1837.

Jugé encore, d'après le même principe, que les procès-verbaux d'un garde champêtre ne peuvent faire foi des contraventions concernant le balayage et les embarras des rues d'une Commune. Cass., 7 mai 1840; 2 décembre 1848.

Des contraventions à un règlement sur la petite voirie, 30 octobre 1823; Mangin, p. 200.

De celles aux règlements sur les poids et mesures (Cass., 4 décembre 1835). Les gardes champêtres n'ont pas même qualité pour assister les vérificateurs dans leurs visites, 4 décembre 1835.

De celles aux arrêtés sur le poids du pain; arrêté du Conseil d'État du 15 mai 1851, non imprimé, cité par M. Berriat Saint-Prix, n° 224.

Et les gardes champêtres seraient incompétents pour constater les contraventions à la police urbaine, lors même que le maire de la commune aurait, comme cela se pratique assez fréquemment, fait un arrêté pour les charger de ce soin, ou leur conférer le titre d'appariteur municipal. Les pouvoirs des gardes champêtres sont bornés à la police rurale, et il n'appartient à personne de les étendre; d'un autre côté, la qualité d'appariteur, d'agent de police, que le maire est bien le maître de leur conférer, n'emporte pas avec elle le droit de verbaliser valablement. Berriat, numéro 224. Voir l'article 4 de la section IV du chapitre précédent.

Les gardes champêtres des communes n'auraient pas même pouvoir, à moins qu'ils ne fussent commissionnés à cet effet, conformément aux articles 94 à 99 du Code forestier, de constater les contraventions forestières commises dans les bois de l'État, même dans ceux des communes qui sont soumis au régime forestier., Cass., 13 janvier 1849; sans cette commission, ils ne peuvent constater valablement que les contraventions commises dans les bois des simples particuliers. Même arrêt.

Les gardes champêtres ont le droit de suivre les choses enlevées dans les lieux où elles ont été transportées, et de les mettre en séquestre; ils ne peuvent néanmoins s'introduire dans les maisons, ateliers, bâtiments, cours adjacentes et enclos, si ce n'est en présence soit du juge de paix, soit de son suppléant, soit du commissaire de police, soit du maire du lieu, soit de son adjoint; et le procès-verbal qui doit en être dressé est signé par le fonctionnaire en présence duquel il a été fait. C. instr. crim., art. 16.

« Si les gardes, dit M. Mangin, *Des procès-verbaux*, p. 56, avaient requis, avant de procéder à une visite domiciliaire, l'assistance de l'officier public compétent, et que celui-ci l'eût refusée, la visite à laquelle ils auraient procédé sans lui serait régulière, eût-elle eu lieu contre le gré de celui chez qui elle a été faite. Ce principe résulte de divers textes (avis du Conseil d'État du 20 novembre 1819; ordonn. du 1er août 1827, art. 182; loi 28 avril 1846, art. 237). La raison indique suffisamment que l'officier public ne peut pas, par son refus, mettre les gardes... dans l'impossibilité de constater les délits et les contraventions dont ils soupçonnent et ont reconnu l'existence. Cet officier est coupable envers les citoyens dont il a refusé de protéger le domicile; mais les gardes ont fait ce qui était en eux pour leur assurer cette protection, et c'est tout ce que la loi leur a demandé. » Cette opinion de M. Mangin, adoptée par M. Berriat Saint-Prix, n° 227, ne nous paraît pas devoir être suivie. La constatation des contraventions n'est pas assez importante pour qu'un garde champêtre puisse ainsi être autorisé à forcer le domicile des citoyens, sans les précautions de garantie prescrites par la loi.

Les perquisitions des gardes, pour être légales, doivent être faites pendant le jour, c'est-à-dire, du 1er octobre au 31 mars, de six heures du matin à six heures du soir, et, du 1er avril au 30 septembre, de quatre heures du matin à neuf heures du soir. Code de procédure civile, art. 1037; Berriat Saint-Prix, n° 225.

ART. 7. — Procès-verbaux des gardes champêtres des particuliers.

La loi du 20 messidor an III, article 4, et le Code du 3 brumaire an IV, article 40, donnent à tout propriétaire le droit d'avoir un garde champêtre pour la garde de ses propriétés.

Les fermiers peuvent aussi nommer des gardes champêtres pour la conservation de leurs récoltes. Cass., 27 brumaire an II.

Il n'est pas nécessaire que les gardes champêtres des particuliers soient, comme ceux des communes, agréés par le Conseil municipal.

Tout ce que nous avons dit sur la rédaction et l'affirmation des procès-verbaux dressés par les gardes champêtres des communes, leur remise au commissaire de police, ou au maire, ou à l'adjoint, et sur la foi que ces procès-verbaux ont en justice, s'applique aux gardes champêtres des particuliers.

ART. 8. — Procès-verbaux des gardes des bois des particuliers.

D'après le Code forestier du 31 juillet 1827, les propriétaires qui voudront avoir, pour la conservation de leurs bois, des gardes particuliers, devront les faire agréer par le sous-préfet de l'arrondissement, sauf le recours au préfet, en cas de refus. Art. 117, tit. VIII.

Ces gardes ne pourront exercer leurs fonctions qu'après avoir prêté serment devant le tribunal de première instance. *Eodem.*

Ils ont le droit de rechercher et de constater, par des procès-verbaux, les contraventions commises sur les propriétés confiées à leur garde.

Ils doivent écrire eux-mêmes leurs procès-verbaux, les signer et les affirmer, au plus tard, le lendemain de la clôture desdits procès-verbaux, par-devant le juge de paix du canton, ou l'un de ses suppléants, ou par-devant le maire ou l'adjoint soit de la commune de leur résidence, soit de celle où le délit a été commis ou constaté, le tout sous peine de nullité.

Toutefois, si, par suite d'un empêchement quelconque, le procès-verbal est seulement signé par le garde, mais non écrit en entier de sa main, l'officier public qui en recevra l'affirmation devra lui en donner préalablement lecture, et faire ensuite mention de cette formalité, le tout sous peine de nullité du procès-verbal. Art. 165.

Dans le cas où les fonctionnaires désignés dans l'article ci-dessus auraient négligé ou refusé de recevoir l'affirmation dans le délai qu'il prescrit, les gardes devraient rédiger procès-verbal du refus, et adresser sur-le-champ ce procès-verbal à l'agent forestier, qui en rend compte au procureur impérial. Ordonnance des 1er-4 août 1827, pour l'exécution du Code forestier, art. 182.

Les procès-verbaux des gardes particuliers seront, sous peine de nullité, enregistrés dans les quatre jours qui suivront celui de l'affirmation. Art. 170, 189.

L'acte de citation doit, à peine de nullité, contenir la copie du procès-verbal et de l'acte d'affirmation. Article 172.

Les contraventions en matière forestière seront prouvées, soit par procès-verbaux, soit par témoins, à défaut de procès-verbaux, ou en cas d'insuffisance de ces actes. Art. 175.

Les procès-verbaux dressés par les gardes des bois et forêts des particuliers font foi jusqu'à preuve contraire. Art. 188.

Les procès-verbaux des gardes des bois particuliers doivent être remis au juge de paix, dans le mois, lorsqu'ils ne constatent qu'une simple contravention ; le délai d'un mois court à dater de l'affirmation. Code forestier, art. 191.

Au reste, les dispositions du Code d'instruction criminelle, sur la poursuite des contraventions, sur les citations et délais, sur les défauts, oppositions, jugements, appels et recours en cassation, sont et demeurent applicables à la poursuite des contraventions en matière forestière, sauf les modifications qui résultent du nouveau Code. Art. 187.

Il suit de ce dernier article que les articles 16 et suivants du Code d'instruction criminelle, les articles 20 et 21, 153 et 154 du même Code, sur la poursuite des contraventions dans les bois des particuliers, et sur les procès-verbaux de leurs gardes champêtres, sont applicables aux gardes des bois des particuliers, en tant que le Code forestier ne les a pas modifiés.

Art. 9. — Procès-verbaux des vérificateurs des poids et mesures.

La vérification des poids et mesures a été réglée par la loi du 4 juillet 1837, et par l'ordonnance du 17 avril 1839.

Les vérificateurs saisissent tous les instruments de pesage et de mesurage dont l'usage est interdit par les lois et règlements (Loi, art. 7). Ils doivent recueillir et relater toutes les circonstances qui ont accompagné soit la possession, soit l'emploi des poids et mesures dont l'usage est interdit. Art. 36.

Les vérificateurs dressent leurs procès-verbaux dans les vingt-quatre heures de la contravention par eux constatée ; ils écrivent eux-mêmes ; ils signent et affirment, au plus tard, le lendemain de la clôture desdits procès-verbaux, par-devant le maire ou l'adjoint soit de la commune de leur résidence, soit de celle où l'infraction a été commise : l'affirmation est acquise tant par les maires et adjoints que par les vérificateurs (Ordonnance, art. 41). Les procès-verbaux sont enregistrés dans les quinze jours qui suivent celui de l'affirmation (Ordonn., art. 42). Ils sont remis dans le même délai au juge de paix, qui se conforme aux règles établies par les articles 20, 21 et 139 du Code d'instruction criminelle.

Les procès-verbaux des vérificateurs font foi, en justice, jusqu'à preuve contraire. Loi, art. 7; Ordonnance, art. 34.

Au reste, les vérificateurs ne sont pas chargés exclusivement de la constatation des contraventions aux lois et règlements sur les poids et mesures; le même droit appartient aux officiers de police judiciaire; et l'ordonnance du 17 avril 1839 charge spécialement de l'inspection du débit des marchandises les maires, adjoints, commissaires et inspecteurs de police. Ordon., art. 8 et 9.

ART. 10.—Procès-verbaux des agents voyers, des piqueurs des ponts et chaussées, des ingénieurs, des gardes-chaussées, des gardes-mines.

Les agents voyers sont principalement chargés de la surveillance des chemins vicinaux; ils ne peuvent même constater que les contraventions qui se commettent sur les chemins vicinaux, et ils n'ont aucune attribution relativement à la grande voirie, routes impériales et départementales (Cass., 5 janvier 1838), ni même relativement aux chemins dits ruraux (Cass., 13 décembre 1843), ou aux rues ou places, spécialement aux constructions qui y sont élevées sans autorisation. Cass., 23 janvier 1841.

Les agents voyers sont nommés par les préfets de départements; ils prêtent serment devant le tribunal de première instance. Loi du 21 mai 1836, art. 11.

A la différence des procès-verbaux de contraventions de grande voirie, pour lesquels l'article 2 de la loi du 18 août 1810 exige l'affirmation, les procès-verbaux des agents voyers n'ont pas besoin d'être affirmés.

La compétence territoriale des agents voyers est déterminée par la commission qui leur est donnée. Cette commission place souvent sous leur surveillance un département tout entier.

« En 1850, dit M. Berriat Saint-Prix dans son *Traité* si complet sur les tribunaux de police, il y avait dans soixante-quatorze départements un agent voyer en chef, assisté d'agents d'arrondissements et d'agents cantonnaux de différentes classes. Deux départements étaient privés d'agent en chef; dans trois autres, cet agent et ceux d'arrondissement étaient remplacés par l'ingénieur en chef et les ingénieurs ordinaires des ponts et chaussées. Dans deux autres, il n'y avait, pour diriger les voyers, qu'un ingénieur en chef. Enfin, dans cinq départements, le service était confié tout entier au personnel des ponts et chaussées, ingénieurs en chef et ordinaires, conducteurs et piqueurs placés sous leurs ordres. »

Les agents voyers, conducteurs, cantonniers, chefs, et autres employés du service des ponts et chaussées, sont aussi chargés de constater les contraventions à la police du roulage et des messageries publiques, par la loi du 30 mai 1851, art. 15 (Voir article 14 de cette section).

Les gardes-chaussées ou gardes-digues, inspecteurs des chaussées, bayles ou sous-bayles, ont été institués, par le décret du 14 novembre 1807, pour la garde des digues du Rhin ; et, par le décret du 15 mai 1813, pour la garde des digues du Rhône. Plusieurs des peines portées par ces décrets contre les contrevenants, et notamment par les articles 38, 40 et 43 du décret du 15 mai 1813, font rentrer les contraventions dans la compétence des tribunaux de police.

Les gardes-chaussées sont préposés par les associations syndicales des propriétaires riverains ; leur nomination est confirmée par le préfet ; ils sont assermentés en justice ; ils affirment leurs procès-verbaux devant le juge de paix, et ils en remettent la copie à la Commission centrale. Décret du 15 mai 1813, art. 24 et 26.

Les gardes-mines ont aussi à constater, en quelques circonstances, des contraventions de la compétence et du ressort des tribunaux de police. Ce sont celles relatives à l'exploitation des carrières de pierres calcaires, dites pierres à bâtir, dans le département de la Seine et de Seine-et-Oise ; les règlements des préfets sur l'exploitation de ces carrières ayant été approuvés par un décret impérial du 4 juillet 1813, et formant par conséquent règlement.

Les gardes de mines sont assermentés devant les tribunaux.

Art. 11. — Procès-verbaux des capitaines, lieutenants et maîtres des ports maritimes, des gardes-ports sur les rivières, et des gardes-rivières.

Les capitaines, lieutenants et maîtres des ports maritimes, ont été chargés, par l'ordonnance d'août 1681, livre IV, titre II, article 2, par le décret des 19-13 août 1791, titre III, articles 1, 10 et 15, de veiller à la police des ports et rades de commerce, des quais et chantiers. Ils sont assermentés devant le maire de leur résidence. Leurs procès-verbaux font foi jusqu'à preuve contraire (Cass., 8 juin 1844). Dans l'usage, ces procès-verbaux sont affirmés devant le juge de paix.

Les gardes-ports des rivières sont commissionnés par l'administration des ponts et chaussées, et assermentés devant le juge de paix. Ils verbalisent des délits commis sur les ports, quais, gares, soumis à leur surveillance. Edits d'avril et juin 1704 ; ordonnance du bureau de la ville de Paris, du 25 janvier 1770 ; décisions du ministre de l'intérieur, des 14 prairial an X, et 10 février 1812, Berriat-Saint-Prix, n. 239.

Quant aux gardes-rivières, ils constatent les contraventions à la police des cours d'eau et des rivières non navigables, et en dressent procès-verbal (Lois, 12-20 août 1790, 6 octobre 1791, 14 floréal an II). Ils sont placés sous l'autorité des préfets, comme agents de la police générale des rivières, et non sous celles des maires ; leurs procès-verbaux ne sont pas soumis à l'affirmation. Cass., 23 mars 1838.

Art. 12. — Procès-verbaux des inspecteurs de la salubrité des comestibles et des médicaments.

Les inspecteurs de la salubrité des comestibles et des médicaments sont institués dans quelques grandes villes par l'administration municipale, pour veiller à la salubrité et à la bonne qualité des comestibles et des médicaments, et remplacer dans ces fonctions les commissaires de police. Loi des 19-22 juillet 1791, tit. I, art. 13.

Ces officiers de police sont assermentés ; leurs procès-verbaux ne sont pas soumis à l'affirmation.

ART. 13. — Procès-verbaux des inspecteurs du travail des enfants dans les manufactures.

La loi du 22 mars 1841, sur le travail des enfants dans les manufactures, usines et ateliers, punit, par son article 12, les contraventions à ses dispositions, d'une amende qui ne peut excéder 15 fr., et renvoie devant le juge de paix pour l'application de la peine.

« Le gouvernement, dit l'article 10, établira des inspections pour surveiller et assurer l'exécution de la présente loi ; ces inspecteurs pourront, dans chaque établissement, se faire représenter les registres relatifs à l'exécution de la présente loi, les règlements intérieurs, les livrets des enfants, et les enfants eux-mêmes ; ils pourront se faire accompagner par un médecin commis par le préfet ou le sous-préfet.

« En cas de contravention, dit l'article 10, les inspecteurs dresseront des procès-verbaux, qui feront foi jusqu'à preuve contraire.

ART. 14. — Procès-verbaux des employés des contributions directes, des agents forestiers, des douanes, et des employés des octrois, pour constater les contraventions à la loi sur la police du roulage.

Les agents des contributions indirectes, les gardes des forêts de l'Etat et les agents des douanes ne peuvent constater de contraventions du ressort du tribunal de police, que celles prévues et punies par la loi du 30 mai 1851, sur la police du roulage et des messageries publiques.

D'après l'article 15 de cette loi : « Sont spécialement chargés de constater les contraventions et délits prévus par la présente loi, les conducteurs, agents voyers, cantonniers, chefs et autres employés du service des ponts-et-chaussées ou des chemins vicinaux de grande communication, commissionnés à cet effet ; les gendarmes, les gardes champêtres, les *employés des contributions indirectes, agents forestiers ou des douanes*, et employés des poids et mesures ayant droit de verbaliser, et *les employés des octrois* ayant le même droit.

« Peuvent également constater les contraventions et les délits prévus par la présente loi, les maires et adjoints, les commissaires et agents assermentés de police, les ingénieurs des ponts et chaussées, les officiers et les sous-officiers de gendarmerie, et toute personne commissionnée par l'autorité départementale pour la surveillance de l'entretien des voies de communication.

« Les dommages prévus à l'article 9 (dommages causés par les voitures aux routes et à leurs dépendances) sont constatés, pour les routes nationales et départementales, par les ingénieurs, conducteurs et autres employés des ponts et chaussées commissionnés à cet effet ; et, pour les chemins vicinaux de grande communication, par les agents voyers, sans préjudice du droit réservé à tous les fonctionnaires et agents mentionnés au présent article de dresser procès-verbal du fait de dégradation qui aurait lieu en leur présence.

« Les procès-verbaux dressés en vertu du présent article font foi jusqu'à preuve contraire. »

Art. 18. « Les procès-verbaux rédigés par les agents mentionnés au paragraphe premier de l'article 15 (ci-dessus) doivent être affirmés dans les trois jours, à peine de nullité, devant le juge de paix du canton ou devant le maire de la commune soit du domicile de l'agent qui a verbalisé, soit du lieu où la contravention a été constatée[1].

Art. 19. « Les procès-verbaux doivent être enregistrés en debet dans les trois jours de leur date ou de leur affirmation, à peine de nullité.

Art. 20. « Toutes les fois que le contrevenant n'est pas domicilié en France, la voiture est provisoirement retenue, et le procès-verbal est immédiatement porté à la connaissance du maire de la commune où il a été dressé, ou de la commune la plus proche sur la route que suit le prévenu.

« Le maire arbitre provisoirement le montant de l'amende, et, s'il y a lieu, des frais de réparation, et il en ordonne la consignation immédiate, à moins qu'il ne lui soit présenté une caution solvable.

« A défaut de consignation ou de caution, la voiture est retenue jusqu'à ce qu'il ait été statué sur le procès-verbal. Les frais qui en résultent sont à la charge du propriétaire.

« Le contrevenant est tenu d'élire domicile dans le département du lieu où la contravention a été constatée ; à défaut d'élection de domicile, toute notification lui sera valablement faite au secrétariat de la commune dont le maire aura arbitré l'amende ou les frais de réparation.

Art. 21. « Lorsqu'une voiture est dépourvue de plaque, et que le propriétaire n'est pas connu, il est procédé conformément aux trois premiers paragraphes de l'article précédent.

« Il en est de même dans le cas de procès-verbal dressé à raison de l'un des délits prévus à l'article 8 (usage d'une plaque portant un nom faux).

« Il sera procédé de la même manière à l'égard de tout conducteur de voiture de roulage ou de messageries, inconnu dans le lieu où il serait pris en contravention, et qui ne serait point régulièrement muni d'un passeport, d'un livret ou d'une feuille de route, à moins qu'il ne justifie que la voiture appartient à une entreprise de roulage ou de messageries, ou qu'il ne résulte des lettres de voiture ou des autres papiers qu'il aurait en sa possession que la voiture appartient à celui dont le domicile serait indiqué sur la plaque. »

Art. 22. « Le procès-verbal est adressé, dans les deux jours de l'enregistrement, au sous-préfet de l'arrondissement. »

TITRE VII.

De la compétence des tribunaux de police relativement à la matière (contraventions en général), relativement au lieu et relativement à la personne.

Nous avons dit, au titre IV ci-dessus, quelle était la juridiction des tribunaux de police des juges de paix, et quelle est la juridiction des tribunaux de police des maires. Quant à ce qui touche à la juridiction des tribunaux de police des maires, nous n'aurons à ajouter que quelques principes généraux, que l'on trouvera au nombre de ceux relatifs à la compétence des tribunaux de police présidés par le juge de paix. Nous nous occuperons donc principalement de la juridiction et de la compétence des tribunaux de police des juges de paix.

La compétence des tribunaux criminels ne dépend pas seulement du

(1) Il ne paraît pas cependant que les officiers qui, dans l'usage, n'affirment pas leurs procès-verbaux, soient soumis à cette affirmation.

caractère du délit, de la peine qui lui est applicable, de la *matière* qui est soumise au tribunal; elle dépend aussi du *lieu* où la contravention a été commise, et de la *personne*, c'est-à-dire du domicile ou de la qualité de la *personne*. Nous diviserons donc ce titre en trois chapitres : le premier, de la compétence à raison de la *matière;* le second, de la compétence à raison du *lieu;* le troisième, de la compétence à raison de la *personne*.

CHAPITRE PREMIER.

De la compétence des tribunaux de police des juges de paix, à raison de la matière. — Contraventions connexes à un délit. — Règlement de l'autorité administrative, et anciens règlements portant des peines supérieures aux peines de police. — Contraventions forestières commises dans les bois de l'Etat et des communes. — Contraventions en matière de grande voirie, routes, rivières et canaux navigables et flottables ; usurpation sur les chemins ; application de l'amende ; application des peines corporelles. — Infraction à la police des ports maritimes. —Contraventions commises par les entrepreneurs de travaux publics. — Contraventions commises dans les ateliers et entre patrons et ouvriers. — Compétence du préfet de police, des maires, des prud'hommes et du tribunal de police. — Infractions aux lois sur l'exercice de la médecine et de la chirurgie. — Contraventions commises dans les lazarets.

Sous le même titre IV déjà cité, et particulièrement dans le chapitre I et dans le chapitre III de ce titre, et aussi au titre V, portant définition des contraventions, et traitant des peines, de leur application, de la récidive, de la complicité, de la responsabilité civile, de l'action publique et de l'action civile, nous avons déjà donné quelques notions sur la compétence des tribunaux de police. Ainsi, nous y avons défini la *contravention*, et limité, par conséquent, la juridiction des tribunaux de police dans la généralité des infractions aux lois pénales, en même temps que nous avons indiqué la ligne séparative entre la compétence des juges de paix et la compétence des maires comme juges de police.

Les tribunaux de police sont institués pour prononcer sur les *contraventions*. « La connaissance des contra- « ventions de police est attribuée aux « juges de paix et aux maires. » Cod. instr. crim., 138.

« Sont considérés comme contraven- « tions de police simple les faits qui, « d'après les dispositions du quatrième « livre du Code pénal, peuvent donner « lieu soit à 15 fr. d'amende ou au- « dessous, soit à cinq jours d'empri- « sonnement ou au-dessous, qu'il y ait « ou non confiscation des choses sai- « sies, et quelle qu'en soit la valeur. » C. inst. crim., 137.

Ces deux articles 137 et 138 du Code d'instruction criminelle fixent, dans les termes les plus clairs, la compétence des juges de paix à raison de la matière : comme on le voit, elle dépend uniquement de la peine appliquée au délit.

Cependant quelques explications sont nécessaires.

Et d'abord, lorsque des contraventions se trouvent connexes à un délit, elles doivent être portées, avec ce délit, devant le tribunal de police correctionnelle : le principe de l'indivisibilité des procédures le veut ainsi, principe posé dans l'article 226 du Code d'instruction criminelle.

L'article 227 du même Code définit, comme suit, la connexité : « Les délits « sont connexes, soit lorsqu'ils ont été « commis en même temps par plu- « sieurs personnes réunies, soit lors- « qu'ils ont été commis par différentes « personnes, même en différents temps « et en divers lieux, mais par suite

« d'un concert formé à l'avance entre « elles; soit lorsque les coupables ont « commis les uns pour se procurer « les moyens de commettre les autres, « pour en faciliter, pour en consom- « mer l'exécution, ou pour en assurer « l'impunité. »

Lorsque le juge du tribunal de police rencontre une contravention connexe à un délit, ce qui peut arriver très-fréquemment, comme dans les cas de coups portés et de violences exercées au milieu de bruits et tapages troublant la tranquillité publique (C. pén., 311 et 479, n. 8), de blessures faites à un passant par suite du jet par une croisée de choses de nature à nuire (C. pén., 230 et 471, n. 6), le juge du tribunal de police doit renvoyer devant le tribunal de police correctionnelle. Cass., 4 août 1827, et 3 novembre 1826.

L'art. 471, n. 15, du C. pén., punit d'une amende de 1 fr. à 5 fr. inclusivement : « 15° Ceux qui auront con- « trevenu aux règlements légalement « faits par l'autorité administrative, « et ceux qui ne se seront pas confor- « més aux règlements ou arrêtés pu- « bliés par l'autorité municipale. » Or, il est arrivé que certains règlements de préfets ont établi pour sanction une amende bien supérieure à 15 fr. Mais, comme le juge doit appliquer la disposition du Code pénal, et non la peine portée par le règlement lui-même, il ne s'en trouve pas moins compétent. Voir ci-dessus, p. 62 et 63, et Cass., 10 avril 1823.

Quant aux anciens règlements et arrêtés de police, nous avons dit aussi, p. 63 ci-dessus, qu'ils ont encore force exécutoire lorsqu'ils statuent sur des objets qui n'ont été réglés ni par le Code pénal ni par les lois postérieures; mais que, si ces règlements prononcent des peines plus fortes que les peines de police ordinaires, elles doivent être réduites au taux des peines de police. Cette dernière proposition, basée sur la jurisprudence de la Cour de cassation (voir ci-dessus, page 63, 1re colonne), est de la plus haute importance pour les tribunaux de police, puisque, si la peine des anciens règlements est conservée, les contraventions que plusieurs d'entre eux prévoient tombent dans la classe des délits et par conséquent dans les attributions du tribunal de police correctionnelle, tandis que si toutes les peines, sans exception, sont réduites aux peines de simple police, c'est-à-dire si l'on comprend toutes les contraventions prévues par ces règlements dans la classe de celles du n° 15 de l'article 471 du Code pénal, *Contraventions aux règlements légalement faits par l'autorité administrative,* on les fera rentrer dans les attributions du tribunal de police.

Mais, objecte-t-on à la jurisprudence de la Cour de cassation, c'est l'article 484 du Code pénal qui a fait revivre ou qui a maintenu ces règlements anciens. « Dans toutes les matières, dit cet article, qui n'ont pas été réglées par le présent Code et qui sont réglées par des lois et règlements particuliers, les Cours et tribunaux continueront de les observer. » Observer ces règlements n'est-ce pas en appliquer la peine ?

A cela l'on oppose que plusieurs des peines édictées par les anciens règlements sont inconciliables avec notre législation actuelle : ainsi, l'amende arbitraire, le fouet, les galères. Il faut donc reconnaître, avec la Cour de cassation, que l'article 484, en sanctionnant les anciens règlements, n'a eu en vue que les *défenses* y contenues, mais non les *peines*.

Cependant le tribunal de police correctionnelle de la Seine et la Cour impériale de Paris appliquent journellement, avec leur pénalité, d'anciennes ordonnances de police, notamment l'ordonnance du lieutenant général de police, du 6 novembre 1778, concernant les femmes de mauvaise vie, qui prononce 200, 400 et même 500 livres d'amende ; l'ordonnance du même, du 8 novembre 1780, concernant la sûreté publique, les cabarets, les brocanteurs, etc., qui porte des amendes de 100 à 400 livres (arrêts des 18 février et 3 avril 1846). « La Cour de cassation elle-même, dit M. Berriat Saint-Prix, qui cite ces arrêts et en adopte la doctrine, a récemment déclaré obligatoires, *défenses* et *peines* : 1° la déclaration du 30 mai 1731, sur la pêche du varech ou goëmon, Cass., 2 septembre 1842 ; 19 décembre 1846 ; 18 février 1848 ; 7 février 1851 ; 2° des ordonnances portant règlement de police de 1722, 1727, 1784, touchant la composition des équipages des navires marchands, Loi du 22 germinal an XI, art. 12, Cass., 9 juillet 1829 ; 9 janvier 1835 ; 22 février 1840 ; 3° l'édit de février 1776, article 6, concernant les bouchers et les boulangers, Cass., 30 juillet 1829 ; 4° l'arrêt du Parlement de Paris, du 23 juillet 1748, sur les apothicaires ; et ces décisions s'appuient principalement sur l'article 464 du Code pénal, lequel est aussi la base du système que j'adopte. »

Il est difficile de donner un avis ferme, en présence de ces divergences. Dans la plupart des cas, les juges de paix pourront rapprocher les anciens règlements de ceux publiés par l'autorité municipale en vertu des articles 3 et 4, titre XI, de la loi des 16-24 août 1790, et de l'article 46, titre Ier, de la loi des 19-22 juillet 1791, et alors la contravention rentrera nécessairement dans les attributions du tribunal de police.

Il y aurait lieu, nous le pensons du moins, de distinguer encore entre les pouvoirs desquels sont émanés les anciens règlements, et d'examiner la nature et l'étendue des prescriptions qu'ils renferment. Ainsi, lorsque, par arrêt du 17 décembre 1841, la Cour de cassation a déclaré que les lettres patentes du 1er novembre 1781, qui font défense, en exécution des règlements relatifs au commerce du gibier et de la volaille sur le carreau de la vallée de Paris, aux marchands forains, d'exposer et de débiter ailleurs, sous peine de saisie et confiscation des marchandises et des voitures et de 100 francs d'amende, que ces lettres patentes ne doivent pas, en cas de contravention, être prises pour base de la décision relativement à la saisie et à l'amende, et que les anciens règlements n'entraînent aujourd'hui, comme les arrêtés rendus par les maires, que l'application des art. 471 et 474 du Code pénal, la Cour statuait sur une ancienne ordonnance s'appliquant tout particulièrement à la ville de Paris, ayant un caractère en quelque sorte municipal. Au contraire, quand, par arrêt du 2 septembre 1842, la même Cour cassait le jugement d'un tribunal de simple police, en déclarant ce tribunal incompétent pour connaître des contraventions relatives à la pêche du goëmon et du varech, parce que les arrêtés des préfets relatifs à cette pêche, pris en vertu d'un arrêté consulaire du 18 thermidor an X, ne peuvent être basés que sur une déclaration du roi du 30 mai 1731, basée elle-même sur les dispositions antérieures du titre X, livre IV, de l'ordonnance du mois d'août 1681, et prononçant une amende de 50 livres au minimum, la Cour prononçait sur l'application d'une véritable loi ancienne, dont les dispositions n'avaient pas un caractère d'intérêt local ou municipal, mais étaient générales et concernaient tout le territoire.

Il faut encore excepter de la compétence des tribunaux de police les contraventions commises dans des bois de l'Etat et des communes, même dans les bois des particuliers indivis avec l'État ou avec les communes.

D'après l'article 171 du Code forestier, toutes les actions et poursuites exercées *au nom de l'administration générale des forêts, et à la requête de ses agents*, en réparation de délits ou contraventions en matière forestière, sont portées devant les tribunaux correctionnels, lesquels sont seuls compétents pour en connaître.

D'après l'art. 190, « Il n'est rien changé aux dispositions du Code d'instruction criminelle, relativement à la compétence des tribunaux pour statuer sur les délits et contraventions *commis dans les bois et forêts qui appartiennent aux particuliers.* »

Les juges de paix restent donc, aux termes de l'article 139 du Code d'instruction criminelle, compétents pour prononcer sur les contraventions forestières poursuivies à la requête des particuliers, et que la loi ne frappe que d'une amende de 15 francs et au-dessous, et d'un emprisonnement de cinq jours et au-dessous.

Les délits et contraventions en matière forestière sont prévus et punis par le titre XII du Code forestier, intitulé *Des peines et condamnations pour tous les bois et forêts en général;* en se reportant à ces articles, on distinguera facilement, d'après la peine, les contraventions dont la connaissance est attribuée aux tribunaux de police.

Les contraventions en matière de grande voirie, lors même qu'elles n'entraînent que des peines applicables par le tribunal de police, sont aussi, sauf les exceptions ci-après, en dehors de la compétence des tribunaux de police. Et la grande voirie comprend non-seulement ce qui concerne les routes impériales et départementales, mais les constructions sans autorisation sur ces routes, dépôts de matériaux, etc. (loi du 29 floréal an X, art. 1er), mais aussi tout ce qui concerne des rivières navigables ou flottables, les canaux entretenus par l'Etat. Même loi.

Toutefois, la répression des délits en matière de grande voirie n'appartient à l'autorité administrative qu'en ce qui a rapport à l'application de peines pécuniaires. Quant aux peines corporelles, c'est aux tribunaux seuls à les prononcer. — Et si le même délit emporte des peines de l'une et de l'autre espèces, il doit y avoir deux décisions distinctes, soit par l'une, soit par l'autre autorité. L. 29 floréal an X, art. 4.

Cette doctrine a été consacrée par un décret du 2 février 1808, rendu en Conseil d'Etat: « Considérant, dit ce décret, que la loi du 29 floréal an X n'attribue aux Conseils de préfecture la connaissance des contraventions et dégradations, en matière de grande voirie, qu'en ce qui concerne l'application des peines pécuniaires; que, par conséquent, dans le cas où ces délits entraîneraient des peines corporelles, c'est aux tribunaux correctionnels à les prononcer. »

Ainsi, encore, les tribunaux de préfecture seraient seuls compétents pour prononcer sur l'application des peines pécuniaires en cas d'infraction aux arrêtés et règlements généraux sur la grande voirie, par exemple, sur la direction des bateaux à vapeur dans les rivières, tandis que des peines corporelles, applicables aux mêmes contraventions, devraient être, s'il y avait lieu, et si elles rentraient dans la compétence des tribunaux de police, prononcées par le tribunal de police. Cass., 5 janvier 1839; Ordon. Cons. d'Etat, 9 novembre 1839.

Mais il faudrait, pour que le Conseil de préfecture dût connaître ainsi exclusivement de la contravention, même pour les peines pécuniaires, que cette contravention constituât une anticipation ou une détérioration sur les grandes routes ou rivières, ou un empêchement ou entrave quelconque à la libre circulation. S'il ne s'agissait, par exemple, que d'un règlement sur le transport d'un voyageur aux bateaux à vapeur, sur les embarcations servant à ce transport, comme la circulation générale sur la voie navigable ne s'y trouverait plus intéressée, ce serait au tribunal de police que devraient être déférées les infractions à ce règlement; ainsi l'a jugé un arrêt de la Cour de cassation, du 14 novembre 1835; et, comme cet arrêt renferme une théorie complète sur cette matière hérissée de difficultés, nous croyons devoir le rapporter ici.

« Vu, dit la Cour, les articles 1 et 2 de la loi des 16-24 août 1790; 137, 138 C. inst. crim.; les articles 1 et 4 de la loi du 29 floréal an X; les n. 1 et 5 de l'article 3, titre II, de ladite loi de 1790, et l'article 46, titre I, de celle des 19-22 juillet 1791, en vertu desquelles l'autorité municipale peut prendre toutes les mesures qu'elle juge nécessaires pour la sûreté de la voie publique, et pour prévenir les accidents calamiteux; — l'article 4 de l'ordonnance royale, du 2 avril 1823, qui assujettit les bateaux à vapeur aux règlements particuliers du préfet, pour ce qui se rapporte à la police des départs et à la sûreté des embarcations; — l'article 1 de l'arrêté du préfet du département de la Gironde, du 25 mai 1826, conçu en ces termes: « A compter du 10 juillet prochain, les bateaux employés à porter des voyageurs à bord des bateaux à vapeur devront être construits à varangues plates, et d'une capacité suffisante pour recevoir au moins trente personnes... » — Les articles 1 et 2 d'un autre arrêté de ce même fonctionnaire, en date du 16 octobre 1834, et dont la teneur suit: « Article 1. Partout où il existe des débarcadères pour faciliter l'embarquement ou le débarquement des voyageurs, les propriétaires de bateaux à vapeur, ou leurs représentants, feront établir des bateaux qui seront seuls chargés de ce service, sous la responsabilité desdits propriétaires; — Article 2. Ces bateaux, qui ne pourront être conduits que par des marins valides, devront être conformes, en tous points, aux dispositions de l'arrêté préfectoral du 25 mai 1826. » — Ensemble l'art. 471, n. 15, du C. pén.

« Attendu, en droit, qu'il résulte de la combinaison des quatre premiers articles précités que les tribunaux de simple police sont exclusivement compétents pour réprimer toutes les contraventions aux lois et règlements de police qui ne sont pas expressément dévolues à une autre juridiction; — Que la loi du 19 mai 1802 (29 floréal an X) n'attribue aux Conseils de préfecture le jugement des infractions aux règlements émanés de l'autorité administrative, que lorsqu'elles constituent soit une anticipation ou une détérioration sur les grandes routes, sur les canaux, fleuves et rivières navigables ou flottables, et tout ce qui en depend, soit un empêchement ou une entrave quelconque à la libre circulation sur les communications de grande voirie, ou au libre cours des eaux de ces canaux, fleuves et rivières ; — Que la disposition limitative et restrictive de cette loi ne permet pas d'étendre la juridiction exceptionnelle de ces Conseils sur des faits qu'elle ne leur défère point formellement : d'où la conséquence que la répression des contraventions aux règlements qui intéressent notamment la sûreté desdites communications ne doit appartenir qu'aux tribunaux ordinaires.

« Et attendu, en fait, qu'il ne s'agit, dans l'espèce, que d'une infraction aux arrêtés précités, et spécialement aux articles 1 et 2 de celui du 16 octobre 1834, laquelle est prévue et punie par l'article 471, n. 15, du Code pénal ; que, dès lors, le tribunal de simple police de Bordeaux, en se déclarant incompétent pour prononcer sur la contravention, après l'avoir d'abord réprimée par défaut, a faussement appliqué les articles ci-dessus visés ; — CASSE, etc. »

La loi du 30 mai 1851 sur la police du roulage partage aussi la connaissance des contraventions qu'elle détermine entre les Conseils de préfecture, les tribunaux correctionnels et les tribunaux de police. Nous avons, dans les *Annales et journal des justices de paix*, 2e série, tom. IV, p. 4, établi et commenté les règles de compétence résultant de cette loi. Quoiqu'elle dispose relativement aux voitures qui circulent sur les chemins vicinaux tout aussi bien qu'à celles qui circulent sur les routes impériales et départementales, un examen attentif fera remarquer qu'elle défère tout particulièrement aux Conseils de préfecture les contraventions relatives à la libre circulation, et, si l'on peut s'exprimer ainsi, aux mesures de sûreté générale. Cependant, il faut reconnaître qu'elle apporte quelques changements aux règles précédentes, surtout relativement aux contraventions sur les chemins vicinaux.

C'est le tribunal de police, et non le Conseil de préfecture, qui est compétent pour prononcer sur les contraventions relatives à l'embarras de la voie publique, et aux règlements et arrêtés concernant la voirie, lorsque ces contraventions sont commises sur la partie des routes impériales ou départementales longeant ou traversant les rues et places des villes, bourgs et villages, la loi du 29 floréal an X n'étant pas restrictive des règles générales sur la police de la voirie urbaine. Cass., 8 avril 1839, Chambres réunies. Ainsi il faut examiner, dans ces cas, si la contravention a le caractère d'une infraction à la petite voirie, Cass., 7 juillet 1838, 24 février 1842 ; car, s'il s'agissait d'une anticipation ou d'une détérioration sur une grande route, même dans l'intérieur d'une ville, le Conseil de préfecture serait seul compétent. Cass., 8 avril 1839, Chambres réunies.

Les Conseils de préfecture prononcent aussi seuls sur les usurpations des chemins vicinaux, et sur le rétablissement des lieux dans leur état primitif ; ainsi l'a jugé le tribunal des Conflits, par arrêt du 21 mars 1850.

Il résulte du même arrêt que l'interprétation de l'arrêté du maire qui détermine l'alignement d'un chemin vicinal est aussi de la compétence de l'autorité administrative; mais c'est aux tribunaux, et particulièrement aux tribunaux de police, en vertu de l'article 479 du Code pénal, n° 11, qu'il appartient de prononcer les peines encourues par suite de l'usurpation.

Les infractions aux règlements sur la police des ports maritimes ont été aussi attribuées aux Conseils de préfecture par le décret du 10 avril 1812, qui déclare « le titre IX du décret du « 16 décembre 1811, relatif à la ré- « pression des délits de grande voirie « applicable aux canaux, rivières na- « vigables, *ports maritimes, de com-* « *merce et travaux à la mer*, sans « préjudice de tous les autres moyens « de surveillance ordonnés par les « lois et décrets, et des fonctions des « agents qu ils instituent. »

L'article 4 de la loi du 28 pluviôse an VIII attribue aux Conseils de préfecture la connaissance des torts et dommages procédant du fait personnel des entrepreneurs des travaux publics, dans les cas où ces entrepreneurs se sont conformés strictement aux termes du contrat existant entre eux et l'administration, et aux autorisations qui leur avaient été données, et où ils ne se sont exposés, qu'en s'y renfermant, à la poursuite dont ils ont été l'objet. Un arrêt de la Cour de cassation du 1er juillet 1843 a jugé que, dans le cas contraire, c'est-à-dire lorsque les entrepreneurs ne se sont pas strictement conformés aux actes administratifs fixant leurs droits, ils sont justiciables des tribunaux ordinaires et même des tribunaux de police, si le fait constitue une contravention de police punissable; il s'agissait d'une extraction de pierres opérée par un entrepreneur sur le territoire de la commune de Tréloup. « Attendu, porte « l'arrêt, que les articles 2 et 3 de « l'arrêté par lequel le préfet du dé- » partement de l'Aisne a autorisé « l'extraction des pierres meulières « dont il s'agit interdisaient expressé- « ment à Liétot de la commencer avant « de s'être entendu avec les proprié- « taires, pour le règlement de l'indem- « nité, ou d'avoir fait fixer celle-ci « par le Conseil de préfecture; —Qu'il « est constant, néanmoins, que cette « condition irritante n'a point été ac- « complie; que ledit Liétot, n'ayant « pu s'accorder à l'amiable avec le « maire de Tréloup, ainsi qu'il l'a « reconnu par son acte d'offres du « 7 novembre 1842, devait, selon l'ar- « ticle 3 précité, recourir à la juridic- « tion administrative, et n'entrepren- « dre ses travaux que lorsqu'elle aurait « prononcé; — Que le tribunal de « simple police de Condé a donc « compétemment constaté et réprimé « la contravention résultant de l'inac- « complissement de cette obligation. »

Une autre exception remarquable à la compétence des tribunaux de police pour prononcer sur les contraventions résulte des lois relatives aux ouvriers et à la juridiction des prud'hommes.

L'article 19, titre V, de la loi du 22 germinal an XI, est ainsi conçu :

« Toutes les affaires de simple po- « lice entre les ouvriers et les ap- « prentis, les manufacturiers, fabri- « cants et artisans, seront portées, à « Paris, devant le préfet de police, « devant les commissaires généraux « de police dans les villes où il y en « a d'établis; et, dans les autres lieux, « devant le maire ou un des adjoints.

« Ils prononceront, sans appel, les « peines applicables aux divers cas,

« selon le Code de police municipale « (du 3 brumaire an IV, aujourd'hui « Code pénal, art. 471 et suiv.).

« Si l'affaire est du ressort des tri- « bunaux de police correctionnelle « ou criminelle, ils pourront ordonner « l'arrestation provisoire des préve- « nus, et les faire traduire devant le « magistrat de sûreté. »

Plus tard, le décret du 3 août 1810, article 4, a attribué la même compétence aux Conseils des prud'hommes, en ces termes :

« Tout délit tendant à troubler « l'ordre et la discipline de l'atelier, « tout manquement grave des appren- « tis envers leurs maîtres, pourront « être punis, par les prud'hommes, « d'un emprisonnement qui n'excé- « dera pas trois jours, sans préjudice « de l'exécution de l'article 19, tit. V, « de la loi du 22 germinal an XI, et « de la concurrence des officiers de « police et des tribunaux.

« L'expédition du prononcé des « prud'hommes, certifié par leur se- « crétaire, sera mise à exécution par « le premier agent de police ou de la « force publique, sur ce requis. »

Tels sont les textes sur la juridiction extraordinaire accordée au préfet de police de Paris, aux maires ou aux adjoints dans les autres lieux, et aux Conseils de prud'hommes là où ils sont établis.

La disposition générale du décret du 3 août 1810, *tous délits tendant à troubler l'ordre et la discipline de l'atelier*, ou celle aussi générale de l'article 19, titre V, de la loi du 22 germinal an XI, *toutes les affaires de simple police entre les ouvriers et les apprentis, les manufacturiers, fabricants et artisans*, portent à croire que ces dispositions s'appliquent aux fabricants ou marchands-fabricants comme à l'ouvrier; mais la juridiction des prud'hommes doit être circonscrite, en matière de police, dans les fabriques, et ne s'appliquer qu'aux individus qui travaillent dans les fabriques. En outre, elle doit se borner au ressort, à la circonscription des Conseils des prud'hommes, tels qu'ils sont limités et définis par le règlement d'administration publique qui a créé le Conseil et qui lui a attribué juridiction.

Il suit de là que si, parmi les individus qui ont troublé l'ordre et la discipline de l'atelier, se trouvent des personnes étrangères, pour l'une ou l'autre des causes ci-dessus, aux fabriques comprises sous la juridiction du Conseil, ces personnes ne seront pas ses justiciables. Le Conseil devra les renvoyer devant les juges compétents. En matière criminelle, devant un tribunal d'exception, la loi n'admet pas le principe de la connexité.

Le décret ayant laissé la concurrence aux officiers de police et aux tribunaux, c'est à ceux qui ont été saisis du fait les premiers qu'appartient le droit de poursuivre et de juger. De même, la connaissance demeure aux prud'hommes, s'ils ont été les premiers saisis. Il faut bien accorder le droit de juridiction à la priorité, puisque deux tribunaux d'égal degré ne peuvent pas prononcer à la fois sur un même fait.

Cependant il a été jugé que les décisions rendues par les prud'hommes-pêcheurs, à raison d'un délit ou d'une contravention reprochée à l'un de leurs justiciables, ne font point obstacle à l'exercice de l'action publique, pour l'application des peines portées par les lois, et que ces décisions doivent être regardées comme simplement disciplinaires. Cass., 9 avril 1836. Dans l'espèce, il s'agissait d'un délit puni par la loi de 300 fr. d'amende au minimum. Les prud'hommes-pêcheurs, qui ne pouvaient pas prononcer une pareille peine, avaient condamné le délinquant à 4 fr. d'amende. Il opposait le *Non bis in idem* devant le tribunal correctionnel et devant la Cour de cassation; et son système ne fut pas admis. Mais nous pensons que s'il s'agissait d'un second jugement à prononcer sur le même fait, non par une juridiction toute différente, telle que le tribunal correctionnel, mais par le tribunal de police, il n'y aurait pas lieu à une nouvelle répression, lors même que cette nouvelle répression pourrait être plus forte et que le prévenu se serait trouvé même en état de récidive.

D'autres exceptions existent encore à la compétence des tribunaux de police.

Ainsi les infractions aux lois sur l'exercice de la médecine et de la chirurgie, quoique consistant en simples contraventions soumises seulement à une amende de simple police, ne peuvent être déférées au tribunal de police :

D'après l'article 35 de la loi du 19 ventôse an XI, « tout individu qui « exerce la médecine ou la chirurgie, « ou pratique l'art des accouchements, « sans avoir de diplôme, de certificat « ou de lettre de réception, doit être « poursuivi, et condamné envers les « hospices à une amende (dont la « quotité n'est pas fixée). »

L'article 36 ajoute : « *Ce délit sera* « *dénoncé aux tribunaux de police* « *correctionnelle*, à la diligence du « commissaire du gouvernement près « ces tribunaux. L'amende pourra « être portée jusqu'à 1000 francs pour « ceux qui prendraient le titre et exer- « ceraient la profession de docteur ; « à 500 francs, pour ceux qui se qua- « lifieraient d'officiers de santé et ver- « raient des malades en cette quali- « té. » Dans une espèce soumise à la Cour de cassation, ni l'une ni l'autre de ces deux dernières circonstances n'existaient : il y avait simple exercice de la médecine et de la chirurgie, sans usurpation de titre de médecin et de chirurgien. — Dans cet état, il s'agissait de savoir à qui, du tribunal de simple police ou du tribunal correctionnel, appartenait de connaître de la contravention.

La Cour de cassation, Chambres réunies, par arrêt du 28 août 1832, prononce en ces termes :

« Attendu que l'article 36 de la loi du 19 ventôse an XI porte, en termes exprès, que le délit prévu par l'article 35 *doit être dénoncé aux tribunaux de police correctionnelle ;* qu'à la vérité, cet article 35 ne détermine pas la quotité de l'amende pécuniaire envers les hospices dont il ordonne que le délit sera puni ; qu'il suit, sans doute, du silence de la loi, que l'amende encourue doit être la plus faible des peines pécuniaires déterminées par le Code pénal, c'est-à-dire l'amende de simple police, hors les cas où il y a des circonstances aggravantes; mais qu'il n'en résulte pas nécessairement que les tribunaux de simple police soient seuls compétents pour la prononcer; qu'en effet, si, en général, la compétence des tribunaux se règle par la nature de la peine portée par la loi, il en a été autrement lorsque cette compétence a été réglée par le législateur ; que, dans l'espèce, *il y a attribution spéciale de la connaissance du délit de l'exercice illégal de la médecine au tribunal de police correctionnelle, par l'article* 35 *de la loi précitée;* que cette attribution, antérieure au

Code pénal et au Code d'instruction criminelle, n'a rien d'inconciliable avec leurs dispositions, puisque, si les tribunaux de simple police ne peuvent, d'après ces Codes, prononcer d'autres peines que les peines de simple police sans excéder leurs pouvoirs, il en est autrement des tribunaux de police correctionnelle, qui sont autorisés, par l'article 192 C. instruction criminelle, à prononcer des peines de simple police; qu'en cet état de la législation, le jugement attaqué, loin de violer la loi du 19 ventôse an XI, en a fait, au contraire, une juste application; — REJETTE, etc. »

Il existe enfin d'autres lois spéciales qui enlèvent au tribunal de police la connaissance de certaines contraventions, comme celles commises dans l'enceinte et les parloirs des lazarets et autres lieux réservés en vertu de la loi sur la police sanitaire. Ces contraventions sont jugées par le président semainier de l'intendance ou de la Commission sanitaire du lieu, assisté des deux plus âgés d'entre ses collègues, le ministère public étant rempli par le capitaine du lazaret, etc., sans appel ni recours en cassation. Loi du 3 mars 1822, art. 18; ordonn. du 7 août 1822, art. 73 à 76; Cass., 27 septembre 1828.

CHAPITRE II.

De la compétence des tribunaux de police relativement au lieu.

Trois tribunaux différents peuvent être compétents pour prononcer sur un *délit*, de même que les crimes et les délits peuvent être poursuivis, et l'instruction faite ou requise par trois procureurs impériaux différents : celui du lieu où le délit a été commis, celui du lieu de la résidence du prévenu, celui du lieu où le prévenu a été trouvé. C. inst. crim., 23, 63, 182.

Mais il n'en est pas de même des *contraventions* : il résulte, en effet, des articles 138, 139, 140 et 166 du Code d'instruction criminelle, textuellement cités ci-dessus, pag. 46 et 47, que les contraventions ne peuvent être jugées que par le tribunal de police *du canton où elles ont été commises*, ou par le maire de la commune où l'infraction s'est accomplie, si le maire est compétent pour en connaître. On a voulu éviter la nécessité de faire voyager au loin les témoins, lorsqu'ils sont nécessaires à la constatation de la contravention; et, quant au prévenu, il n'a pas à se plaindre d'être appelé devant le tribunal du lieu même où il a commis l'infraction; il peut, d'ailleurs, toujours se faire représenter par un fondé de pouvoirs. C. inst. crim., 152.

S'il y avait doute sur le lieu où la contravention a été commise, comme s'il s'agissait d'une contravention à la police des bacs et bateaux, concernant un bac aboutissant à deux cantons différents, il semble que la compétence devrait se régler d'après l'endroit du passage où la contravention aurait été constatée. « Quand le bac ou pont à péage, dit M. Berriat, n° 72, aboutit à deux cantons du même département, le juge de police compétent est celui dans le canton duquel se trouve le bureau du péage; lorsque le pont aboutit à deux départements différents, c'est le juge de la commune la plus voisine du passage, et, en cas d'égalité de distance, celui de la commune la plus peuplée. Loi du 6 frimaire an VII, art. 31, 32; Cass, 7 février 1851; ANNALES DES J. DE PAIX, vol. de 1851, pag. 372.

CHAPITRE III.

De la compétence des tribunaux de police relativement à la personne.

Toutes personnes, en général, sont justiciables du tribunal de police, sans qu'il y ait lieu de distinguer, comme on le fait pour les délits, à l'égard des magistrats et des officiers de police judiciaire, qui doivent être cités devant la Cour impériale. C. inst. crim., 479, 483.

Il a même été jugé, sous l'empire de la Charte de 1830, que les simples contraventions reprochées à un pair de France, étaient de la compétence des tribunaux de police, bien que l'article 29 de cette Charte réservât à la Chambre des pairs le jugement de ses membres *en matière criminelle* (Cass., 25 mai 1833). Aujourd'hui, il en devrait être de même à l'égard des membres du Corps législatif, malgré l'inviolabilité dont la loi les couvre pendant l'exercice de leurs fonctions.

L'article 75 de la Constitution de l'an VIII porte : « Les agents du gouvernement.... ne peuvent être poursuivis pour des faits relatifs à leurs fonctions, qu'en vertu d'une décision du Conseil d'État ; en ce cas, la poursuite a lieu devant les tribunaux ordinaires. » Cet article est encore en vigueur, et il est sans cesse appliqué par les tribunaux. Les agents du gouvernement ne pourraient donc être poursuivis devant les tribunaux de police, pour contraventions par eux commises dans l'exercice de leurs fonctions, sans l'autorisation du Conseil d'État, notamment un ingénieur ou un conducteur des ponts et chaussées, qui, procédant à des travaux de voirie dans l'intérieur des villes, contreviendraient à quelque arrêté de police locale, ou encombreraient la voie publique.

Mais les militaires qui commettraient une contravention seraient-ils justiciables du tribunal de police ? Les tribunaux militaires n'ont été institués que pour juger les *délits* commis par les militaires, les véritables *crimes* ou *délits*, ceux que le Code pénal de 1810 a qualifié tels. Les simples contraventions font exception aux lois spéciales, comme nous l'avons déjà vu plus haut, à l'égard des poursuites contre les anciens pairs de France et les anciens députés. Comment, d'ailleurs, supposer que l'on soit obligé, pour obtenir, par exemple, justice d'une simple contravention commise par un militaire faisant partie d'un dépôt éloigné du Conseil de guerre, de le traduire devant ce Conseil ? Il semble donc qu'on doive avoir recours à la compétence ordinaire en pareil cas, et, cependant, il y aurait quelque chose d'anormal dans la condamnation à la prison d'un militaire faisant partie d'une compagnie à laquelle il doit un service journalier et dépendant d'un capitaine qui a sur lui une autorité complète et entière. D'un autre côté, un décret du 23 octobre 1810, qui a paru à la Cour de cassation (arrêt du 24 septembre 1836), avoir limité les pouvoirs conférés aux municipalités par la loi fondamentale des 16-24 août 1790, porte : « L'Assemblée nationale, considérant que le salut public et le maintien de la Constitution exigent que les divers corps administratifs et les municipalités soient strictement renfermés dans les bornes de leurs fonctions, déclare que lesdits corps administratifs et les municipalités ne peuvent, sous peine de forfaiture, exercer d'autres pouvoirs que ceux qui leur sont formellement et explicitement attribués par l'Assemblée, *et que les troupes de terre et de mer en sont essentiellement indépendantes*, sauf le droit de les réquérir dans les cas prescrits et déterminés par la loi. »

Et, cependant, on ne saurait priver la loi pénale de sanction à l'égard des contraventions commises par les militaires : le bon ordre dans la commune, la salubrité des villes, la conservation des récoltes, mille intérêts sont garantis par les peines édictées contre les contraventions. Il est vrai qu'on peut en dire autant, et même plus, relativement aux crimes et aux délits, quoique la juridiction civile soit impuissante à atteindre les militaires délinquants et que les Conseils de guerre seuls puissent en connaître.

Ces considérations nous font hésiter à affirmer que le juge de paix fût de plein droit compétent pour connaître des contraventions commises par des militaires.

Au reste, c'est au commissaire de police, au maire, à tous ceux qui poursuivent les contraventions, à user, dans ces cas, des tempéraments nécessaires. Il n'est pas de capitaine, chef de bataillon ou colonel, qui, s'il voit surtout que les nécessités de la discipline sont respectées, et que l'on s'abstient de poursuites pour ne pas la troubler, ne soit disposé à réprimer toute espèce de désordre chez les soldats ou les officiers.

Quant à la réparation du dommage, les parties lesées auront toujours la faculté d'appeler les militaires contrevenants devant les tribunaux civils, devant les juges de paix jugeant en matière civile, sinon devant le tribunal de police.

Il y a exception à la compétence des tribunaux militaires, si, parmi les militaires poursuivis, se trouve un individu non militaire, même à titre de simple complice (Loi du 22 messidor an IV, art. 2). Si donc une contravention avait été commise par des militaires en compagnie d'autres personnes non revêtues de ce titre, la loi de la connexité s'opposerait à ce que les poursuites fussent divisées.

C'est aussi devant les tribunaux civils que doivent être assignés les militaires de la gendarmerie, pour les délits commis hors de leurs fonctions, c'est-à-dire sans uniforme (Ordonnance du 29 octobre 1820, art. 251).

Quant aux étrangers, aux termes de l'article 3 du Code Nap., les lois de police et de sûreté obligent tous les étrangers qui habitent le territoire. Le tribunal de police serait donc compétent pour connaître d'une contravention commise en France, même par un étranger à l'égard d'un étranger. Cependant, d'après un avis du Conseil d'Etat du 20 novembre 1806, il y aurait exception à cette incompétence pour les étrangers qui commettraient une contravention les uns envers les autres, à bord de leurs bâtiments, dans une rade ou port de France, à moins que le secours de l'autorité locale ne fût réclamé ou la tranquillité du port compromise (Avis du Conseil d'Etat, 20 novembre 1806).

Il y a encore exception à la compétence des tribunaux de police pour les contraventions commises par les agents diplomatiques des gouvernements étrangers, quels que soient leurs titres, ambassadeurs, ministres, plénipotentiaires, envoyés extraordinaires, chargés d'affaires, résidents, etc., et par les personnes de leur suite (loi du 13 ventôse an II ; Mangin, *Action publique*, nos 79, 81), à moins que dans cette suite ne se trouvât un Français (même loi). Quant aux consuls et à leurs représentants, l'immunité ne les couvre pas; ce ne sont pas des agents diplomatiques; leur mission se borne à protéger le commerce de leurs nationaux. Mangin, *de l'action publique*, n° 83; Berriat-St.-Prix, n° 75.

TITRE VIII.

De la poursuite des contraventions. — Poursuites par le ministère public. — Frais de poursuite. — Correspondance. — Franchise, contre-seing. — Assignation directe par la partie civile. — Consignation des frais. — Des citations; comment le tribunal est saisi.

CHAPITRE I.

De la poursuite des contraventions. — Poursuites par le ministère public, d'office ou sur plainte. — Du retrait de la plainte. — Registre de plaintes ou de poursuites. — Décès du prévenu. — Le ministère public est-il obligé de poursuivre? Cas de poursuites obligées. — Frais de poursuites, partie civile, consignation des frais. — Franchises du ministère public, contre-seing.

« Les citations pour contravention « de police seront faites, dit l'art. 145 « du Code d'instruction criminelle, à « la requête du ministère public ou de « la partie qui réclame. »

C'est au commissaire de police, ou au maire qui le remplace dans ses fonctions, qu'appartient principalement le droit de poursuivre les contraventions; il peut donc intenter de son propre mouvement ces poursuites, soit que les parties lésées se plaignent, soit qu'elles ne se plaignent pas. Il existe cependant une exception à cette règle : elle est relative aux injures simples et à la diffamation non publique qui, aux termes de l'article 471, n° 11, du Code pénal, et de la loi du 17 mai 1819, article 20, constituent des contraventions.

« Nul, sans son consentement, disait M. le garde des sceaux, en présentant la loi du 26 mai 1819, ne doit être engagé dans les débats où la justice même et le triomphe ne sont pas toujours exempts d'inconvénients. Si le maintien de la paix publique semble demander qu'aucun délit ne reste impuni, cette même paix gagne aussi à ce qu'on laisse se guérir d'elles-mêmes des blessures qui s'enveniment dès qu'on les touche. »

De là, la défense faite par le législateur au ministère public d'intenter une poursuite sans y être provoqué par la plainte des parties intéressées, en matière de diffamation et d'injure envers certaines personnes et envers certains corps constitués. La loi du 26 mai 1819, articles 4 et 5, avait déterminé les cas auxquels s'appliquait cette prohibition. Elle fut abrogée par la loi du 25 mars 1822 (art. 17), qui restreignit la nécessité d'une plainte aux seuls cas où la diffamation et l'injure seraient dirigées contre un agent diplomatique étranger ou un simple particulier. Mais la loi du 8 octobre 1830 a restitué toute leur force aux articles 4 et 5 de la loi du 26 mai 1819, en prononçant l'abrogation de l'article 17 de celle du 25 mars 1822.

« Les commissaires de police, et, « dans les communes où il n'y en a « point, les maires ou, à défaut de ceux- « ci, les adjoints des maires, recher- « cheront les contraventions de police, « même celles qui sont sous la sur- « veillance spéciale des gardes fores- « tiers et champêtres, à l'égard des- « quels ils auront concurrence et même « prévention. — Ils recevront les rap- « ports, dénonciations et plaintes, qui « seront relatifs aux contraventions « de police. — Ils consigneront, dans « les procès-verbaux qu'ils rédige-

« ront à cet effet, la nature et les « circonstances des contraventions, le « temps et le lieu où elles auront été « commises, les preuves ou indices à « la charge de ceux qui en seront pré- « sumés coupables. » C. inst. crim., art. 11.

« Dans les communes où il n'y a « qu'un commissaire de police, s'il se « trouve légitimement empêché, le « maire, ou, au défaut de celui-ci, « l'adjoint de maire, le remplacera « tant que durera l'empêchement. » C. inst. crim. 14.

« Les maires ou adjoints de maire « remettront à l'officier par qui sera « rempli le ministère public près le « tribunal de police toutes les pièces et « renseignements, dans les trois jours « au plus tard, y compris celui où ils « ont reconnu le fait sur lequel ils ont « procédé. » C. inst. crim., art. 15.

« Les procès-verbaux des gardes « champêtres des communes, et ceux « des gardes champêtres et forestiers « des particuliers, seront, lorsqu'il « s'agira de simples contraventions, « remis par eux, dans le délai fixé par « l'art. 15, au commissaire de police « de la commune chef-lieu de la jus- « tice de paix, ou au maire dans les « communes où il n'y a point de com- « missaire de police; et lorsqu'il s'a- « gira d'un délit de nature à mériter « une peine correctionnelle, la remise « sera faite au procureur impérial. » C. inst. crim., art. 20.

« Si le procès-verbal a pour objet « une contravention de police, il sera « procédé par le commissaire de po- « lice de la commune chef-lieu de la « justice de paix, par le maire, ou, à « son défaut, par l'adjoint de maire, « dans les communes où il n'y a point « de commissaire de police, ainsi qu'il « sera réglé au chap. Ier, tit. Ier, du « livre XI du présent Code. » C. inst. crim., art. 21.

L'art. 191 du Code forestier prescrit de remettre *au juge de paix*, suivant sa compétence, les procès-verbaux dressés par les gardes champêtres des bois des particuliers ; mais c'est là évidemment une erreur de style, car les commissaires de police et les maires sont chargés de la poursuite de ces contraventions comme de toutes autres ; et ils sont partie au jugement, même lorsqu'il y a partie civile en cause.

Au reste, dans plusieurs cantons, au lieu de faire parvenir directement les procès-verbaux, rapports, plaintes, etc., à l'officier du ministère public près le tribunal de police, on les dépose aux mains du juge de paix ou du greffier, qui les remet à l'huissier de service, pour donner les assignations nécessaires tant aux parties qu'aux témoins. Cet usage est vicieux, car il a pour effet d'enlever au ministère public la direction des poursuites des contraventions, direction qu'il ne devrait jamais abandonner.

M. Berriat Saint-Prix, dans son *Traité de la procédure des tribunaux de police*, conseille avec raison aux officiers du ministère public près ces tribunaux de tenir registre des procès-verbaux de dénonciation et plaintes qui leur sont adressés, soit par les fonctionnaires publics, soit par les simples citoyens : les articles 249 et 275 du Code d'instruction criminelle obligent les procureurs généraux et les procureurs impériaux à tenir un registre semblable. Aucune disposition n'étend cette obligation aux commissaires de police ou aux maires; mais les règles du bon ordre l'exigent. C'est le moyen, pour eux, de connaître les délinquants d'habitude, et de mettre leur responsabilité à couvert dans les cas, assez fréquents, d'envoi tardif des procès-verbaux par les fonctionnaires ou agents rédacteurs.

Ce registre, ajoute M. Berriat, pour répondre aux diverses exigences, doit être divisé en huit colonnes, comme ceux tenus par les procureurs impériaux, sous les titres et dans l'ordre suivants :

La première colonne contient les numéros d'ordre 1, 2, 3, etc.

La seconde, les qualités des rédacteurs des procès-verbaux, ou les noms des plaignants : garde champêtre de la commune de..., maire ou adjoint de..., un tel, fermier à...

La troisième, les noms, profession, demeure des contrevenants, et des personnes civilement responsables.

La quatrième, la nature de la contravention. — Tapage nocturne, rixe, anticipation sur un chemin vicinal.

La cinquième colonne contient : 1° la date du procès-verbal ou de la plainte ; 2° date de la remise aux mains du commissaire de police.

La sixième colonne indique la suite donnée à l'affaire en ces termes : — Simple police renvoyée au procureur impérial, classée.

La septième, la date et le résultat du jugement, et les observations, s'il n'y a pas eu jugement; ainsi : — 20 janv., 11 fr. d'amende. — Délit correctionnel. — La contravention était sans gravité.

Les titres de chaque colonne sont ceux-là mêmes que nous avons donnés, exprimant ce que la colonne contient.

Nous avons vu plus haut, p. 71, 72 et 73, que la prescription et l'amnistie s'opposent à l'application de la peine encourue par les contrevenants ; le ministère public doit éviter de poursuivre lorsque la prescription est acquise, et surtout lorsqu'une amnistie a été prononcée.

Il en serait de même en cas de décès du prévenu : l'action publique pour l'application de la peine s'éteint par la mort du prévenu ; c'est un principe général posé dans l'article 2, en tête du Code d'instruction criminelle.

Il importe de remarquer que la poursuite du ministère public est indépendante de toute espèce de plainte, de retrait de la plainte ou de renonciation aux poursuites de la part de la partie civile : « On ne peut transiger « sur l'action publique résultant d'un « délit ; la transaction n'empêche pas « la poursuite du ministère public. C. Nap., 2046.

« La renonciation à l'action civile ne peut arrêter ni suspendre l'exercice de l'action civile. » C. Inst. crim., 4.

Quelquefois le prévenu obtient qu'un procès-verbal soit supprimé, surtout quand il a été dressé par l'administration municipale ; la suppression du procès-verbal ne peut non plus être un obstacle aux poursuites, surtout devant le tribunal de police, où il existe, comme nous l'avons dit, si peu de contraventions qui ne puissent être prouvées autrement que par un procès-verbal.

Mais, d'un autre côté, il ne faut pas croire que les magistrats du ministère public près les tribunaux de police soient tenus de poursuivre d'office, et sans citation directe de la partie civile, toutes les contraventions qui se commettent dans son ressort ; ils poursuivent, ou ils s'abstiennent de poursuivre, selon les exigences du bon ordre et de l'intérêt public, ou selon les considérations particulières qui se présentent : comme si le prévenu a agi sans discernement, ou si l'infraction est sans importance.

Les poursuites peuvent être regardées comme nécessaires lorsque le repos public a été troublé par la contravention, lorsqu'il s'agit, par exemple, de tapage nocturne, ou lorsque la sûreté publique a été compromise ; de même pour les contraventions qui peuvent être considérées comme portant atteinte à la morale publique, l'établissement de jeux de hasard, etc.

En général, il est encore du devoir du ministère public de poursuivre, lorsque l'intérêt des communes est lésé, comme par les contraventions aux règles d'alignement des rues des villes.

Si l'intérêt public est très-peu intéressé dans la poursuite, et que l'intérêt personnel ou particulier des parties la réclame presque seul, le ministère public s'abstient ordinairement, à moins que le plaignant s'adjoigne à lui comme partie civile. Telles sont les contraventions consistant en injures simples (C. pén., 471, n. 11) ; le passage à pied sur un terrain seulement préparé pour l'ensemencement (même article, n. 13) ; les contraventions forestières dans les bois des particuliers. Une instruction du ministre de la justice, du 8 mars 1817, porte que « le législateur n'a pu vouloir astreindre les officiers du ministère public à diriger des poursuites d'office, et sans l'intervention des parties civiles, sur toutes les plaintes, même sur les plus légères et les plus insignifiantes ; sur des plaintes qui n'intéressent point directement l'ordre public, et qui souvent n'ont d'autre but que de satisfaire les intérêts de vanité ou d'amour-propre, ou de procurer, aux dépens de l'Etat et sans aucune espèce d'utilité pour l'ordre social, la réparation de quelques torts légers éprouvés par des particuliers. »

Il ne faut pas toutefois que ces règles soient adoptées comme trop générales : il est des cas nombreux dans lesquels le ministère public près les tribunaux de police doit poursuivre, même en présence d'un intérêt privé qui réclame, et quoique le réclamant, qui ne veut ou ne peut consigner les frais, se retire ; de même aussi qu'alors même que la consignation des frais est proposée, le ministère public n'est pas tenu d'exercer les poursuites comme partie principale, s'il ne croit pas devoir le faire, la partie civile ayant toujours le droit de saisir le tribunal, sans la participation directe du ministère public.

Il y a cependant quelques cas où la poursuite est forcée ; ce sont :

1° Lorsque le procureur général ou impérial enjoignent à l'officier du ministère public de poursuivre (C. instr. crim., 274, 279). Mais il faut bien remarquer que, dans ces cas, si la poursuite est obligée, il n'en est pas de même des conclusions à fin de condamnation : le ministère public reste toujours libre de conclure selon sa conscience et selon la conviction que lui donnent les débats ; et il ne peut être soumis à suivre, contre cette conviction, l'impulsion qui lui aurait été donnée.

2° La poursuite est encore obligée lorsque la Chambre du Conseil, appelée à définir un délit sur le rapport du juge d'instruction, déclare que le fait incriminé ne constitue qu'une simple contravention de police, et renvoie l'inculpé devant le tribunal de police. C. inst. crim., 129.

Il en est de même en cas de renvoi devant le même tribunal, prononcé par la Chambre d'accusation. C. instr. crim., 220.

3° Enfin, lorsque la Cour de cassation renvoie une affaire devant un tribunal de police après avoir cassé le jugement d'un autre tribunal de police (C. instr. crim., 427), ou par règlement de juge, si deux tribunaux de police ont été saisis de la même contravention (C. instr. crim., 526), ou enfin lorsque pour cause de suspicion légitime, de sûreté publique ou d'impossibilité de composer le tribunal de police, elle renvoie d'un tribunal de police à un autre. C. inst. crim., 442.

Comme nous l'avons vu par l'article 145 du Code d'instruction criminelle, cité au commencement de ce chapitre, la partie civile peut saisir directement le tribunal de police sans la participation du ministère public ; et, alors, c'est elle qui fait l'avance des frais, si le greffier, si l'huissier réclament des avances. Mais lorsque le ministère public poursuit comme partie principale, et que la partie civile s'adjoint à lui ou se présente dans la cause pour demander ses dommages-intérêts, ou prendre même toutes autres conclusions, elle est obligée de consigner les frais. Cependant, « les « plaignants ne sont pas réputés partie « civile s'ils ne déclarent formelle- « ment, soit par la plainte, soit par « acte subséquent, ou s'ils ne pren- « nent, par l'un ou par l'autre, des « conclusions en dommages-intérêts ; « ils pourront se départir dans les « vingt-quatre heures ; dans le cas du « désistement, ils ne sont pas tenus « des frais depuis qu'il aura été signi- « fié, sans préjudice néanmoins des « dommages-intérêts des prévenus, « s'il y a lieu. C. instr. crim., art. 66.

« Les plaignants pourront se porter « partie civile en tout état de cause « jusqu'à la clôture des débats ; mais, « en aucun cas, leur désistement après « le jugement ne peut être valable, « quoiqu'il ait été donné dans les vingt- « quatre heures de leur déclaration « qu'ils se portent partie civile. » C. inst. crim., art. 67.

Il existe dans chaque greffe du tribunal de police un registre destiné aux consignations des parties civiles. Sur ce registre, le greffier mentionne d'abord la déclaration de la partie qu'elle entend se porter partie civile dans telle affaire à suivre contre telle personne, et ensuite inscrit la somme déposée par le plaignant ou son fondé de pouvoir pour faire face aux frais du procès. Ordonn., 8 juin 1832.

Le chiffre de la somme à consigner est fixé par le ministère public, d'après le nombre présumé des témoins à entendre, le montant des indemnités à leur allouer, le coût des actes de l'instruction, etc. En cas de dissentiment sur ce chiffre entre la partie et le ministère public, on en réfère au juge de paix, qui prend connaissance des pièces, et fixe la somme à consigner (Cass., 14 juillet 1831). L'emploi de cette somme à l'acquit des frais à la charge de la partie civile est surveillé par le ministère public, qui exige un supplément de consignation lorsque les premières avances reçues par le greffier sont devenues insuffisantes. *Inst. gén. sur les frais de justice*, 1826, p. 132.

La consignation préalable n'est pas nécessaire lorsque la partie lésée justifie de son état d'indigence. L'appréciation de l'état d'indigence du plaignant paraît devoir être laissée au ministère public. Sont réputés indigents, quant à la consignation de l'amende en cas de pourvoi en cassation contre un jugement du tribunal de police, ceux qui produisent un extrait du rôle des contributions, constatant qu'ils payent moins de 6 fr., ou un certificat du percepteur de la commune portant qu'ils ne sont pas imposés, ou un certificat d'indigence délivré par le maire.

Lorsque la partie civile intervient seulement au cours des débats, elle n'est point astreinte à consigner, les premiers frais ayant été couverts dès l'ouverture de l'instance. Cass., 12 août 1831.

Quand le ministère public poursuit seul, c'est l'administration de l'enregistrement qui fait l'avance des frais. Ainsi que nous l'avons vu p. 85, les actes sont timbrés et enregistrés en débet. Les frais à payer tout d'abord ne peuvent donc être que ceux d'huissier ou de greffe, et quelquefois ceux des actes d'instruction.

Quant aux frais de correspondance qu'exigerait l'instruction, ils ne peuvent évidemment rester à la charge du magistrat : les juges des tribunaux de police, ou ceux qui remplissent les fonctions du ministère public près ces tribunaux, peuvent écrire en franchise sous bande :

1° Avec le contre-seing du commissaire de police ou du juge de paix : au procureur impérial de l'arrondissement ; au procureur impérial de la Cour d'assises du département ; au procureur général près la Cour impériale du ressort ; au préfet du département ; au sous-préfet de l'arrondissement.

2° Avec le contre-seing du maire, à l'agent voyer ; au chef du département ; aux commandants des brigades de gendarmerie de l'arrondissement ; aux commissaires voyers de l'arrondissement ; aux maires de l'arrondissement ; aux officiers de gendarmerie de toute la France ; aux procureurs impériaux, procureurs généraux, préfets et sous-préfets, comme ci-dessus ; aux receveurs de l'enregistrement et des domaines de l'arrondissement ; aux vérificateurs des poids et mesures de l'arrondissement.

3° Avec le contre-seing du juge de paix : 1° aux conservateurs, inspecteurs, sous-inspecteurs et gardes généraux des forêts, sous bande, dans l'étendue de la conservation forestière ; 2° à l'inspecteur des postes, sous bande, dans le département ; 3° aux juges d'instruction, sous bande et par lettres fermées (sous enveloppe et sous pli), dans toute l'étendue de l'empire ; 4° aux juges de paix, sous bande, dans le ressort de la Cour ; 5° aux maires, sous bande, dans le canton ; 6° aux préfet et sous-préfets, sous bande et par lettres fermées, dans le département ; 7° aux premiers présidents des Cours d'appel, sous bande seulement, dans tout le ressort de la Cour ; 8° aux présidents des Cours d'assises, sous bande, dans le département où se tiennent les assises ; 9° aux présidents des tribunaux de commerce, sous bande, dans l'arrondissement de sous-préfecture ; 10° aux procureurs généraux, sous bande, dans toute l'étendue de l'empire, et par lettres fermées, dans le ressort de la Cour impériale ; 11° aux procureurs impériaux, sous bande, dans toute la France, et, par lettres fermées, dans l'arrondissement de sous-préfecture ; 12° aux vérificateurs des poids et mesures, sous bande, dans l'arrondissement de sous-préfecture. Décret des 24-30 août 1848.

La franchise est réciproque : ainsi les réponses peuvent également être envoyées aux magistrats du tribunal de police, en franchise, par les mêmes voies.

Les lettres et paquets à expédier en franchise doivent porter sur l'adresse la désignation des fonctions de l'expéditeur et sa signature. Ordonnance de 1844, art. 13, 23, 25, 28.

Les dépêches s'expédient ordinairement sous bandes ; ces bandes ne doivent pas excéder en largeur le tiers de la surface du paquet. Même ordonnance, mêmes articles.

Lorsque la conservation des pièces à expédier l'exige, les dépêches peuvent être placées sous enveloppe fermée, si le fonctionnaire qui contresigne est autorisé à correspondre de la sorte, et alors il inscrit au-dessus de la désignation de ses fonctions cette mention : « Nécessité de fermer. » Ordonnance de 1844, art. 13, 23, 25. 28.

L'envoi par un fonctionnaire, au moyen de son contre-seing, d'une lettre étrangère au service qui lui est confié, constitue un délit punissable d'une amende de 16 à 150 fr. Décret des 24-30 août 1848, art. 6-8.

CHAPITRE II.

Des citations.— Comment le tribunal peut être saisi. — Renvoi au titre suivant.

Le tribunal de police peut être saisi par une ordonnance de la Chambre du Conseil, ou par un arrêt de la Chambre des mises en accusation ; par la comparution volontaire des parties, ou sur un simple avertissement ; et par la citation faite à la requête du ministère public ou de la partie qui réclame. Art. 147, 145, C. inst.

Comme la citation tient aux poursuites devant les tribunaux de police, nous avons dû en faire mention sous ce titre ; mais, afin de ne pas séparer ce qui concerne les citations de la procédure et des règles de procédure, nous renvoyons pour la forme des citations au chapitre II du titre suivant, ainsi que pour tout ce qui a rapport à la manière de saisir le tribunal de police.

TITRE IX.

Procédure devant les tribunaux de simple police. — Citation. — Récusation du juge et du ministère public près le tribunal de police. — Prise à partie. — Instruction. — Ministère public. — Partie civile. — Témoins. — Questions préjudicielles. — Jugement préparatoire. — Jugement interlocutoire. — Jugement définitif. — Dépens. — Dommages-intérêts. — Jugement par défaut. — Opposition. — Appel. — Recours en cassation. — Conflit.

CHAPITRE PREMIER.

Formalités à remplir avant la comparution à l'audience. — Mise en fourrière et vente des objets prisés. — Dépôt au greffe des objets susceptibles d'être confisqués ou détruits en vertu du jugement à intervenir. — Procès-verbal d'estimation de dommages dressé avant l'audience.

Lorsque, par suite d'une contravention, des bestiaux, des voitures, des animaux de charge ou de monture, ont été abandonnés par leur gardien, conducteur ou propriétaire, ils doivent être mis en fourrière ou séquestre, jusqu'à ce que le propriétaire ou son fondé de pouvoirs se présente pour les réclamer. Tarif crim., art. 39, 40 ; C. forest., art. 161, 169.

Les animaux et tous objets périssables, pour quelque cause qu'ils aient été saisis, ne peuvent rester en fourrière ou sous le séquestre plus de huit jours, si la saisie a pour cause une contravention ordinaire ou rurale; plus de cinq jours, s'il s'agit d'une contravention forestière. Tarif crim., C. forest., art. 161, 169.

Après ces délais, la mainlevée provisoire peut être accordée par le juge de paix, moyennant caution et le payement des frais de fourrière ou de séquestre (Tarif crim.). Pour accorder la mainlevée de la fourrière, le juge de paix n'a pas besoin d'attendre l'expiration de ces délais, il peut faire rendre les animaux ou objets saisis à leur propriétaire, qui remplirait immédiatement les conditions imposées par la loi.

Lorsqu'il n'y a pas eu de réclamation, et ces délais expirés, les animaux et les objets périssables doivent être vendus sur l'ordonnance du juge de paix.

La vente est faite à l'enchère au marché le plus voisin, à la diligence du receveur de l'enregistrement. Le jour de la vente est indiqué par affiche, vingt-quatre heures à l'avance, à moins que la modique valeur de l'objet ne détermine le juge de paix à en ordonner la vente sans formalités, ce qu'il exprimera dans son ordonnance. Le produit de la vente, perçu par le receveur de l'enregistrement, est ensuite versé à la caisse des dépôts et consignations, pour en être disposé ainsi qu'il aura été ordonné par le jugement définitif. Tarif crim., art. 39, 40 ; ordonnance du 3 juillet 1846, art. 2, n. 14.

Il y a certains objets dont la confiscation, et même la destruction, doivent être prononcées par le tribunal de simple police ; leur dépôt au greffe doit suivre l'envoi du procès-verbal au ministère public. En cas de négligence ou de retard de la part de l'officier de police judiciaire qui a opéré la saisie provisoire de l'objet à confisquer, c'est à l'officier du ministère public de réclamer, et, au besoin, d'assurer ce dépôt, en faisant apporter les objets saisis, soit par les voitures publiques, soit par les messagers de la localité, auxquels il adresse un réquisitoire à cet effet. Tarif crim., art. 9 ; instruction générale de 1826, n. 9.

Avant le jour de l'audience, le juge de paix peut, sur la réquisition du ministère public ou de la partie civile, estimer ou faire estimer les dommages-intérêts, dresser ou faire dresser des procès-verbaux, faire ou ordonner tous actes requérant célérité. C. inst. crim., art. 148.

CHAPITRE II.

De la citation.—Par qui et comment le tribunal de police peut-il être saisi. — Ministère public. — Partie civile.

Le tribunal de police peut être saisi : 1° par une ordonnance de la Chambre du Conseil, rendue après le rapport du juge d'instruction, ou par un arrêt de la Chambre des mises en accusation, dans les cas prévus par les articles 129 et 230 du Code d'instruction criminelle ; 2° par la comparution volontaire des parties, ou sur un simple avertissement ; 3° et par la citation faite à la requête du ministère public ou de la partie qui réclame. Art. 147, 145 C. inst. crim.

La citation doit être notifiée par l'un des huissiers du canton (loi du 25 mai 1838, art. 16) ; il en est laissé copie au prévenu et à la personne civilement responsable.

La citation ne pourra être donnée à un délai moindre que vingt-quatre heures, outre un jour par trois myriamètres, à peine de nullité tant de la citation que du jugement qui serait rendu par défaut. Néanmoins, cette nullité ne pourra être proposée qu'à la première audience, avant toute exception et défense. — Dans les cas urgents, les délais pourront être abrégés, et les parties citées à comparaître même dans le jour, et à heure indiquée, en vertu d'une cédule délivrée par le juge de paix. Cod. inst. crim., 146.

Les parties pourront comparaître volontairement et sur un simple avertissement, sans qu'il soit besoin de citation. C. inst. crim., 147.

Telles sont les dispositions du Code d'instruction criminelle sur la citation des parties et la manière de saisir le tribunal de police.

La citation doit être donnée au nom du ministère public ou de la partie civile; ainsi, la citation d'un garde champêtre ne saisirait pas valablement le tribunal de la connaissance d'un délit rural.

Les délais à observer pour la citation se calculent, dans l'intérieur du même département, au moyen du tableau des distances, qui est dressé par le préfet, et déposé dans tous les greffes des tribunaux et des justices de paix (décret du 18 juin 1811, art. 93). Hors du département, il faut se servir du livre de poste, ordinairement déposé dans chaque bureau de distribution, c'est-à-dire à peu près dans tous les chefs-lieux de canton (décision du ministre de la justice, 8 février 1820). Dans tous les cas, la distance se calcule en suivant les sinuosités des routes, et non à vol d'oiseau. Cass., 18 mars 1848.

En calculant la distance, on ne doit pas tenir compte des fractions inférieures à trois myriamètres; c'est cette distance, et non une distance moindre, que la loi a considérée comme devant faire ajouter un jour au délai ordinaire. Ainsi, lorsque la distance n'atteint pas trois myriamètres, la partie n'a droit à aucune augmentation de délai ; si la distance est de plus de trois et de moins de six myriamètres, il n'est dû qu'un jour d'augmentation, et ainsi de suite. Limoges, 15 février 1837 ; Cass., 11 mai 1843.

Ordinairement l'officier du ministère public remet ses mandements de citation aux huissiers qui résident au chef-lieu, et se trouvent de la sorte comme sous sa main. Il doit, cependant, éviter de les employer lorsqu'il s'agit de citer une partie ou un témoin dont la demeure est plus voisine de la résidence d'un autre huissier. Dans ce cas, c'est à ce dernier officier ministériel qu'il faut adresser le mandement, en vue de l'économie à opérer sur le droit du transport.

La citation ne serait pas nulle, quoique les formes générales prescrites par les articles 61 et suiv. C. proc. n'auraient pas été observées, pourvu, toutefois, qu'elle contînt les mentions essentielles, c'est-à-dire que le prévenu ne pût douter que c'est bien à lui que la citation est adressée ; qu'il fût bien averti du fait de la contravention, du jour et de l'heure de la comparution, du tribunal auquel il doit se présenter.

Lors même que le prévenu comparaît en personne ou par un fondé de pouvoir, il est censé suffisamment averti (Cass., 23 février 1815), malgré les imperfections de l'assignation, et d'autant plus qu'aux termes de l'article 147 du Code d'instruction criminelle les parties peuvent comparaître sur un simple avertissement.

Ce sont les huissiers qui donnent les citations ; cependant, les agents de la force publique, gendarmes, gardes champêtres, peuvent aussi être chargés de la citation des témoins (C. I., art. 72); mais il ne faut les employer, les gendarmes principalement, qu'en cas de nécessité urgente et absolue (Ordonn. 29 octobre 1820, art. 68), par exemple, si tous les huissiers du canton étaient absents ou malades.

Lorsque le tribunal est saisi par une ordonnance de la Chambre du conseil, un arrêt de la Cour d'appel ou de la Cour de cassation, copie de ces décisions ne doit pas être jointe à la citation (de Dalmas, *Des frais de justice criminelle*, p. 168); mais il est convenable d'en viser la date et l'objet dans cet acte.

«Suivant l'art. 147 du Code d'instruction criminelle, les parties peuvent comparaître devant les tribunaux de police sur un simple avertissement, sans qu'il soit besoin de citation. Il en est de même des témoins, d'après l'article 153. Ce dernier article a toujours été ainsi entendu par l'administration et par la Cour des comptes, qui approuve les taxes faites au bas de l'avertissement écrit donné aux témoins. Les dispositions dont il s'agit ne sont pas moins favorables aux parties qu'au Trésor public. Pour donner une idée de l'importance de l'économie qui peut résulter de leur application, il suffit de dire qu'en 1843 il a été jugé par les tribunaux de simple police 251,329 inculpés, qui, tous, à l'exception d'un très-petit nombre, étaient poursuivis à la requête du ministère public. Je vous engage, à la requête de MM. les procureurs généraux, à recommander aux magistrats des tribunaux de simple police d'user, le plus fréquemment qu'ils le pourront, du moyen autorisé par les articles précités, de faire comparaître sans frais, devant eux, les inculpés et les témoins; ils ne devront y renoncer que lorsqu'ils auront des motifs sérieux de penser que l'inculpé ou les témoins n'obtempéreraient pas à leur avertissement.» Circul. du min. de la just. du 26 décembre 1845; Dalmas, rapporteur, Supplément, p. 154.

Les avertissements se transmettent par les soins du maire ou du commissaire de police de la commune où réside le prévenu ou le témoin appelé. Ils se donnent par une simple lettre, qui ne doit entraîner aucuns frais, soit salaire à l'appariteur, agent ou garde champêtre qui en est chargé, soit frais de poste. Circul. du min. de la just. du 26 déc. 1845; Dalmas, supplément, p. 154.

Un tribunal de police ne peut statuer sur une plainte en injures verbales qui lui a été renvoyée par le juge de paix, sans que les parties aient été citées et les témoins entendus de nouveau. Cass., 17 août 1809; 11 octobre 1811.

CHAPITRE III.

De la récusation du juge du tribunal de police et de l'officier du ministère public près le tribunal de police. — De l'abstention par qui doit être prononcé le renvoi de l'affaire à un autre tribunal de police. — Prise à partie.

Les juges de paix, juges des tribunaux de police pourront être récusés : 1° quand ils auront intérêt personnel à la contestation ; 2° quand ils seront parents ou alliés d'une des parties jusqu'au degré de cousin germain inclusivement ; 3° si, dans l'année qui a précédé la récusation, il y a eu procès criminel entre eux et l'une des parties ou son conjoint, ou ses parents et alliés en ligne directe; 4° s'il y a procès civil existant entre eux et l'une des parties, ou son conjoint ; 5° s'ils ont donné un avis écrit dans l'affaire. C. proc., 44.

La partie qui voudra récuser un juge de paix sera tenue de former la récusation et d'en exposer les motifs par un acte qu'elle fera signifier, par le premier huissier requis, au greffier de la justice de paix, qui visera l'original. L'exploit sera signé sur l'original et la copie par la partie ou son fondé de pouvoir spécial. La copie sera déposée au greffe et communiquée immédiatement au juge par le greffier. C. proc., 45.

Le juge sera tenu de donner au bas de cet acte, dans le délai de deux jours, sa déclaration par écrit, portant ou son acquiescement à la récusation, ou son refus de s'abstenir, avec ses réponses aux moyens de récusation. C. proc., 46.

Le juge du tribunal de police qui sait en sa personne un motif de récusation peut s'abstenir, pourvu que le motif soit sérieux, comme s'il avait d'avance indirectement annoncé à un prévenu sa condamnation. Cass., 21 mai 1840. Mais le fait d'avoir signé, comme habitant d'une commune, une pétition pour la conservation d'un chemin public, n'autoriserait pas le juge à s'abstenir touchant une plantation d'arbres sur le même chemin. Cass., 14 oct. 1843.

Le ministère public n'est pas récusable, puisque c'est lui qui poursuit au nom de la vindicte publique ; le fait même de la poursuite indique que son opinion est défavorable au prévenu ; mais ce n'est pas une raison pour qu'il ne puisse et qu'il ne doive même pas en certain cas s'abstenir, comme lorsqu'il est parent du prévenu, ou qu'il a intérêt à la condamnation; dans ce dernier cas, il pourrait même être récusé. Il en serait de même du greffier.

Enfin, et le juge et le ministère public peuvent être pris à partie, lorsqu'ils se trouvent dans l'un des cas prévus par l'art. 505 du Code de procédure civile.

Si, par suite d'abstention du juge de paix et de ses suppléants, il y avait impossibilité de composer le tribunal de police, ou s'il y avait empêchement du commissaire de police, du maire et de ses adjoints, le ministère public devrait se pourvoir auprès de la Cour de cassation pour faire prononcer le renvoi de l'affaire à un autre tribunal de police. En matière civile, c'est le tribunal de première instance qui, en cas d'empêchement du juge de paix, renvoie, d'après la loi du 16 ventôse an XII, les parties devant le juge de paix du canton le plus voisin; mais, en matière de police, le renvoi appartient à la Cour de cassation seule. Cass., 2 octobre 1828 ; 24 novembre 1842 ; 11 juillet 1850.

CHAPITRE IV.

De l'audience. — Publicité. — Comparution des parties. — Conclusions du ministère public ou des parties. — Partie civile. — Audition des témoins. — Expertise, descente sur les lieux. — Police de l'audience.

SECTION I.

De l'audience. — Où se tiennent les audiences du tribunal de police. — Jours et heures d'audience. — Rôle. — Appel des causes.—Communication des pièces. — Publicité de l'audience. — Huis clos.

Le tribunal de police ne peut être tenu que dans la commune chef-lieu de canton. C. inst. crim., 139, 166. La commune est tenue de fournir le local meublé. Loi 18 juillet 1837, art. 30, n° 10 ; Circ. min. just., 30 août 1844.

Mais le juge pourrait aussi tenir l'audience de police dans sa maison, les portes ouvertes, pourvu qu'il habitât la commune chef-lieu. C. proc., 8; Berriat, n. 145.

L'audience se tient ordinairement les jours ouvrables; mais elle pourrait, sans nullité, avoir lieu un jour férié. L'expédition des affaires criminelles est même formellement exceptée par l'art. 2 de la loi du 17 thermidor an VI, laquelle prescrit aux autorités, sauf le cas de nécessité, de vaquer et de faire vaquer leurs employés les jours fériés.

Le juge de paix fixe les jours et heures d'audience. C. proc., 8. Il choisit ordinairement les jours de marché, pour éviter des déplacements aux parties. L'audience civile et l'audience du tribunal de police peuvent se tenir à la suite l'une de l'autre, sauf que le rôle et la feuille d'audience doivent être différents et spéciaux pour chaque tribunal, et que le juge ne peut, en aucun cas, convertir une affaire civile en une affaire de police, non plus qu'une affaire de police en une affaire civile.

Dans les tribunaux de police où les affaires sont nombreuses, un rôle est dressé pour régler l'ordre de leur appel et servir en même temps au juge et au greffier à prendre note de la décision.

C'est le juge, d'accord avec le ministère public, qui détermine l'ordre de ce rôle. Argument du décret du 30 mars 1808, art. 56. On y porte d'abord les causes remises d'une précédente audience. Si quelque affaire paraît devoir amener une affluence inaccoutumée, elle est portée la première; les spectateurs de surcroît, une fois leur curiosité satisfaite, ne tardent pas à quitter la salle.

A Paris, les affaires sont classées sur le rôle dans l'ordre des art. 471, 475 et 479 du Code pénal. Cette méthode abrége et facilite l'instruction à l'audience.

L'appel des affaires est fait par un des huissiers de service, en suivant le rôle. Les affaires qui ont le tour de faveur sont jugées les premières; ou, s'il n'y en a pas, on fait venir celles qui sont introduites par le ministère public, puis celles qui concernent les parties civiles. Il arrive quelquefois, relativement à ces dernières, qu'un arrangement intervenu depuis la citation ayant satisfait le plaignant, on demande la radiation de la cause. Le ministère public y consent habituellement, ces sortes d'affaires étant presque toujours dépourvues de gravité. Cependant, son assentiment ne saurait être un acte de pure forme : lorsque la contravention intéresse véritablement l'ordre public, il doit faire retenir l'affaire, et requérir qu'elle soit instruite, la transaction des parties n'éteignant point l'action publique (Berriat Saint-Prix).

Les pièces de l'affaire doivent être communiquées aux parties qui le requièrent, par le ministère public, par la voie du greffe et sans déplacement. C. inst. crim., 302. Cet article, quoique ne concernant littéralement que les accusés renvoyés aux assises, s'applique aux prévenus de contravention, tous les moyens de favoriser la défense devant être employés. Cass., 14 mai 1835. Les mêmes pièces doivent être communiquées aux personnes civilement responsables, et même à celles qui se portent comme parties civiles.

Quant aux expéditions que ces parties réclameraient, il ne peut leur en être délivré, sur leur seule demande et à leurs frais, par le greffier, que de la plainte, de la dénonciation ou du procès-verbal qui en tient lieu, et des ordonnances et des jugements définitifs; expédition des autres pièces n'est délivrée que sur l'autorisation expresse du procureur général.— Les audiences du tribunal de simple police doivent être publiques, à peine de nullité; l'instruction y doit également se faire, à peine de nullité, publiquement. Cass., 9 juillet 1825.

Cependant, si l'instruction d'une affaire paraissait devoir entraîner des détails dangereux pour l'ordre et les mœurs, le tribunal pourrait, sur les réquisitions du ministère public et même d'office, et à la charge de le déclarer par un jugement, ordonner que les débats de l'affaire auraient lieu à huis clos. Constitution de 1848, art. 81. — Le jugement devrait toujours être prononcé en public et les portes ouvertes.

SECTION II.

Instruction de l'affaire à l'audience. — Partie civile. — Cas où le prévenu ou les témoins sont sourds-muets. — Lecture des pièces. — Conclusions du ministère public et des parties. — Comparution en personne ou par mandataire.—Pouvoirs. — Formes.

L'instruction de chaque affaire se fait dans l'ordre suivant. Les procès-verbaux, s'il y en a, sont lus par le greffier; les témoins, s'il en a été appelé par le ministère public ou la partie civile, sont entendus, s'il y a lieu; la partie civile prend ses conclusions. La personne citée propose sa défense, et fait entendre ses témoins, si elle en a amené ou fait citer, et si elle est recevable à les produire; le ministère public résume l'affaire et donne ses conclusions : la partie citée propose ses observations. Le tribunal de police prononce le jugement dans l'audience où l'instruction a été terminée, ou, au plus tard, dans l'audience suivante. C. inst. crim., 153.

La personne citée doit comparaître par elle-même, ou par un fondé de procuration spéciale. C. inst. crim., 152.

Quant à la forme, il n'est pas nécessaire que le pouvoir soit donné par acte authentique, il suffit qu'il soit sur timbre et enregistré.

Les femmes mariées, poursuivies comme prévenues ou civilement responsables, peuvent donner cette procuration sans l'autorisation de leur mari. C. Nap., art. 216; Cass., 24 février 1809.

Les personnes incapables, mineurs, femmes, ou même interdits, comparaissent, en effet, devant le tribunal de police sans aucune assistance. Ni le ministère ni la partie civile ne sont donc tenus de mettre en cause le mari de la femme ou le tuteur du mineur prévenu de contravention; il y a exception, dans ces cas, aux prescriptions de l'art. 450 du Code Napoléon, le Code d'instruction criminelle ne faisant, quant aux contraventions et délits et crimes, aucune distinction entre les prévenus mineurs et les prévenus majeurs, non plus que quant aux formes de la poursuite ou à l'exercice de l'action publique et de l'action civile.

Lorsqu'une affaire a été renvoyée au tribunal de simple police par ordonnance du tribunal civil, ou par arrêt de la Chambre d'instruction de la Cour impériale, ou par arrêt de la Cour de cassation, le juge de paix doit aussi faire donner, en même temps que des autres pièces, lecture de ces ordonnances ou arrêts par lesquels il a été saisi.

Le ministère public et le prévenu et la partie civile peuvent prendre verbalement leurs conclusions; mais ils ont aussi la faculté de les présenter par écrit, et de les faire insérer dans le jugement. Ces conclusions doivent être signées par eux. C. inst. crim., 277, tarif criminel, 58. Il est bon que le ministère public use de cette faculté lorsqu'il prévoit un jugement contraire à ses réquisitions; il se ménagera ainsi des moyens de recours en cassation.

Comme le juge du tribunal ne peut, à peine de nullité, donner défaut contre le ministère public (Cass., 17 décembre 1813, 25 janvier 1850), si les fonctionnaires appelés à siéger en cette qualité étaient absents ou se faisaient attendre, le juge ne pourrait passer outre, eût-il fait avertir l'officier du ministère public de se présenter; il devrait le faire remplacer (Cass., 2 octobre 1808, 7 décembre 1810), en s'adressant au fonctionnaire qui doit siéger, à son défaut. Si le titulaire venait à être légalement suppléé, le juge ne pourrait pas surseoir pour l'attendre; il devrait se livrer incontinent à l'instruction des affaires avec l'assistance du suppléant. Cass., 15 avril 1851; Berriat Saint-Prix, n. 311.

Le tribunal ne peut refuser au ministère public un sursis à l'effet de faire enregistrer le procès-verbal qui sert de base aux poursuites. Le jugement qui acquitte le prévenu, en refusant au ministère public ce sursis, est nul et doit être cassé. Cass., 5 mars 1819.

De même, lorsque, devant un tribunal de police, le ministère public demande à produire des témoins à l'appui d'un procès-verbal n'ayant pas foi en justice, et qui constate une contravention, ou dont la nullité est demandée, le tribunal doit, à peine de nullité, entendre ces témoins, et accorder, à cet effet, au ministère public, le délai qu'il demande; ce n'est pas le cas d'appliquer l'art. 154 C. inst. crim., qui autorise les tribunaux à écarter les témoignages inutiles à la cause. Cass., 4 août et 23 sept. 1837.

Lorsque le ministère public demande à établir par témoins la date d'une contravention que le procès-verbal fixe par erreur à une date différente, le tribunal ne peut, sans avoir statué sur ces conclusions, renvoyer le prévenu des poursuites. Cass., 18 oct. 1834.

Le plaignant ou la partie lésée peut se constituer partie civile jusqu'à la clôture des débats (C. inst. crim., 67), et prendre ses conclusions en conséquence. Alors même la consignation des frais n'est pas exigée, la poursuite étant émanée du ministère public : ainsi jugé, par un arrêt de la Cour de cassation du 12 août 1831, que, lorsque la partie civile intervient seulement au cours des débats, elle n'est pas astreinte à consigner.

La partie lésée peut se constituer partie civile, même après avoir été entendue comme témoin dans les débats : le caractère de généralité de la disposition de l'article 167 lui en donne le droit. Cass., 17 novembre 1836; 27 nov. 1840.

Toute personne maîtresse de ses droits peut se constituer partie civile. Les étrangers ont cette faculté, comme les nationaux, mais en fournissant la caution *judicatum solvi*. Le Code Napoléon, art. 16, ne contient d'exception en leur faveur qu'à l'égard des matières commerciales. Cass., 3 févr. 1814, et arg. d'un arrêt du 18 février 1846; Berriat St-Prix.

Mais le mineur, sans l'assistance de son tuteur (arg. du C. civ., art. 464); la femme (Cass., 20 juin 1808), même marchande publique ou séparée de biens, sans l'autorisation de son mari, (*eodem*, art. 215), ne peuvent prendre qualité comme parties civiles. *Même auteur*.

Le mineur émancipé jouit de cette faculté, parce qu'une demande à fins de dommages-intérêts n'est pas une action immobilière. C. Nap., art. 482.

« Si l'accusé est sourd-muet et ne « sait pas écrire, le président nom- « mera d'office, pour son interprète, « la personne qui aura le plus d'habi- « tude de converser avec lui. — Il en « sera de même à l'égard du témoin « sourd-muet. — Dans le cas où le « sourd-muet saurait écrire, le greffier « écrira les questions et observations « qui lui seront faites ; elles seront re- « mises à l'accusé ou au témoin, qui « donneront par écrit leurs réponses « ou déclarations. Il sera fait lecture « du tout par le greffier; C. inst. crim. « 333. » — Cet article, placé par le Code d'instruction criminelle sous la rubrique des Cours d'assises, est évidemment applicable aux prévenus et aux témoins devant les tribunaux de police.

Le jugement doit faire mention de l'accomplissement de ces formalités.

SECTION III.

Des preuves admises devant le tribunal de police. — Procès-verbaux. — Renvoi. — Preuve testimoniale. — Aveu de la partie. — Chose jugée.

Art. 1er. — Procès-verbaux (Renvoi). — Preuve testimoniale. — Témoins. — Audition. — Défaut. — Amende. — Reproches. — Serment. — Formule du serment.

Les dispositions du Code d'instruction criminelle sur les preuves en matière de police, et notamment sur les procès-verbaux et sur la preuve testimoniale, sont contenues dans les articles 154, 155 et 156 du Code d'instruction criminelle. Ces articles sont ainsi conçus :

« Les contraventions seront prouvées soit par procès-verbaux ou rapports, soit par témoins, à défaut de rapports et procès-verbaux, ou à leur appui. — Nul ne sera admis, à peine de nullité, à faire preuve par témoins, outre ou contre le contenu aux procès-verbaux ou rapports des officiers de police ayant reçu de la loi le pouvoir de constater les délits ou les contraventions jusqu'à inscription de faux. Quant aux procès-verbaux et rapports faits par des agents, préposés ou officiers auxquels la loi n'a pas accordé le droit d'en être crus jusqu'à inscription de faux, ils pourront être débattus par des preuves contraires, soit écrites, soit testimoniales, si le tribunal juge à propos de les admettre. C. instr. crim., 154.

Les témoins feront à l'audience, sous peine de nullité, serment de dire la vérité et rien que la vérité ; et le greffier en tiendra note, ainsi que de leurs noms, prénoms, âge, profession et demeure, et de leurs principales déclarations. C. instr. crim., 155.

« Les ascendants ou descendants de la personne prévenue, ses frères et sœurs ou alliés en pareil degré, la femme ou son mari, même après le divorce prononcé, ne seront ni appelés ni reçus en témoignage, sans néanmoins que l'audition des personnes ci-dessus désignées puisse opérer une nullité, lorsque, soit le ministère public, soit la partie civile, soit le prévenu, ne se sont pas opposés à ce qu'elles soient entendues. » C. instr. crim., 156.

Au titre VI de ce traité, nous avons donné toutes les règles relatives aux procès-verbaux. Dans la présente section, nous réunirons tout ce qui a rapport à la preuve testimoniale et aux autres genres de preuves.

Après la lecture des procès-verbaux, faite par le greffier, et, s'il n'en a pas été dressé, après qu'il a été donné lecture de la citation qui tient lieu de plainte, il doit être procédé à l'audition des témoins, appelés soit à la diligence du ministère public, soit à la requête de la partie civile. Le Code dit *appelés*, et non *cités*, pour faire voir qu'il suffit d'un simple avertissement, sans doute pour éviter des longueurs et des frais aux parties ; mais l'audition des témoins ne devient pas obligatoire lorsque la contravention se trouve constatée par le procès-verbal d'un agent de l'autorité, auquel la loi veut qu'il soit ajouté foi jusqu'à inscription de faux. C'est avec cette restriction, prescrite par l'article 154, que l'article 153 permet à la personne citée de faire entendre ses témoins.

De ce que l'art. 153 C. instr. crim. porte que les témoins appelés pardevant le tribunal de police seront entendus, s'il y a lieu, il résulte seulement que le tribunal a le droit de refuser l'audition d'un témoin lorsque, la prévention étant prouvée par d'autres témoins ou d'autres éléments du débat, cette audition est par lui jugée inutile, mais non qu'il puisse s'abstenir d'y procéder, lorsque la preuve du fait incriminé n'est pas acquise. Ainsi, le tribunal de simple police ne peut refuser d'entendre un témoin régulièrement cité, par le seul motif qu'il aurait assisté à l'audience pendant l'audition d'un autre témoin. Cass., 4 juin 1847.

Ainsi, le tribunal peut refuser au ministère public un délai pour faire réassigner des témoins qui n'ont pas pu être trouvés lors de la première citation, s'il reconnaît que leur témoignage n'ajouterait rien à celui des témoins déjà entendus. Cass., 9 déc. 1830.

Le tribunal peut, malgré la demande d'un sursis, formée par le ministère public, ouvrir les débats d'une affaire en l'absence d'un témoin cité, et ordonner la lecture de sa déclaration écrite. Cass., 4 août 1832.

Les témoins qui ne satisferont pas à la citation pourront y être contraints par le tribunal, qui, à cet effet, et sur la réquisition du ministère public, prononcera, dans la même audience, sur le premier défaut, l'amende, et, en cas d'un second défaut, la contrainte par corps. C. instr. crim., 157.

L'amende à laquelle peuvent être condamnés les témoins qui ne satisfont pas à la citation est celle de 100 francs au maximum, édictée par l'article 80 du Code d'instruction criminelle. La doctrine et la pratique sont d'accord sur ce point ; mais la condamnation n'est pas obligatoire pour le juge ; le mot *pourront* de l'article 157 indique suffisamment qu'il ne s'agit que d'une faculté.

Le témoin ainsi condamné à l'amende sur le premier défaut, et qui, sur la seconde citation, produira, devant le tribunal, des excuses légitimes, pourra, sur les conclusions du ministère public, être déchargé de l'amende. Si le témoin n'est pas cité de nouveau, il pourra volontairement comparaître, par lui ou par un fondé de procuration spéciale, à l'audience suivante, pour présenter ses excuses, et obtenir, s'il y a lieu, décharge de l'amende. C. instr. crim., 158.

La maladie est l'excuse la plus ordinaire des témoins ; elle s'établit par la production d'un certificat de médecin, dont il appartient au juge d'apprécier la sincérité. Quelques légèretés dans la délivrance de ces certificats n'est pas une chose infiniment rare. Si l'excuse alléguée était reconnue fausse, il y aurait un délit de la part du témoin, punissable aux termes de l'article 236 du Code pénal, et de la part du médecin, chirurgien ou officier de santé, auteur du certificat de maladie, punissable aux termes de l'article 160. Il faudrait dresser procès-verbal de l'incident, et l'envoyer avec les pièces au procureur impérial. C. instr., art. 29.

Si le témoin fait encore défaut sur une seconde citation, le tribunal peut user de la faculté exprimée en l'article 157, et ordonner qu'il sera contraint par corps à venir donner son témoignage. Cette contrainte par corps s'exécute par les agents de la force publique, au moyen d'une ordonnance motivée, signée du juge et du greffier, et à laquelle on peut donner la forme du mandat d'amener (C. inst., 92, 95). Cependant le juge du tribunal de police ne doit user de ce pouvoir qu'avec discrétion, et lorsque la présence du témoin est nécessaire au jugement de la cause.

Lorsqu'un témoin important est dans l'impossibilité de comparaître, et que sa demeure se trouve à portée, le tribunal tout entier peut se rendre auprès de lui, accompagné des parties, pour recueillir sa déposition. S'il est impossible d'obtenir la déposition orale d'un témoin déjà entendu, on fait donner lecture de sa déposition à l'audience par le greffier. Arg. du C. inst., 83 ; Cass., 12 nov. 1835.

Il y a certains hauts fonctionnaires, tels que les ministres, les ambassadeurs, les conseillers d'Etat, les préfets, les généraux en activité de service, qui sont dispensés ou qui peuvent se dispenser de paraître devant les tribunaux en qualité de témoins. Leurs dépositions, lorsqu'elles sont indispensables, sont recueillies par écrit en leur demeure, et il en est ensuite donné lecture à l'audience (Cod. inst., 512, 516). Cette matière est réglée par un décret spécial du 4 mai 1812 (*Bulletin des lois des justices de paix*, tom. I, p. 468), qui devra trouver bien rarement son application devant la juridiction de simple police.

Enfin, lorsqu'il est nécessaire d'appeler comme témoin un militaire présent à son corps, il convient d'en informer, par lettre, le chef de ce corps, avant la notification de l'avertissement ou de la citation, afin que ce chef puisse donner des ordres en conséquence, ou régler le service de manière à ce que le témoin obéisse à la citation. Circul. du minist. de la just., 15 sept. 1820 ; Gillet, p. 166.

Les témoins peuvent être reprochés devant le tribunal de police ; les motifs de reproche ne sauraient être autres que ceux de l'article 156 du Code d'instruction criminelle, qui, comme nous l'avons dit plus haut, ne peuvent être étendus.

C'est avant l'audition des témoins, et au moment où ils se présentent pour déposer, c'est-à-dire avant leur déposition, que les reproches doivent être proposés. Le juge doit prononcer ; les témoins pour et contre seront entendus, dit l'article 190 du Code d'instruction criminelle, au titre relatif aux tribunaux de police correctionnelle, et les reproches *proposés* et *jugés*.

Le conjoint du beau-frère ou de la belle-sœur du prévenu, n'étant pas l'allié de ce dernier, peut déposer contre lui ou en sa faveur. Cass., 5 prairial an XIII.

Les motifs de reproches établis par la loi, à l'égard des témoins en matière civile, ne peuvent être étendus par les tribunaux de simple police aux témoins produits devant eux. — Ainsi, le tribunal de police ne peut refuser de recevoir la déposition d'un témoin, par le seul motif qu'il aurait d'avance manifesté son opinion, et donné un certificat sur les faits du procès. Cass., 18 juillet 1846.

Le tribunal de simple police peut, d'office, refuser d'entendre comme témoins les parents du prévenu aux degrés indiqués par l'article 156. C. inst. crim.; Cass., 28 mai 1841.

Après que l'appel des témoins a été fait, ils se retirent dans la chambre qui leur est destinée, et le juge de paix prend les précautions, s'il en est besoin, pour les empêcher de conférer entre eux de la contravention et du délinquant, avant leur déposition. Arg. de C. inst., art. 316.

Cependant l'article 317 du Code d'instruction criminelle, aux termes duquel les témoins doivent être entendus séparément, n'étant posé par la loi que pour les Cours d'assises, n'est pas rigoureusement applicable à l'audition des témoins cités devant les tribunaux de simple police. Cass., 4 juin 1847.

Lorsque les parties, les témoins ou l'un d'eux ne parlent pas la même langue ou le même idiome, le juge de paix nomme d'office, à peine de nullité, un interprète âgé de vingt et un ans au moins, et lui fait, sous la même sanction, prêter serment de traduire fidèlement les discours à transmettre entre ceux qui parlent des langages différents. C. inst., art. 332.

Une femme, un étranger non naturalisé, peuvent être appelés à remplir le ministère d'interprète, pourvu qu'ils aient vingt et un ans accomplis (Cass., 16 avril 1818; 2 mars 1827). Mais un témoin de l'affaire ne peut être interprète, à peine de nullité (C. inst. cr., 332; Cass., 16 janv. 1851). S'il ne s'agissait que d'un patois ou jargon populaire, qu'un membre du tribunal comprît et pût expliquer à ses collègues, on pourrait se passer d'interprète. Décision du grand juge, du 17 mars 1812, Dalmas, p. 56; Cass., 30 janv. 1851, non imprimé, cité par Berriat Saint-Prix.

La formule du serment doit être rigoureusement observée, à peine de nullité. Ainsi il a été décidé qu'il y avait nullité lorsque les témoins avaient prêté le serment: *de dire vérité*, Cass., 10 nov. 1820; 18 août 1832; 5 nov. 1835; 6 mars, 10 et 24 mai, 13 nov. 1845; 5 fév. 1846; — *de dire la vérité*, 7 nov. 1822; 15 avril 1837; 25 juillet 1846; — *de dire et déposer la vérité*, 19 mai 1832; 26 fév. 1846; — *de dire toute la vérité*, 27 août 1818; 26 sept. 1845; 13 nov. 1847; — *de dire vérité et toute vérité*, 23 avril 1835; 8 août 1850, non imprimé; — *de dire rien que la vérité, toute la vérité*, 15 mars 1816; 19 août 1826; 18 août 1832; 15 mai 1845; 26 fév. 1846; — *de dire rien que la vérité*, Cass., 23 juillet 1813; — *de dire vérité, rien que vérité*, Cass., 13 juillet 1850; — *de dire vérité, rien que la vérité*, Cass., 13 juin, 26 oct. 1821; 8 avril 1824; 9 juillet 1825; 28 juin 1832; 7 déc. 1837; 15 sept. 1843; 13 sept. 1845; — ou *la vérité, rien que la vérité*, Cass., 13 avril 1849; Berriat Saint-Prix, n° 274.

Les termes surabondants, la formule, par exemple, plus étendue du serment ordonné devant les Cours d'assises, n'entraîneraient pas nullité. Cass., 12 nov. 1835.

La formule du serment des experts est différente, suivant la position dans laquelle ils se trouvent. Si l'expertise a été accomplie avant l'audience, et qu'ils viennent aux débats seulement pour en rendre compte, ils jouent le rôle de témoins et doivent prêter le serment de l'article 155. Cass., 27 avril 1827; 8 janvier 1846. Si les experts reçoivent, à l'audience même, leur mission du juge, ils doivent, avant de la commencer, prêter le serment de faire leur rapport et de donner leur avis en leur honneur et conscience; C. inst. crim., art. 44. Les formules légales de serment sont inviolables comme le serment lui-même, et l'on ne peut substituer celle du serment des témoins à celle des experts, et réciproquement : Cass., 14 avril 1827; Berriat, n° 275.

L'obligation de lever la main en prêtant serment ne résulte, pour les témoins et pour les experts, d'aucune loi de nos Codes. L'article 312 du Code d'instruction criminelle l'impose aux jurés seuls. Avant les guerres de religion, on prêtait serment en posant la main sur divers emblèmes religieux; cet usage blessant la croyance des protestants, ils obtinrent, par le célèbre édit de Nantes d'avril 1598, de ne faire d'autre serment que de lever la main, jurer et promettre à Dieu qu'ils diraient la vérité.

Toutes les autres formes de serment ayant disparu et cette dernière étant seule aujourd'hui pratiquée, elle peut être considérée comme obligatoire.

Chaque témoin doit prêter individuellement serment, et séparément des autres témoins, au moment de faire sa déposition.

L'amende à laquelle doit être condamné le témoin qui refuse de prêter serment est l'amende de 100 fr., édictée par l'article 80 du Code d'instruction criminelle.

Il y a des personnes qui peuvent se refuser à déclarer tout ce qu'elles savent, comme les confesseurs, médecins, chirurgiens, sages-femmes, avocats, avoués. Il arrivera bien rarement devant le tribunal de police que ces personnes soient appelées à déposer sur des faits rentrant dans leur ministère, à moins qu'il ne s'agisse de l'aveu d'une contravention, fait par un prévenu à un avocat ou à un avoué, son conseil, ou à un confesseur.

Un jugement de simple police ne peut se fonder sur la déclaration d'un tiers, si cette déclaration a été faite sans prestation de serment. Cass., 12 août 1841.

La prestation de serment des experts et des témoins est une formalité substantielle dont le tribunal de simple police ne peut les dispenser, même du consentement des parties, à peine de nullité de son jugement. Cass., 27 novembre 1828.

Le jugement fondé sur des dépositions de témoins doit, à peine de nullité, constater, soit par lui-même, soit par les notes d'audience, la prestation du serment des témoins. Cass., 4 février 1826.

L'accomplissement de toute formalité substantielle, et à laquelle est attachée la validité de l'instruction, doit, lorsqu'il n'est pas formellement et distinctement constaté, être considéré comme ayant été omis. En conséquence, les témoins cités devant le juge de police sont censés n'avoir point prêté le serment exigé, à peine de nullité par la loi, lorsque les notes du greffier ne mentionnent pas la prestation de ce serment à l'égard de plusieurs d'entre eux, et se bornent à mentionner, quant aux autres, « que leur déclaration a été précédée de l'accomplissement des formalités prescrites par la loi ; » ou lorsqu'il résulte du jugement que tous ces témoins n'ont prêté que le serment de dire la vérité. Cass., 13 nov. 1845.

Est nul le jugement du tribunal de simple police qui mentionne l'audition de plusieurs témoins, sur la déclaration desquels la décision qu'il contient est motivée, sans que ni ce jugement, ni même des notes régulièrement tenues par le greffier, constatent la prestation de serment par lesdits témoins dans les termes prescrits par l'art. 155, C. inst. crim. Cass., 3 juillet 1847.

Les témoins reçoivent, lorsqu'ils le demandent, une indemnité en vertu d'une ordonnance du juge de paix, libellée au pied de leur copie d'assignation ou de leur avertissement.

ARTICLE 2.

Des autres preuves devant le tribunal de police. — De la chose jugée. — De l'aveu du prévenu.

Au nombre des présomptions légales qui dispensent de toute preuve celui au profit duquel elles existent, l'article 1350 du Code Napoléon place la chose jugée et l'aveu de la partie.

D'après l'article 1351 du même Code, « l'autorité de la chose jugée n'a lieu qu'à l'égard de ce qui a fait l'objet du jugement. Il faut que la chose demandée soit la même, que la demande soit fondée sur la même cause ; que la demande soit entre les mêmes parties, et formée par elles et contre elles en la même qualité. »

En matière de simple police, comme en matière civile, l'aveu du prévenu suffit pour motiver contre lui une condamnation ; peu importe, dans ce cas, que le fait incriminé ne soit constaté par aucun rapport au procès-verbal régulier. Cass., 9 août 1821.

Mais la règle de l'indivisibilité de l'aveu n'est pas applicable devant les tribunaux de police, en ce sens, du moins, que l'intention ou le défaut d'intention coupable du prévenu ne pourrait servir d'excuse à un fait matériel de contravention. Il y aurait donc exception à la règle de l'art. 1366 C. Nap., si, par exemple, l'aveu du prévenu devant le tribunal de police renfermait réellement reconnaissance de la perpétration du fait. Mais, d'un autre côté, si l'aveu, une fois fait, venait à être rétracté, il ne pourrait plus servir de preuve ; et, en l'absence d'autres éléments de conviction pour le juge, le prévenu devrait être acquitté. Cass., 19 août 1841.

SECTION IV.

Des avant-faire droit devant le tribunal de police. — Pouvoir du juge d'ordonner des rapports, expertises ou visites des lieux.

Le tribunal de police a, comme tous les autres tribunaux, non-seulement le droit, mais encore le devoir de prendre toutes les mesures, d'ordonner toutes les preuves, rapports, expertises et visites des lieux, propres à éclairer sa religion, et, notamment, d'ordonner, avant dire droit au fond, son transport sur les lieux contentieux. Cass., 18 mars 1848.

Mais cette visite doit avoir lieu en présence des parties, ou elles dûment appelées. Cass., 13 nov. et 6 déc. 1834; 6 avr. 1838 ; 14 avr. 1848.

Le tribunal ne peut refuser d'ordonner une expertise demandée par une des parties qu'autant qu'il déclare expressément ou que le fait à établir par cette expertise ne serait ni pertinent ni concluant, ou bien qu'il se trouve assez éclairé par les débats pour n'avoir pas besoin de ce moyen d'instruction. Cass., 12 juin 1846.

Il y a nullité lorsque le tribunal de simple police s'est transporté sur les lieux contentieux sans l'avoir ordonné par un jugement spécial, et sans avoir indiqué aux parties le jour et l'heure auxquels il devait être procédé à l'examen desdits lieux. Cass., 25 avr. 1846.

Lorsque le tribunal est saisi, par suite d'un renvoi de la Cour de cassation, il a juridiction pour faire une descente sur les lieux contentieux, quoiqu'ils soient situés hors de son ressort. Cass., 25 janv. 1821.

La partie qui a assisté à une descente faite par le tribunal de police sur une terre placée, en partie seulement, dans sa juridiction, ne peut se faire un moyen de cassation de ce que, pour rendre son opération plus complète, le tribunal l'a prolongée jusque dans la juridiction voisine où se trouvait le surplus de la terre qu'il visitait. Cass., 9 déc. 1830.

SECTION V.

De la police de l'audience. — Mesures à prendre pour la police de l'audience. — Juge, ministère public. — Délits commis à l'audience.

La police de l'audience appartient au juge de paix ; tout ce qu'il ordonne pour le maintien de l'ordre doit être exécuté ponctuellement et à l'instant. Ceux qui assistent aux audiences se tiennent découverts, dans le respect et le silence. C. proc. civ., art. 88.

« Si un ou plusieurs individus, quels qu'ils soient, interrompent le silence, et si, après l'avertissement des huissiers, ils ne rentrent pas dans l'ordre sur-le-champ, il leur sera enjoint de se retirer ; et les résistants seront saisis et déposés à l'instant dans la maison d'arrêt pour vingt-quatre heures ; ils y seront reçus sur l'exhibition de l'ordre du président, qui sera mentionné au procès-verbal de l'audience. » *Eod.*, art. 89.

« Lorsque l'un ou plusieurs des assistants donneront des signes publics, soit d'approbation, soit d'improbation, ou exciteront du tumulte de quelque manière que ce soit, le président ou le juge les fera expulser. S'ils résistent à ses ordres, ou s'ils rentrent, le juge ordonnera de les arrêter et conduire dans la maison d'arrêt ; il sera fait mention de cet ordre dans le procès-verbal ; et, sur l'exhibition qui en sera faite au gardien de la maison d'arrêt, les perturbateurs y seront reçus et retenus pendant vingt-quatre heures. » Code instr. crim., art. 504.

Le pouvoir conféré au juge pour maintenir la police de l'audience étant discrétionnaire, c'est à ce magistrat qu'il appartient exclusivement d'apprécier si les faits qui motivent son ordre d'expulsion ou de dépôt à la maison d'arrêt constituent des murmures ou s'élèvent jusqu'au tumulte, et la contradiction n'est pas permise à cet égard. Cass., 14 juin 1833.

Quoique la police de l'audience appartienne au juge, le ministère public pourrait intervenir et faire des réquisitions ; c'est même ordinairement ce qui a lieu après que le juge a agi. S'il n'agissait pas, et que des réquisitions lui fussent adressées par le ministère public, il serait dans l'obligation d'y statuer. Cass., 3 nov. 1806.

Les huissiers sont ordinairement suffisants pour maintenir l'ordre dans la salle d'audience ; mais si la nature de l'affaire paraissait devoir attirer un public nombreux et turbulent, le juge de paix ou l'officier du ministère public devrait requérir la gendarmerie, ou même, dans l'occasion, un piquet de troupe de ligne. Ces demandes sont adressées au commandant de la gendarmerie ou au commandant de place, sous forme de lettre ou de réquisition; avant de les faire, le juge de paix et le ministère public s'entendent ordinairement ensemble.

CHAPITRE V.

Des questions préjudicielles. — Définition. — Cas dans lesquels il y a lieu à surseoir. — Preuve de la propriété. — Délai fixé au prévenu pour intenter son action devant le tribunal compétent.

On appelle question préjudicielle toute question qui, dans un procès, doit être jugée avant une autre, parce que du jugement qui sera rendu sur la première dépend la solution de la seconde.

Des questions préjudicielles peuvent s'élever devant le tribunal de police : ainsi, un prévenu soutient que l'anticipation qu'on lui oppose comme contravention n'existe pas, parce que le terrain sur lequel la contravention aurait été commise lui appartient. Il y a là évidemment une question de propriété qui peut détruire la base de la poursuite; d'où obligation de renvoyer à fins civiles, ou plutôt devant le tribunal compétent.

Il ne suffit pas d'élever, pour obtenir son renvoi devant un autre tribunal, une prétention de propriété dénuée de toute preuve. L'article 182 du Code forestier contient les principales règles sur cette matière. D'après cet article, « si, dans une instance « en réparation de délit ou contra- « vention, le prévenu excipe d'un « droit de propriété un autre droit « réel, le tribunal saisi de la plainte « statuera sur l'incident, en se con- « formant aux règles suivantes; — « L'exception préjudicielle ne sera « admise qu'autant qu'elle sera fon- « dée, soit sur un titre apparent, soit « sur des faits de possession équiva- « lents, personnels au prévenu, et « par lui articulés avec précision, et « si le titre produit ou les faits arti- « culés sont de nature, dans le cas où « ils seraient reconnus par l'autorité « compétente, à ôter au fait qui sert « de base aux poursuites tout carac- « tère de délit ou de contravention. »

Cet article a été déclaré, par la Cour de cassation, applicable à tous les cas analogues. Arrêts des 19 mars 1835, 29 décembre 1843, 17 janvier 1845. Il résulte, notamment de l'arrêt du 10 mars 1835, « que les tribunaux correctionnels et ceux de simple police sont appréciateurs du mérite de la question préjudicielle élevée devant eux par le prévenu; celui-ci est donc tenu de produire le titre apparent, ou d'articuler avec précision les faits équivalents qui sont de nature à le faire accueillir, puisque les juges de l'action principale ne peuvent légèrement surseoir à y statuer jusqu'après le jugement de son exception, qu'autant qu'ils la reconnaissent fondée, et déclarent que ce jugement aurait nécessairement pour résultat, s'il lui était favorable, de légitimer le fait constitutif de la prévention dont ils sont saisis; d'où la conséquence que lorsqu'une exception préjudicielle est vaguement et dilatoirement proposée, comme dans le cas où sa décision ne saurait soustraire l'inculpé à l'effet de la poursuite exercée contre lui, les tribunaux de répression doivent la déclarer non recevable ou mal fondée, et ordonner qu'il sera immédiatement procédé à l'examen du fond. »

Pour que la question préjudicielle donne lieu à renvoi, il faut donc que le fait de propriété prétendu écarte toute idée de délit ; ainsi, l'usager, l'habitant d'une commune, qui aurait coupé du bois ou fait paître ses troupeaux dans une forêt, sans délivrance (c'est-à-dire sans que la mesure de son droit eût été préalablement déterminée), invoquerait en vain son titre ou celui de la commune, puisque la délivrance seule légitime les actes de possession des usagers. Il en serait de même de l'infraction à un arrêté de police, contre lequel on ne peut opposer ni titre ni possession contraire.

C'est, le plus souvent, relativement aux usurpations sur les chemins, que les questions préjudicielles sont élevées.

Avant la loi du 28 avril 1832, les juges de paix ne connaissaient que des faits qui constituaient l'embarras de la voie publique (C. pén., 471, n° 4); par la loi de 1832, cette disposition du Code pénal a été modifiée ; l'article 479, n° 11, punissant « d'une « amende de 11 à 15 francs ceux qui « auront dégradé ou détérioré, de quel- « que manière que ce soit, les che- « mins publics, ou usurpé sur leur « largeur. » Un arrêt de la Cour de cassation, du 2 mars 1847, a même décidé que le nouvel article 479 du Code pénal comprend, sous la dénomination de chemins publics, aussi bien les chemins déclarés vicinaux que ceux qui n'ont pas reçu ce nom. Le Conseil d'Etat juge, au contraire (ord. 26 juillet 1838), que l'article 479, n° 11, doit se combiner avec la loi du 9 ventôse an XIII, en ce sens que les Conseils de préfecture sont chargés de faire cesser les usurpations sur les chemins vicinaux, et les juges de police de prononcer des amendes. Une autre ordonnance du 16 mars 1837 a statué dans le même sens. D'après cette jurisprudence, qui s'est établie sur conflit, le tribunal de police, saisi d'une poursuite pour anticipation sur la largeur d'un chemin, devrait donc renvoyer l'affaire au Conseil de préfecture pour vérifier l'anticipation, et ordonner les réparations nécessaires, sauf par ledit tribunal à statuer ensuite sur l'amende.

Mais l'empiétement sur un chemin vicinal, classé suivant la loi du 21 mai 1836, ne saurait, si l'empiétement était reconnu, avoir pour excuse même la propriété du terrain consacré au chemin, le droit des propriétaires riverains ne pouvant se résoudre qu'en une indemnité. Cass., 8 mars 1844.

Si le chemin n'avait pas été déclaré vicinal, ou s'il s'agissait d'un simple chemin rural, le tribunal administratif ne serait plus compétent pour en connaître. Si donc le prévenu soutenait que le chemin qu'il est accusé d'avoir dégradé est un chemin privé, ou que le terrain que l'on prétend être l'objet d'une usurpation ne fait pas partie du chemin, ce serait devant la juridiction civile que devrait être vidée la question préjudicielle.

La Cour de cassation a jugé, par arrêt du 8 novembre 1842, que la question de savoir si des travaux de réparation à un mur donnant sur une rue et en dehors de l'alignement ont été faits suivant les prescriptions du maire, est préjudicielle, et ne peut être jugée que par l'autorité administrative ;

Par arrêt du 5 février 1844, que la question de propriété ne peut être soulevée par un propriétaire, relativement à un terrain faisant partie d'une rue sur lequel il a établi un étalage en saillie ;

La propriété n'est pas, au reste, l'unique fondement des exceptions préjudicielles, elles peuvent être appuyées sur toute espèce de droit. Ainsi, si un individu poursuivi devant le tribunal de simple police pour refus d'acquitter le péage, au passage d'un pont, d'un bac ou d'un bateau, excipait d'un droit ou d'une qualité qui l'exemptât de la taxe, il y aurait lieu à le renvoyer devant le tribunal compétent (Loi du 6 frimaire an VII, art. 32, 56; Cass., 26 août 1826); et, dans ce cas, le tribunal compétent serait celui de la justice de paix (même Loi du 6 frimaire an VII, art. 56; Cass., 26 août 1826. Il en serait de même si l'application du tarif à telle ou telle nature de chargement était contestée. Conseil d'Etat, 5 février 1841).

Le sursis devrait encore être prononcé, s'il s'agissait d'une matière administrative, c'est-à-dire assujettie à une décision préalable à rendre par les tribunaux administratifs, par exemple :—de reconnaître si des réparations faites à une maison sujette à reculement sont ou non confortatives (Cass., 3 décembre 1847, 4 mai 1848, 13 juillet 1850); — de vérifier si un alignement, donné par le maire, est conforme au plan de la ville, homologué par ordonnance ou par décret; le Conseil d'Etat est seul compétent pour en juger (Loi du 16 septembre 1807, art. 52; Cass., 27 décembre 1839); — de décider si une usine, établissement insalubre, est installée conformément à l'autorisation accordée (Cass., 6 février 1846); — de fixer la date d'un établissement insalubre que le prévenu prétend antérieur au décret du 15 octobre 1810 (Cass., 3 oct. 1845); — d'interpréter un contrat administratif, tel qu'un cahier des charges, en vertu duquel un entrepreneur de travaux publics a extrait des matériaux dans un terrain communal (Cass., 25 février 1845); — de déterminer si un chemin est une grande route, un chemin vicinal (Cass., 19 juillet 1833); ou un chemin rural, ou une rue (Cass., 25 septembre 1841, 5 février 1845); — de fixer la largeur réelle d'un chemin, lorsque l'empiétement dépend de cette fixation (Cass., 15 juillet 1838).

Mais le pourvoi contre un arrêté municipal ou préfectoral ne peut jamais être considéré comme une question préjudicielle, ce pourvoi n'étant pas suspensif. Les arrêtés de l'autorité administrative conservent, en effet, toute leur force, tant qu'ils n'ont pas été réformés ou modifiés par l'autorité supérieure; la jurisprudence de la Cour de cassation est constante sur ce point, et de nombreux arrêts ont décidé que le recours contre un arrêté municipal ne saurait être un moyen de sursis. Voir notamment les arrêts des 26 juillet 1827, 9 mai 1828 et 27 décembre 1834. Un arrêt du 4 janvier 1838 a appliqué le principe à la contravention résultant de travaux exécutés contrairement à un arrêté de l'administration municipale, et un arrêt du 3 mai 1850 à une contravention à des mesures concernant la salubrité publique.

L'article 482 du Code forestier, dont nous avons rapporté les premières dispositions ci-dessus, veut que, « dans « le cas de renvoi à fins civiles, le ju- « gement fixe un bref délai, dans le- « quel la partie qui aura élevé la « question préjudicielle devra saisir « les juges compétents de la connais- « sance du litige, et justifier de ses « diligences, sinon il sera passé outre. « Toutefois, en cas de condamnation, « il sera sursis à l'exécution du juge- « ment sous le rapport de l'emprison-

« nement, s'il était prononcé ; et le « montant des amendes, restitutions « et dommages-intérêts sera versé à « la caisse des dépôts et consignations, « pour être remis à qui il sera or- « donné par le tribunal qui statuera « sur le fond du droit. »

Il résulte de cet article que c'est le prévenu qui doit saisir de la question préjudicielle les juges compétents et qui est chargé de la preuve. L'article 189 du Code forestier rend la même disposition applicable aux poursuites exercées au nom et dans l'intérêt des particuliers. Mais l'est-elle également aux contraventions étrangères aux bois, et dont la poursuite n'est point réglée par le Code forestier ? Curasson, en posant cette question (1re partie, section III, n° 20), critique la jurisprudence de la Cour de cassation, qui avait adopté l'affirmative ; depuis, la Cour suprême a modifié, en partie, son opinion pendant quelques années, en décidant, par arrêt du 12 août 1837, « que les articles 182 et 189 du Code forestier ne sont applicables, dans toute leur force, qu'aux délits et contraventions commis dans les bois ou forêts soumis au régime forestier ou appartenant à des particuliers ; quant aux autres contraventions, le principe consacré par la jurisprudence qui met à la charge du prévenu, dans le cas où il élève une question préjudicielle de propriété, l'obligation de saisir, dans un délai déterminé, les tribunaux compétents pour décider la question, s'applique aux délits ou contraventions poursuivis dans l'intérêt de l'Etat ou de la société à la requête du ministère public, lequel serait sans qualité, sans pouvoir, sans intérêt pour saisir le tribunal civil et plaider devant lui une cause qui lui est étrangère, mais qu'on ne pourrait, sans de graves inconvénients, étendre ce principe au cas où il n'est question que d'intérêts privés ; que, dans une pareille position, les tribunaux correctionnels, compétents seulement pour appliquer la peine prononcée par la loi, mais, sans pouvoir pour prononcer sur les questions de propriété, ne doivent, en renvoyant les parties à fins civiles, rien préjuger sur la nature de l'action qu'elles auront à intenter, ni sur la question de savoir à qui sera imposée la charge de la preuve, et que les parties doivent être laissées, à cet égard, dans la plénitude de leurs droits. »

Ainsi, d'après cet arrêt, si la poursuite est exercée à la requête du ministère public, c'est au prévenu qui élève la question préjudicielle de propriété à justifier de son exception, et à saisir les tribunaux compétents dans un délai déterminé ; si c'est la personne lésée qui saisit directement le tribunal de police pour obtenir des réparations civiles, la preuve n'est pas plus à la charge de l'une des parties que de l'autre, le tribunal de répression doit ordonner le renvoi sans rien préjuger.

Ce système, fait encore observer Curasson, a pour inconvénient de mettre la preuve à la charge du véritable propriétaire ou du légitime possesseur, lorsque celui-ci se trouve poursuivi par le ministère public ; cependant, par de nouveaux arrêts, deux entre autres, des 17 janvier 1845 et 26 décembre 1846, la Cour de cassation est revenue à sa première opinion, encore plus absolue ; elle a jugé, en effet, que l'article 182 du Code forestier, qui met à la charge du prévenu l'obligation de saisir les juges compétents de la question préjudicielle s'applique aussi bien au cas de contestation *entre particuliers* par suite d'un délit *ordinaire* que par suite d'un délit *forestier*, et que le jugement qui accueille l'exception préjudicielle doit fixer un délai au prévenu pour saisir les juges compétents, encore bien même que le ministère public n'aurait pas conclu à cette fixation de délai.

Quoi qu'il en soit, le prévenu qui a élevé la question de propriété n'est pas obligé d'en établir la preuve par un titre; il peut, prenant pour trouble le procès-verbal dressé contre lui, ou les poursuites, élever, s'il a la possession annale, une action en complainte devant le juge de paix. Cass., 10 janvier 1827. Il importe, surtout dans ces cas, de ne pas perdre les avantages d'une possession qui légitime tous les actes du possesseur, et qui dispense, pour écarter le trouble, de toute autre preuve de propriété.

Si l'habitant d'une commune poursuivi en contravention avait à justifier qu'il n'a fait qu'user, sur le terrain en contestation, d'un privilége appartenant à la commune et à ses habitants, il aurait le droit, pour peu du moins qu'il fût inscrit comme contribuable au rôle de la commune, d'exercer, à ses frais et risques, avec l'autorisation du Conseil de préfecture, les actions qu'il croirait appartenir à la commune, et que la commune, préalablement appelée à en délibérer, aurait refusé ou négligé d'exercer. Loi du 18 juillet 1837, art. 49. — Une question préjudicielle pourrait donc être élevée en pareille circonstance, et le renvoi à fins civiles être ordonné dans les conditions de l'article 49 précité.

Si le délai pour se pourvoir devant juge compétent n'a pas été fixé par le jugement, cette omission peut être réparée dans un second jugement rendu contradictoirement avec le prévenu, ou celui-ci dûment appelé. Cass., 15 décembre 1827, 23 juillet 1830.

Le prévenu est tenu de justifier de l'introduction de son action à fin civile dans le délai qui lui a été imparti par le jugement de sursis. Quand il plaide contre une commune, cette justification s'établit en prouvant qu'un mémoire a été adressé par le prévenu au préfet, pour faire autoriser cette commune à ester en jugement.

Mais de ce que la preuve de la propriété pourrait être faite par les titres les plus clairs et les plus convaincants, même par les titres acquis ou recouvrés depuis le sursis et émanés même de la partie lésée, par exemple du Conseil municipal d'une commune, il ne s'ensuivrait pas qu'il eût été satisfait à l'instruction ou à la preuve demandée. Le juge du tribunal de police ne pourrait pas plus apprécier ces titres que ceux qui auraient été opposés dans le principe à la contravention ; et, à moins que le ministère public ou la partie adverse ne déniât plus le droit de propriété, il devrait considérer le prévenu comme n'ayant pas exécuté l'obligation qui lui avait été imposée, et le déclare forclos relativement à la preuve de la propriété.

Une condamnation toutefois ne résulterait pas nécessairement de cette forclusion ; le juge de paix aurait toujours à examiner si, en définitive, les conditions constitutives de la contravention se rencontreraient dans le fait reproché au prévenu, à part son droit de propriété qu'il ne serait plus admis à faire valoir.

CHAPITRE VI.

Du jugement. — Jugement d'avant faire droit. — Jugement sur la compétence. — Jugement préparatoire, interlocutoire, définitif. — Jugement en premier et en dernier ressort. — Jugement par défaut, opposition. — Dépens. — Dommages-intérêts.

SECTION I.

Du jugement. — Nécessité d'entendre le ministère public. — Délai dans lequel le jugement doit être rendu. — Publicité du jugement.

Après que l'instruction de l'affaire à l'audience est terminée, le ministère public en fait le résumé, et donne ses conclusions. C. instr. crim., art. 153.

Mais il n'est pas nécessaire, comme sous le Code du 3 brumaire an IV, que les conclusions du ministère public soient écrites; elles peuvent être verbales. Les conclusions du ministère public sont rigoureusement exigées.

La non-comparution du ministère public, et même son désistement, ne dispensent jamais le juge d'examiner si le prévenu est coupable, et de le condamner, s'il est trouvé tel. Un tribunal de simple police ne peut renvoyer le prévenu, en donnant congé de la demande du ministère public, sous le prétexte qu'il est défaillant. Cass., 28 frim. an VII ; 25 septembre 1834.

Mais le ministère public doit être entendu, ou du moins mis en demeure de présenter ses conclusions sur tous les incidents de l'instruction qui a lieu devant les tribunaux de simple police. A défaut d'accomplissement de cette formalité, le jugement qui intervient est frappé de nullité. Cass., 30 sept. 1843 ; 18 décembre 1848.

Le ministère public est suffisamment mis en action par la citation directe donnée à la requête de la partie civile, et ne peut se dispenser de conclure pour la vindicte publique. Cass., 17 août 1809.

Le refus illégalement fait par le ministère public de donner ses réquisitions, soit pour la condamnation, soit pour l'acquittement, n'empêche pas le tribunal de prononcer son jugement. Même arrêt.

Lorsqu'un jugement constate que le prévenu a été entendu dans ses moyens de défense, il ne peut se faire un moyen de nullité de ce qu'il n'aurait pas eu la parole après le ministère public. Cass., 9 juin 1832.

Après que le ministère public a résumé l'affaire et donné ses conclusions, que la partie citée a été entendue dans ses observations, le juge du tribunal de police statue.

Le jugement doit être prononcé publiquement dans l'audience où, l'instruction aura été terminée, ou, au plus tard, dans l'audience suivante. C. inst. crim. 153 ; Favard de Langlade (v° *Jugement de simple police*, p. 184, § 2); Carnot (sur l'art. 153, p. 635, n° 14), font observer que l'article 153 ne dit pas, comme le faisait l'article 62 du Code de brumaire an IV, que le tribunal de police doit prononcer son jugement *dans la même audience*, ou, au plus tard, dans l'audience suivante, mais seulement que le jugement sera prononcé *dans l'audience où l'instruction aura été terminée*, et, au plus tard, dans l'audience suivante ; ce qui est beaucoup mieux, poursuit Carnot, car il arrivait souvent que, dans la crainte de rendre un jugement nul, les tribunaux de police refusaient une continuation de cause, lorsqu'il aurait été nécessaire de l'accorder. Le jour auquel la cause est continuée doit être indiqué; car un renvoi indéfini est un déni de justice, et tout déni de justice comporte nullité.

Lorsque la cause est en état, le tribunal doit donc la juger, au plus tard, dans l'audience suivante; et il commet un excès de pouvoir en l'ajournant jusqu'à ce que, par exemple, la Cour de cassation ait statué sur le pourvoi formé contre un jugement par lui rendu sur une autre contravention imputée au même individu, et jusqu'à ce qu'il y ait jugement en cas de renvoi. Cass., 31 janvier 1833; 14 décembre 1811.

Le jugement, dit encore l'art. 153, doit être rendu en audience publique. Pour qu'un jugement soit rendu publiquement, il ne suffit pas qu'il ait été prononcé à l'audience, il faut encore que tout le débat qui le précède soit public; ainsi, est nul le jugement rendu par le juge de paix en sa demeure et sans conclusions du ministère public, alors que toute l'instruction a eu lieu dans la maison commune où siége ordinairement le tribunal. Cass., 12 mess. an XI.

Le jugement portant qu'il a été rendu au lieu ordinaire des audiences est nul, comme ne contenant pas une preuve suffisante de la publicité de l'audience. Cass., 23 oct. 1823.

La mention qu'un jugement a été prononcé par le juge de paix, tenant l'audience de simple police, ne constate pas suffisamment que l'audience fût publique. Cass., 21 nov. 1828.

Est nul, comme ne contenant pas une mention suffisante de la publicité, le jugement dans lequel on s'est borné à énoncer qu'il a été rendu à l'audience de tel jour. Cass., 7 déc. 1826; 30 mars 1832; 29 mai 1835; 13 juin 1840.

Le juge de police peut rendre la justice dans sa demeure, pourvu que l'audience soit publique. Cass., 6 octobre 1837.

Les jugements de simple police, rendus dans l'île de Corse, doivent être, comme tous autres, écrits en langue française, sous peine de nullité. Cass., 16 fév. 1833.

Le huis clos n'influe même pas sur la publicité du jugement; c'est toujours publiquement que les juges doivent, après le huis clos, rendre leur sentence. Cass., 29 avr. 1826; 12 déc. 1823.

A défaut de la mention que l'audience a été publique, la présomption légale est qu'elle ne l'a pas été. Cass., 6 mai 1830.

La mention suivante, *fait, jugé et prononcé*, ou bien, *fait et prononcé en audience publique*, s'applique non-seulement au prononcé du jugement, mais encore à ce qui s'est fait aux précédentes audiences. Cass., 23 nov. 1843; 28 déc. 1844.

Si la cause a subi plusieurs remises, le jugement doit constater la publicité de toutes les audiences, à peine de nullité. Cass., 26 juin 1829.

Mais la mention de la publicité, faite à la fin du jugement, se réfère, à moins de preuve contraire, à toutes les séances qui ont précédé sa prononciation. Cass., 21 déc. 1843.

SECTION II.

Des jugements préparatoires, interlocutoires, définitifs. — Jugements d'avant faire droit. — Jugements sur la compétence. — Jugements en premier et en dernier ressort.

Les jugements d'*avant faire droit*, c'est-à-dire ceux qui, avant le jugement définitif, ordonnent une mesure quelconque pour mettre la cause en état, ou une enquête, une expertise, un sursis, etc., sont ou *préparatoires*, ou *interlocutoires*.

Est réputé *préparatoire* le jugement rendu pour l'instruction de la cause, et qui tend à la mettre en état de recevoir un jugement définitif, sans préjuger la décision.

Par exemple, le jugement qui ordonne une remise de cause, un sursis, la remise ne fût-elle accordée qu'à la suite de la déclaration du prévenu qu'il entend s'inscrire en faux contre le procès-verbal qui met à sa charge un délit de pêche fluviale. On sait, d'ailleurs, qu'aux termes de l'article 56 de la loi du 15 avril 1829, la déclaration de faux doit précéder l'audience indiquée par la citation. Une remise ne pourrait donc être accordée sur un pareil motif. Bordeaux, 27 novembre 1845.

Est réputé *interlocutoire* le jugement rendu pour l'instruction de la cause, mais qui préjuge le fond.

Par exemple, celui qui, en matière de délit forestier, lorsque la contestation a pour objet de savoir si l'amende sera déterminée à raison d'une somme fixée par arbre en déficit ou calculée au pied de tour, ordonne le mesurage des arbres. Cass., 2 août 1810.

Il n'est pas toujours facile de distinguer le jugement préparatoire du jugement interlocutoire. C'est plutôt dans les motifs du jugement et dans le but qu'il se propose qu'il faut rechercher son véritable caractère, que dans la mesure même qu'il prescrit.

Le juge de simple police peut ordonner, par jugement interlocutoire, toute preuve ou mesure d'instruction.

Quoique, à la différence des jugements préparatoires, les jugements interlocutoires préjugent le fond, il est de principe, en matière criminelle comme en matière civile, que le juge n'est pas lié par l'interlocutoire.

L'appel des jugements interlocutoires, de même que celui des jugements de compétence, est recevable avant le jugement du fond ; il en est en matière criminelle, à cet égard, comme en matière civile.

Dans l'usage, on ne porte sur la feuille d'audience que les jugements préparatoires qui prononcent la remise de l'affaire, lesquels sont exempts de l'enregistrement. Les jugements préparatoires peu importants, ceux, par exemple, qui ordonnent l'appel d'un témoin, ne sont ni rédigés ni portés sur la feuille d'audience ; les parties exécutent alors sans contrainte les dispositions qui les concernent.

Il en est différemment des jugements interlocutoires ; comme ils préjugent le fond, ils doivent être portés sur la feuille d'audience, et rédigés dans la forme ordinaire.

Le *jugement provisoire* est celui par lequel le tribunal ordonne une mesure d'urgence pour parer aux inconvénients dont les parties ou les objets litigieux auraient à souffrir avant la solution du procès, telle que la nomination d'un séquestre.

On nomme *jugement définitif* celui qui statue sur la contestation et la termine. Nous employons à dessein ces expressions : qui statue sur la *contestation*, et non celles-ci : qui statue sur le *fond*, parce qu'il n'y a de définitif que le jugement rendu sur le fond.

Ainsi, le jugement qui intervient sur une exception, une fin de non-recevoir, un moyen de nullité, sur les reproches en matière d'enquête, etc., est définitif.

De même, le jugement qui déclare

recevable une opposition contre un jugement par défaut, et continue la cause à huitaine pour être statué au fond, est définitif quant au chef qui statue sur la recevabilité de l'opposition. Cass., 20 septembre 1844.

Le jugement qui, après avoir condamné le prévenu à l'amende, en punition d'une contravention, surseoit à statuer sur la démolition des travaux indûment exécutés, jusqu'à ce que l'administration supérieure ait décidé si ces travaux sont confortatifs ou non, est définitif ou interlocutoire : définitif quant à l'amende, interlocutoire quant au sursis. Cass., 6 mars 1845.

Enfin, le *jugement* est *en premier* ou *en dernier ressort*, selon qu'il est ou non susceptible d'appel.

SECTION III.

Du jugement définitif. — Sur quoi doit prononcer le juge. — Renvoi du prévenu. Désistement du ministère public. — Abaissement de la peine. — Action publique, action civile. — Qui doit-on condamner? maître, ou domestique, ou préposé.

Si le fait ne présente ni délit ni contravention de police, le tribunal annule la citation et tout ce qui a suivi, et statue par le même jugement sur les demandes en dommages-intérêts. C. inst. crim., art. 159. Il ne s'agit, dans cet article, que des dommages-intérêts qui peuvent être prononcés au profit du prévenu, à raison du préjudice que lui a causé une plainte ou une poursuite mal fondée de la part de la partie civile.

Si le fait est un délit qui emporte une peine correctionnelle ou plus grave, le tribunal renvoie les parties devant le procureur impérial. C. inst. crim., art. 160.

Le tribunal de simple police, qui se déclare incompétent sur le motif que le fait poursuivi devant lui constitue un délit, ne peut saisir par son jugement d'incompétence le tribunal de police correctionnelle. Il doit se borner, conformément à l'article 160 du Code d'instruction criminelle, à renvoyer les parties devant le procureur impérial, qui est entièrement maître, sur ce renvoi, d'examiner et de décider s'il y a lieu par lui de poursuivre correctionnellement. Il en serait de même, si le fait était reconnu constituer un crime. « Si le fait, dit l'art. 160 précité, emporte une peine correctionnelle *ou plus grave*, le tribunal renverra les parties devant le procureur impérial.

Le juge de police ne peut pas davantage, dans le cas où il reconnaît que le fait ne constitue ni contravention ni délit, renvoyer l'affaire devant l'autorité administrative. Cass., 29 janvier 1813.

Lorsqu'un tribunal de police déclare son incompétence, pour connaître d'un fait qui rentre dans les attributions d'une autre juridiction, spécialement dans les attributions du Conseil de préfecture, il doit, non pas relaxer le prévenu des poursuites, mais se borner à le renvoyer devant qui de droit. Cass., 16 juin 1848.

Le tribunal ne peut se dispenser de prononcer sur un chef de prévention, sous le prétexte qu'il n'est pas compris dans la citation donnée au prévenu, lorsque cette citation se réfère elle-même à un procès-verbal qui énonce le fait de la contravention. Cass. 7 août 1829.

Le désistement du ministère public n'ayant point pour effet de dessaisir un tribunal de répression, le tribunal de simple police ne peut renvoyer le prévenu sur le seul motif que le ministère public a abandonné la prévention à son égard. Cass., 25 septembre et 6 décembre 1834. Mais, en statuant, il peut s'appuyer, entre autres motifs, sur le désistement du ministère public.

L'article 463 du Code pénal, qui autorise à abaisser la peine lorsque le juge reconnaît des circonstances atténuantes, est applicable en matière de police, ainsi que l'ont décidé deux arrêts de la Cour de cassation des 1er décembre 1842 et 15 septembre 1843 ; il résulte de ces arrêts qu'une amende de 6 fr. à 10 fr. peut être réduite au-dessous de 6 fr., si le juge reconnaît et constate des circonstances atténuantes.

Le juge ne peut statuer que sur les contraventions qui lui sont déférées ; il ne devrait pas, sans avoir préalablement été saisi dans les formes voulues par la loi, juger une contravention qui ressortirait des débats ; une poursuite ou une citation nouvelle serait indispensable.

Si le prévenu est convaincu de contravention de police, le tribunal prononcera la peine et statuera par le même jugement sur les demandes en restitutions et en dommages-intérêts. C. inst. crim., 161.

La personne civilement responsable ne peut être condamnée sans que le prévenu soit en cause. Cass., 15 décembre 1827. De même, après avoir statué sur l'action publique, le juge de police ne peut être saisi d'une action civile en dommages et intérêts par suite de la contravention, objet du jugement prononcé. Cass., 22 août 1845.

Quelquefois il y a du doute sur l'auteur même de la contravention, ce qui arrive surtout lorsqu'il s'agit de contraventions du fait d'un subordonné : ainsi, dans la boutique d'un boulanger, du pain est vendu au-dessus de la taxe par un de ses ouvriers, ou même par sa propre femme ; c'est néanmoins le maître boulanger qui doit être condamné, parce qu'il représente tout son établissement pour l'observation des règlements qui régissent l'exercice de sa profession, et que ses préposés ne sont que les instruments de son négoce. Cass., 27 septembre 1839.

La Cour de cassation a aussi jugé que lorsqu'un arrêté municipal oblige les propriétaires et les locataires d'une commune à fermer la porte de la rue à une certaine heure, c'est le propriétaire de la maison dont la porte a été trouvée ouverte qui est passible de l'amende, et non les locataires, le propriétaire eût-il ailleurs son habitation personnelle, surtout quand il ne désigne pas et ne met pas en cause le contrevenant. Cass., 2 février 1837, 9 mars 1838, et 18 décembre 1840. Le dernier de ces arrêts a été rendu relativement à une maison de Nancy, qui était habitée par seize familles. Le principe qui rend responsables les propriétaires de la fermeture des maisons qu'ils n'habitent pas paraît bien rigoureux. Il semble qu'il soit difficile surtout d'atteindre un propriétaire dont l'habitation et le domicile sont éloignés du lieu où la contravention a été commise. Mais on peut dire à l'appui de la condamnation que le propriétaire ne peut user de sa propriété sans prendre les précautions nécessaires pour la garantie des droits des tiers et principalement pour la sûreté publique ; qu'il est donc obligé, quand il ne peut surveiller par lui-même la fermeture des portes, la nuit, de préposer à sa maison un concierge ou de charger un des locataires du soin de répondre aux mesures de police qui le concernent. Lorsqu'il a satisfait à cette obligation, la Cour de cassation lui reconnaît le droit, par son arrêt du 18 décembre 1840, de désigner et de mettre en cause celui des locataires par lequel la contravention a été commise, à plus forte raison le concierge qu'il aurait préposé à la garde de sa maison.

C'est surtout relativement aux contraventions concernant les voitures publiques que des distinctions importantes sont à faire, entre l'auteur matériel de la contravention et l'auteur réel, c'est-à-dire entre le domestique ou le préposé qui conduit la voiture et le maître auquel elle appartient. On résoudra les difficultés qui se présenteront à cet égard en déterminant si la faute dépend réellement du subordonné, ou si elle est imputable au maître.

Par exemple, une voiture est trouvée voyageant sur une grande route, dépourvue de plaque; quoique conduite par un domestique, ce sera principalement le maître qui devra être condamné aux peines portées par la loi des 30 mai, 18 juin 1851; aussi, l'article 7 de cette loi punit-il d'une amende de 6 à 15 fr. le propriétaire, et d'une amende de 1 à 5 fr. le conducteur.

Si une voiture était, contrairement à un règlement municipal, trouvée voyageant la nuit sans être éclairée, la contravention porterait tout d'abord sur le conducteur de la voiture, ne fût-il que domestique ou préposé. Mais il semble qu'elle pourrait porter aussi, suivant les circonstances, sur le propriétaire, si celui-ci n'avait pas pourvu sa voiture des moyens nécessaires d'éclairage, et si, ainsi dépourvue, il l'avait fait voyager, sous la conduite de son domestique, la nuit.

La question de culpabilité peut se présenter encore relativement aux contraventions concernant la garde et la conduite des animaux, des chevaux, à l'éclairage ou à l'embarras de la voie publique, à la divagation des fous ou des animaux malfaisants ou féroces, etc. Dans tous ces cas, il faut examiner si le domestique ou le préposé n'a été, en commettant même la contravention, que l'agent du maître, si la faute principale vient du maître; nous citerons encore un ou deux exemples.

Ainsi, un domestique chargé de conduire des chevaux, des bêtes de trait ou de monture, dans l'intérieur d'un lieu habité, viole les règlements sur la rapidité ou la direction des voitures. Cod. pén., art. 475, n. 4. Comme il s'agit là d'un fait tout accidentel que le maître n'a pu empêcher, la contravention ne remontera pas jusqu'au maître, à moins toutefois qu'il n'ait chargé de la direction de sa voiture et de ses chevaux un homme tout à fait incapable, par exemple, un idiot, un enfant.

Au contraire, des fous ou furieux, ou des animaux malfaisants ou féroces, échappant à la surveillance qui devait les entourer, ont été trouvés vaguant. Cod. pén., art. 475, n. 7. La peine appliquée par le Code à cette contravention devra atteindre la personne chargée de la garde de ces fous ou furieux, les propriétaires des animaux malfaisants ou féroces, sans qu'ils puissent se décharger de leur responsabilité sur le domestique ou préposé qu'ils avaient commis à la garde ou à la surveillance dont ils avaient été chargés eux-mêmes. Non pas encore que, dans ces cas, la peine ne puisse aussi atteindre le domestique ou préposé négligeant; mais, ce qui paraît certain, c'est que la culpabilité du subordonné ne détruirait pas celle du maître.

Et, qu'on le remarque bien, nous ne parlons ici que de culpabilité, et non de responsabilité, car la responsabilité civile pourrait être beaucoup plus étendue; il est mille circonstances où le maître ou le commettant sont civilement responsables des actes de leurs domestiques ou préposés, sans être aucunement soumis à la pénalité qu'ils entraînent.

SECTION IV.

Nécessité de motiver les jugements de simple police. — Motifs suffisants. — Intention criminelle. — Connaissance personnelle du juge. — Enonciation de la peine, des articles de la loi et des condamnations civiles.

ART. 1. — Nécessité de motiver les jugements de simple police.—Motifs suffisants. — Intention criminelle. — Connaissance personnelle du juge.

L'obligation de motiver les jugements criminels n'existait pas sous l'ancienne législation. Le juge condamnait invariablement le coupable *pour les cas résultant du procès*. Cette formule fut justement proscrite par la loi des 8 et 9 octobre 1789; enfin l'article 15, titre V, loi organique des 16 et 24 août 1790, enjoignit aux tribunaux d'exprimer et le résultat des faits reconnus ou constatés par l'instruction, et les motifs déterminant leurs décisions. La Constitution de l'an III, art. 208, consacra ce grand principe qu'ont adopté les articles 163 et 195 Code d'inst. crim., et l'art. 7 loi organique 20 avril 1810.

Il est donc de principe que tout jugement doit être motivé. Cependant les articles 163 et 195 du Code d'inst. crim. ne parlent que des jugements de condamnation; mais l'art. 7 de la loi du 20 avril 1849 embrasse tous les autres jugements dans sa disposition générale.

La jurisprudence n'a excepté de cette règle que les jugements de pure instruction. Carnot, *Instruct. crim.*, t. Ier, p. 692, n° 1.

Est considérée comme telle une décision d'abstention; elle n'a pas même besoin d'être prononcée publiquement. Cass., 8 octobre 1836.

Mais les jugements interlocutoires, provisoires et définitifs, en premier comme en dernier ressort, qu'ils soient rendus par défaut ou contradictoirement, sont soumis à la règle commune.

L'art. 163, Code inst. crim. exige notamment, à peine de nullité, que tout jugement définitif de condamnation rendu par les tribunaux de police soit motivé.

Le tribunal de police qui déclare que le fait poursuivi par le ministère public constitue une contravention de police statue suffisamment sur les conclusions tendant à ce qu'il se déclare incompétent. Cass., 20 novemb. 1831, 29 sept. 1831.

Lorsque le tribunal saisi de plusieurs chefs de demande ne statue explicitement que sur l'un d'eux, il est censé rejeter les autres implicitement. Dès lors son jugement est nul, à défaut de motifs, sur les chefs qu'il a passés sous silence. Cass., 29 février 1828.

Ainsi les juges doivent statuer sur tous les chefs de prévention, et ils ne peuvent acquitter implicitement un prévenu sur l'un des chefs, sans déduire les motifs de l'acquittement et sans déclarer si le fait constitue un délit ou une contravention. Cass., 26 mars 1813, 10 mars 1827, 18 mars 1837, 2 août 1839.

Ce n'est donc pas remplir le vœu de la loi, lorsque le ministère public, par exemple, a pris des conclusions formelles sur plusieurs chefs, que de dire, en statuant seulement sur un seul chef, *que le prévenu est mis hors de cause pour le surplus*. Cass., 5 nov. 1829.

Toutefois, le jugement qui rejette implicitement une offre de preuve n'a besoin d'être motivé que dans le cas où le fait est dénié. Cass., 21 juillet 1832.

Pareillement, un jugement n'est pas nul par défaut de motifs, quand ceux sur lesquels le juge s'est appuyé pour rejeter une ou plusieurs des exceptions qui lui étaient soumises, excluent virtuellement toutes les autres. Cass., 13 mars 1834; 23 janvier 1836; 23 mars 1838.

Lorsque, le prévenu d'une contravention à une ordonnance de police ayant demandé son renvoi de la plainte, sous prétexte que cette ordonnance était inexécutable, le tribunal l'a condamné, en se fondant sur ce que les mesures prescrites par cette ordonnance rentraient dans les attributions conférées à l'autorité municipale et que les tribunaux ne peuvent se dispenser d'en ordonner l'exécution, le jugement de ce tribunal est suffisamment motivé quant au rejet de l'exception. Cass., 4 août 1832.

Le jugement qui prononce la nullité d'un procès-verbal, en énonçant uniquement que les rédacteurs n'ont rempli aucune des formalités édictées par la loi, n'est pas suffisamment motivé ; il faut nécessairement, en pareil cas, établir ce qu'il y a d'irrégulier dans le procès-verbal. Cass., 5 avril 1811.

Il en est de même du jugement qui déclare qu'il n'y a pas eu intention de nuire, de la part d'un diffamateur, sans énoncer les faits justificatifs et d'où résulte la preuve de cette dérogation à la présomption légale. Cass., 15 mars 1821.

En matière criminelle comme en matière civile, le jugement qui ordonne l'audition des témoins reprochés n'est pas suffisamment motivé, s'il énonce simplement que le tribunal n'a pas égard aux reproches, ou s'il se borne à donner acte de ces reproches, sauf à avoir tel égard que de raison aux dépositions. Cass., 11 juin 1842.

Il est possible de motiver une décision sur une alternative, si chacun des termes dont se compose l'alternative justifie l'application de la peine, sinon la déclaration ne présenterait aucune certitude légale. Cass., 1er avril 1824, 26 mars 1836.

Il faut d'ailleurs remarquer, quant aux motifs des jugements, que toute poursuite donne au tribunal qui en est saisi à juger deux questions distinctes, l'une relative à la vérification des faits incriminés, l'autre à leur qualification légale ; question de fait et question de droit.

Dire, en effet, qu'un individu est coupable, ce n'est pas énoncer le fait, mais seulement la conséquence qu'on en tire; c'est, en d'autres termes, qualifier et non relater le fait. Or, en confondant le fait avec sa qualification, on enlève à la Cour suprême le moyen de vérifier si cette qualification est légale. Cass., 17 août 1844.

Une pareille énonciation ne permettrait pas de reconnaître, par exemple, si les propos tenus contre le plaignant l'ont été à raison des fonctions publiques dont il est revêtu. Cass., 7 octobre 1825.

En matière d'injure verbale, le fait et la nature de l'injure doivent être spécifiés dans le jugement. Pour que la condamnation soit valable, il est donc nécessaire que la personne injuriée soit nommée dans le jugement; et il ne suffirait pas de dire que le prévenu a injurié une personne de tel endroit. Cass., 19 juin 1828.

De même, lorsqu'un arrêté admet une tolérance dans le poids du pain, en cas d'une extrême cuisson ou d'un accident qui aurait influé sur le résultat de la fournée, le tribunal ne doit pas se borner à énoncer simplement que le déficit reproché au contrevenant rentre dans les dispositions de l'arrêté; il faut nécessairement, dans le cas d'acquittement, qu'il énonce en termes explicites que le prévenu est excusable à cause d'une extrême cuisson ou d'un accident qui a influé sur le résultat de la fournée. Cass., 30 août 1838.

Au surplus, il suffit que les faits soient exprimés dans les considérants du jugement; rien n'oblige le tribunal à les répéter dans le dispositif. Cass., 1er février 1828 et 1er avril 1831.

Mais il ne faudrait pas qu'on ne trouvât la mention du fait incriminé que dans la plainte et aux qualités; c'est le jugement même qui doit constater la nature de la contravention, sans qu'il soit besoin de recourir à des éléments étrangers pour s'assurer s'il a été fait une juste application de la loi pénale. Carnot, tome I, p. 587, n° 17.

Les dépens étant l'accessoire des condamnations principales, il suffit que celles-ci soient motivées pour qu'elles servent de motifs à la disposition relative aux dépens. Cass., 7 nov. 1827 et 3 juillet 1835.

Mais la loi n'a pas déterminé et n'a pu déterminer la forme ni l'étendue des motifs d'un jugement.

Par conséquent, le laconisme des motifs ne donne jamais ouverture à cassation. Cass., 12 mai 1820.

Il suffit que les juges déclarent avoir formé leur conviction d'après l'instruction. Un grand nombre de jugements criminels sont, en effet, motivés dans ces termes : *Considérant qu'il résulte des débats de la cause que le prévenu s'est rendu coupable de tel fait, lequel constitue telle contravention.* Cass., 28 oct. 1814, 12 mars 1820, 2 déc. 1821, 14 juin 1825.

Très-souvent même, il serait surabondant de les motiver en d'autres termes, soit parce que le délit ou la contravention est avoué ou prouvé de la façon la plus évidente, soit parce qu'aucun doute ne peut être élevé à propos de la qualification du fait. Mais quand, au contraire, le fait est douteux, la qualification susceptible de controverse, il importe beaucoup de déduire les raisons ou la décision.

Mais est suffisamment motivé le jugement qui constate qu'un individu, poursuivi pour avoir embarrassé la voie publique par un dépôt de matériaux, n'a pu les placer ailleurs; c'est là constater suffisamment la nécessité du dépôt. Cass., 27 déc. 1828.

Le juge ne pourrait motiver son jugement sur la connaissance personnelle que lui aurait procurée une visite des lieux qu'il aurait faite, sans y appeler contradictoirement les parties. Cass., 11 juin 1842, 25 mars 1843.

Cependant, lorsqu'il n'y a pas de procès-verbal régulier constatant les faits objets des poursuites, ou aveu du prévenu, ou preuves écrites, le juge ne doit aucun compte des motifs de sa conviction; et il peut la puiser dans toute espèce de preuve. Un arrêt de la Cour de cassation, du 13 novembre 1834, nous fournit une véritable théorie sur cette question : « Vu, dit cet arrêt, les art. 153, 154 et 116 C. instr.; — Attendu, en droit, que lorsque les faits constitutifs des contraventions et des délits dont ils sont saisis ne se trouvent pas légalement établis par procès-verbaux réguliers, les juges de simple police et ceux de police correctionnelle remplissent, dans la constatation et l'appréciation des faits, les fonctions de jurés, et doivent, conséquemment, de même que ces derniers, se conformer aux instructions contenues en l'art. 342 C. instr. crim.; que la loi ne leur demande pas compte, en effet, non plus qu'aux jurés, des moyens par lesquels ils sont tenus de faire particulièrement dépendre la plénitude et la suffisance de la preuve; qu'elle ne leur dit point : Vous tiendrez pour vrai tout fait attesté par tel ou tel nombre de témoins; ni : Vous ne regarderez pas comme suffisamment établie toute preuve qui ne sera pas formée de tant de témoins ou de tant d'indices; qu'elle les charge seulement de s'interroger eux-mêmes dans le silence et le recueillement, et de chercher, dans la sincérité de leur conscience, quelle impression ont faite sur leur raison les preuves rapportées contre le prévenu et les moyens de sa défense; — Qu'il suffit, dès lors, que les juges soient convaincus de l'existence de la contravention ou du délit poursuivis, et de la culpabilité de l'individu qui en est inculpé, pour que l'une et l'autre soient reconnues constantes et entraînent l'application légale de la peine prononcée par la loi ». L'arrêt casse, d'après ces principes, le jugement déféré à la Cour, parce que, dans l'espèce, la contravention n'ayant pas été constatée par procès-verbal, le tribunal saisi de la poursuite devait prononcer d'après le sentiment intérieur de conviction qu'avait pu produire l'instruction à laquelle il s'était livré; — qu'en relaxant les prévenus, seulement par le motif que la déposition unique d'un des témoins entendus à l'appui de la prévention ne pouvait faire preuve de la contravention, en justice, le jugement dénoncé avait commis une violation expresse des articles visés.

On sait, au reste, que le défaut d'intention criminelle n'est pas un motif d'acquittement ou d'excuse en matière de contravention, le fait matériel suffisant pour donner lieu à l'application de la peine. Cass., 14 février et 1er avril 1826, 24 février, 4, 18 octobre et 1er décembre 1827, et 19 août 1828.

La loi n'exige pas que les jugements de simple police contiennent l'exposé sommaire des faits, l'art. 141 du Code de procédure civile ne s'applique pas à la matière. Cass., 14 août 1829.

Art. 2. — Enonciation de la peine, des articles de la loi et des condamnations civiles. — Jugements basés sur un arrêté municipal.

L'article 163 du Code d'instruction criminelle exige, outre les motifs de la décision, que les termes de la loi pénale soient rapportés dans le dispositif du jugement, à peine de nullité. « Tout « jugement définitif de condamnation, dit l'article 163, placé sous la rubrique *des Tribunaux de police*, sera motivé, et les termes de la loi appliquée seront insérés à peine de nullité. Il y sera fait mention s'il est rendu en premier ou en dernier ressort. »

Cette disposition a été empruntée à l'article 162 du Code du 3 brumaire an IV. Elle a toujours été appliquée d'une manière très-rigoureuse, et la jurisprudence de la Cour suprême nous en offre de nombreux exemples.

Ont été déclarés nuls :

Le jugement de simple police qui ne contient les termes de la loi en vertu de laquelle il a prononcé une peine de trois jours d'emprisonnement; ou les termes de la loi en vertu de laquelle le tribunal a prononcé une condamnation à l'amende. Cass., 18 octob. 1810, 20 août 1812, 8 juillet 1813;

Le jugement qui mentionne seulement que le tribunal a condamné les défendeurs conformément à la loi. Cass., 12 sept. 1822, 25 mars 1825, 20 janv. 1826, 28 avril et 15 déc. 1827, 19 juin 1828, 17 janv. 1829, 14 janv. 1849.

Bien que l'article 163 ne dise pas, comme l'article 195, relatif aux jugements des tribunaux de police correctionnelle, que le texte de la loi sera lu à l'audience, le texte n'en doit pas moins être lu, autrement il serait impossible de l'insérer dans le jugement. On chercherait, d'ailleurs, en vain, pourquoi l'insertion serait nécessaire quand la lecture de la loi ne le serait pas, tandis que l'on comprend parfaitement que le législateur a imposé au juge de paix l'obligation de lire le texte de la loi pénale, afin d'en être bien convaincu et d'en faire une légitime application. Cette lecture n'est pas moins importante, essentielle même, par l'effet qu'elle est destinée à produire sur l'auditoire; car c'est là et dans les motifs du jugement que se trouvent la justification, la raison suprême de la condamnation.

L'inobservation de cette double formalité entraînerait même la nullité du jugement du tribunal de police, car l'insertion étant prescrite sous peine de nullité, et l'insertion ne pouvant se faire régulièrement sans la lecture, il s'ensuit que l'un est aussi obligatoire que l'autre.

Au contraire, dans le cas de l'article 195, s'il est vrai que le texte de la loi doive être lu à l'audience, ce n'est pas à peine de nullité; le défaut d'insertion donne lieu seulement à l'amende de 50 francs contre le greffier; ainsi l'ont décidé deux arrêts de la Cour suprême, des 23 sept. 1843, 26 nov. 1844.

Mais pourquoi la nullité dans le cas de l'article 163 et simplement une amende dans celui de l'article 195? On en donne pour raison que, dans les matières de police, et précisément parce que la loi ne trouve pas de garanties d'application aussi sûres dans un tribunal composé d'un seul juge que dans un tribunal composé de trois juges, pour éviter les erreurs qui en pourraient résulter, elle a astreint à insérer dans le jugement le texte précis de la loi appliquée; c'est une sanction de plus à l'obligation générale de motiver, imposée à tous les juges, soit criminels, soit civils.

Il ne suffit pas de rappeler dans le jugement les premières et les dernières expressions des lois citées; il faut y insérer les termes mêmes de la loi pénale. Cass., 27 août 1825.

Mais l'obligation, imposée par l'article 163 du Code d'instruction criminelle, d'insérer dans le jugement de police les termes de la loi appliquée ne doit s'entendre que des termes de la loi pénale, qui prévoit le fait particulier sur lequel porte la condamnation, et non des dispositions générales réglant pour tous les délits les conséquences et l'exécution des condamnations. Cass., 1er prairial an X, 18 juin 1835.

Il n'est pas nécessaire, au surplus, de citer les dispositions des lois qui peuvent servir à caractériser les faits constituant le délit ou la condamnation ; il suffit que le jugement contienne la citation et la transcription des articles qui déterminent la peine à appliquer. Cass., 19 février 1831.

Notamment, il n'est pas nécessaire de donner lecture des dispositions de lois relatives à certaines procédures, par exemple des articles qui prescrivent d'adresser les rapports au ministère public. Cass., 14 mars 1834.

Mais le tribunal qui réduit au-dessous du minimum la peine prononcée par la loi rend un jugement nul, s'il ne cite pas la loi qui l'autorise à abaisser ainsi la peine. Cass., 14 janv. 1830.

Est encore nul le jugement qui prononce une confiscation et qui ne contient pas les termes de la loi pénale dont il fait l'application. Cass., 14 janv. et 23 fév. 1819.

Un jugement n'est pas nul, bien qu'il ne contienne pas le texte de la loi en vertu duquel il prononce des dommages-intérêts au profit de la partie civile, ni celui d'après lequel il soumet, pour ces dommages-intérêts, la partie condamnée à la contrainte par corps. Cass., 23 avril 1815.

Quant au chef des dépens, il suffit que les articles 162 et 194 du Code d'instruction criminelle soient mentionnés et non transcrits, par application de ce principe que c'est une conséquence de la condamnation principale. Cass., 3 juill. 1835.

Mais une fausse indication de la loi applicable ne rend pas nul un jugement, lorsque, d'ailleurs, la peine prononcée n'a pas excédé la limite posée par la loi qui devait être appliquée. Cass., 8 fructidor an X, 23 janv. 1821, 6 sept. 1828.

Jugé de même encore qu'il ne peut résulter une nullité de ce que l'indication du numéro de l'article inséré dans un jugement de simple police n'est pas placée en tête du texte transcrit, si cette indication se trouvant plus loin, il ne peut y avoir aucun doute sur la relation entre la loi appliquée et la loi transcrite. Cass., 18 juin 1835.

Ce n'est pas, au reste, la disposition qui fixe la qualité des peines, mais celle qui détermine la peine même du délit puni, dont l'insertion et la lecture sont requises. En conséquence, dans le cas de contravention à un règlement de police municipale, la condamnation ne peut être basée sur les art. 464 et 484 du Code pénal qui règlent en général les peines de simple police, mais sur l'article même ou le numéro de l'article qui fixe le montant de l'amende ou la durée de l'emprisonnement. Cass., 11 oct. 1810, 2 juill. 1813.

La transcription des articles 464 et 484 du Code pénal, dans un jugement prononçant une condamnation pour contravention à un arrêté municipal sur l'observation des fêtes et dimanches, ne satisfait pas à l'obligation d'y insérer les termes de la loi appliquée. Cass., 2 juill. 1813.

Si le jugement se base sur un règlement ou arrêté municipal, est-il nécessaire que cet arrêté soit transcrit ? La Cour de cassation avait, par arrêt du 11 octobre 1810, jugé l'affirmative ; mais elle est revenue sur cette jurisprudence, par arrêts du 6 septembre 1828 et du 3 juillet 1835, « attendu que l'article 163 du Code d'instruction criminelle n'exige pas l'insertion du texte des arrêtés municipaux. »

Jugé encore qu'il n'est pas nécessaire que le jugement qui statue sur une contravention de police contienne textuellement l'article de l'arrêté municipal auquel il a été contrevenu, lorsque cet arrêté se trouve rapporté dans les prolégomènes du jugement, et qu'il est d'ailleurs produit aux pièces sans que son authenticité soit contestée. Cass., 3 juill. 1835.

Lorsque la peine appliquée n'excède pas le maximum de celle dont le délit était réellement passible, l'erreur commise dans la citation de la loi pénale ne donne pas ouverture à cassation; cela résulte de l'article 411 du Code d'instruction criminelle, d'après lequel « si la peine prononcée est la « même que celle portée par la loi, « nul ne pourra demander l'annula« tion du jugement, sous le prétexte « qu'il y aurait erreur dans la citation « du texte de la loi ». Cass., 29 août 1817, 23 janv. 1821, 4 fév. 1825, 8 sept. 1826, 18 juill. 1828, 9 juin 1832.

Il ne saurait donc résulter une nullité de ce que le juge du tribunal de police aurait donné lecture d'un article de loi ancienne au lieu de celui de la loi nouvelle, lorsque l'article de la loi nouvelle n'est autre que celui de la loi ancienne. Cass., 27 mars 1840.

Au surplus, les articles 163 et 195 ne sont applicables qu'aux jugements de condamnation, et non à ceux d'acquittement. Cass., 21 septembre 1820; Carnot, t. Ier, p. 695, n° 4.

Ils ne sont pas non plus applicables aux jugements qui ne contiennent que des condamnations civiles. Cass., 21 septembre 1820, 25 mars 1830.

En outre, la lecture et la transcription, dans les jugements de police, des dispositions pénales, n'ayant rien de substantiel, il suffit, pour la validité d'un jugement contradictoire, prononcé après jugement par défaut, que le texte de la loi soit relaté dans le jugement par défaut, lorsque le tribunal se borne à rejeter l'opposition à ce jugement. Cass., 12 mai 1835, 21 octobre 1831. Un jugement définitif, rendu sur opposition, se lie et s'identifie, en effet, avec le jugement par défaut, qu'il fait revivre. Cass., 9 mai 1823.

Le vœu de la loi est encore rempli lorsque les conclusions du ministère public, contenant la transcription du texte de la loi, sont insérées dans le jugement, et que le dispositif se réfère à cette transcription. Cass., 21 mars 1834.

SECTION V.

De la condamnation aux dommages-intérêts et à la démolition des objets construits par contravention.

Les articles 159 et 161 du Code d'instruction criminelle portent que le juge du tribunal de police doit, « soit que le fait ne présente ni délit ni contravention de police, soit que le juge prononce une peine, statuer, par le même jugement, sur les demandes en restitution et en dommages-intérêts ». Dans le premier cas, c'est-à-dire si le fait ne présente ni délit ni contravention, il ne peut être question que des dommages-intérêts contre la partie civile, lorsqu'il y en a une en cause, et non de dommages-intérêts contre le ministère public, qui n'en est jamais passible.

Les tribunaux de police n'ont donc pas seulement le droit de prononcer les peines applicables aux contraventions dont ils sont saisis, ils peuvent aussi statuer sur les demandes en restitution et allouer à celui auquel les contraventions préjudicient des dommages-intérêts. Et il est à remarquer que le montant des dommages-intérêts qui peuvent suivre la condamnation ne saurait jamais déterminer leur compétence, laquelle est réglée seulement par la quotité de l'amende ou la durée de l'emprisonnement. Cass., 23 déc. 1814, 31 déc. 1818, 27 juill. 1827.

La loi ne limite, en effet, ni les cas dans lesquels un tribunal de simple police peut allouer des dommages-intérêts aux plaignants, ni la quotité jusqu'à laquelle ces dommages-intérêts peuvent être portés. Ainsi, un tribunal de simple police n'excède point sa compétence en condamnant à 1,000 francs de dommages-intérêts un individu convaincu d'injures verbales. Cass., 26 pluv. an XII.

Et le tribunal de simple police ne peut se déclarer incompétent pour connaître d'une contravention, sous le prétexte que l'application de la peine pourrait entraîner la suppression d'une maison ou d'un établissement à titre de dommages-intérêts. Cass., 27 juill. 1827.

Le tribunal de police qui condamne un inculpé à l'amende pour avoir placé une enseigne sur la voie publique sans autorisation du maire doit en même temps ordonner la destruction de ladite enseigne. Cass., 13 novembre 1847.

Jugé encore qu'un tribunal de police n'excède pas ses pouvoirs en prononçant une condamnation à 6,000 francs de dommages-intérêts, et que, même sous le Code du 3 brum. an IV, cette condamnation était en dernier ressort. Cass., 2 déc. 1808.

Le juge qui condamne un individu à l'amende comme coupable de contravention ne peut même surseoir à statuer sur les conclusions tendant à la destruction des ouvrages constitutifs de cette contravention. Cass., 26 sept. 1834, 22 avril 1835.

C'est, en effet, par le jugement par lequel il statue sur la contravention que le tribunal de police doit prononcer sur les dommages-intérêts. C. inst. crim., art. 161. S'il n'en a pas alloué par ce jugement, la demande ne peut plus être portée que devant le tribunal civil; un autre tribunal de police surtout commettrait une usurpation de pouvoirs, s'il en accordait à raison d'une contravention jugée par un premier tribunal. Cass., 28 frim. an VIII.

Un tribunal de police ne peut non plus accorder des dommages-intérêts contre le prévenu, lorsqu'il reconnaît qu'il n'y a pas de peine à appliquer. Cass., 3 mars 1814 et 29 fév. 1828. Mais il est autorisé, dans ce cas, à en prononcer en faveur du prévenu contre la partie civile à raison du préjudice résultant d'une poursuite mal fondée. Cass., 3 mars 1814 et 3 nov. 1826.

Il y a contradiction et violation des articles 137 et 151 du Code d'instruction criminelle dans un jugement qui déclare que les prévenus n'ont commis aucune contravention, et qui, néanmoins, prononce la confiscation des objets saisis. Cass., 15 mars 1828.

Le juge du tribunal de police ne peut également prononcer sur une demande en responsabilité civile, s'il reconnaît que la prescription est acquise au prévenu contre l'action publique. Cass., 2 août 1828.

La responsabilité civile ne s'étend pas au delà des dépens et des dommages-intérêts ou autres réparations civiles. En conséquence, le père ne peut être condamné directement à l'amende pour la contravention commise par son fils, ni déclaré responsable de l'amende prononcée contre son fils à raison de la contravention, car l'amende est une peine et doit être personnelle à l'auteur du délit. Cass., 15 déc. 1827, 29 fév. 1828.

Lorsqu'un jugement de simple police a été cassé au chef seulement qui refuse des dommages-intérêts à la partie lésée, le tribunal de renvoi doit se borner à fixer les dommages-intérêts sans pouvoir s'occuper de la contravention elle-même, en rechercher l'auteur, et déclarer, par suite, que le véritable auteur étant autre que celui qui a été condamné, et la contravention étant prescrite vis-à-vis de lui, il n'y a pas lieu à prononcer sur les dommages-intérêts. Cass., 16 mars 1839. Mais il peut, en pareil cas, débouter le demandeur en dommages-intérêts de la demande.

Les tribunaux de police n'ont pas le pouvoir de prononcer des dommages-intérêts applicables aux hospices ou aux bureaux de bienfaisance, même sur la demande du plaignant; ils peuvent seulement les adjuger d'une manière pure et simple à ce dernier, sauf à lui à en disposer ensuite comme il l'entendra. Cass., 25 fév. 1830. Voir ci-dessus, p. 64.

De même que les dépens, les dommages-intérêts doivent être liquidés par le jugement. C. instr. crim., 161. L'article 148 permet au juge, ainsi que nous l'avons vu ci-dessus, p. 132, d'estimer d'avance ou de faire estimer le dommage causé, lorsqu'il en a été requis par le ministère public ou par la partie civile; il ne pourrait, en prononçant le jugement, condamner le prévenu en des dommages et intérêts dont il se réserverait de faire l'application plus tard. Cass., 31 décembre 1835.

Il est d'autres demandes sur lesquelles le juge de paix peut avoir encore à prononcer, ce sont celles par lesquelles le ministère public conclut à la destruction des objets dont l'existence constitue la contravention. Ainsi, lorsque, sans alignement préalable, ou au mépris de l'alignement donné, un propriétaire élève des constructions, soit sur la voie publique, soit même sur son propre terrain, le juge doit, sur la demande du ministère public, en punissant la contravention, ordonner la démolition de ces constructions.

Le droit qu'a le juge de police d'ordonner les travaux de démolition ou de construction, requis par le ministère public lorsque la contravention à l'arrêté municipal ou administratif consiste dans une construction ou dans une démolition faite contrairement à cet arrêté, repose sur l'art. 161 du Code d'instruction criminelle, portant que « le tribunal prononcera la peine et statuera, par le « même jugement, sur les demandes « en dommages et intérêts ». Or, en matière de voirie, par exemple, disent les arrêts de la Cour de cassation, du 18 septembre 1828 et 8 janvier 1830 : « Le dommage est évidemment dans l'existence des constructions ou travaux exécutés au mépris des règlements; la réparation de ce dommage est la conséquence nécessaire de la reconnaissance et de la répression de la contravention, et cette réparation ne peut être que la démolition des constructions ou travaux indûment exécutés. S'il en était autrement, si, moyennant une amende de un à cinq francs, prononcée par la loi, on laissait subsister ces travaux, et que l'on conservât ainsi à leurs auteurs le fruit d'une violation manifeste des règlements destinés à assurer la sûreté, la salubrité des voies publiques, à amener progressivement, et à l'aide du temps, la décoration des cités, les règlements de voirie, ainsi que les lois qui les sanctionnent, seraient impuissants et dérisoires. »

Sans cesse la Cour suprême fait l'application de ces principes, en ordonnant la destruction et la démolition d'ouvrages et de bâtiments construits contrairement aux plans d'alignement ou contrairement aux règlements municipaux. Elle s'est montrée même plus rigoureuse pendant longtemps que le Conseil d'Etat qui, en matière de grande voirie, où les principes sont les mêmes, tolère constamment la conservation de travaux indûment faits, lorsqu'ils n'empiètent pas sur la voie publique, ou qu'ils ne sont pas confortatifs de façades sujettes à reculement.

Ce n'est, en effet, comme nous l'avons dit plus haut, qu'à titre de dommages-intérêts que le tribunal de police peut ordonner la démolition ou la reconstruction de travaux. Or, les dommages-intérêts supposent nécessairement un dommage, ils ne peuvent s'appliquer qu'à la réparation d'un dommage; aussi l'édit de décembre 1607, lorsqu'il règle par son article 5 la matière des alignements dans les rues et places, et qu'il *défend à tous de faire aucun édifice, pans de murs, etc., sans le congé et alignement du grand voyer et de son commis*, n'autorise-t-il le juge à ordonner la démolition que *de la besogne mal plantée*, c'est-à-dire des travaux faits contrairement aux alignements donnés ou établis. Voilà pourquoi le Conseil d'Etat, chargé de maintenir et de faire respecter les règlements d'alignement en matière de grande voirie, a adopté pour jurisprudence de n'ordonner la démolition des travaux indûment faits que lorsqu'ils empiètent sur la voie publique, ou lorsqu'ils sont confortatifs de façades sujettes à reculement. Conseil d'Etat, 10 août 1828, 5 décembre 1834, 24 décembre 1844.

Ce n'est que vers 1846 que la Cour de cassation s'est départie de sa rigueur, relativement aux démolitions; auparavant elle avait jugé, notamment par arrêt du 12 avril 1822, que la démolition des travaux construits le long d'une rue ou d'un chemin, sans avoir demandé et obtenu l'autorisation, devait être ordonnée quoiqu'il n'y eût pas empiétement sur la voie publique; de nombreux arrêts ont été rendus dans ce sens, du 7 octobre 1831 au 4 mars 1848. Deux d'entre eux, des 5 février 1844 et 14 décembre 1846, ont été prononcés par les Chambres réunies; il s'agissait, dans l'arrêt de 1846, de l'exhaussement du mur d'une maison, accompli sans avoir obtenu l'alignement de l'autorité locale. On lit dans cet arrêt: « Attendu que ceux qui ont négligé ou refusé d'exécuter les règlements concernant la petite voirie doivent non-seulement être déclarés coupables de contravention, et passibles d'une amende, aux termes de l'art. 471, n° 5, Code pénal; mais qu'ils doivent aussi, s'il y a lieu, être condamnés à démolir les ouvrages indûment élevés, et que, dans ce cas, la démolition destinée à réparer l'infraction à la loi et le préjudice causé doit, aux termes de l'art. 161 C. inst. crim., être prononcée par le jugement qui déclare l'existence de la contravention. »

Mais, dès 1846, et par arrêt du 30 avril de la même année, la Cour de cassation a commencé à modifier sa jurisprudence dans le sens de celle du Conseil d'Etat; d'autres nouveaux arrêts ont été rendus dans le même sens par la Chambre criminelle, notamment le 2 janvier 1847 et le 8 décembre 1849. On lit, dans l'arrêt du 2 janvier 1847, rendu dans une espèce où le prévenu avait été poursuivi pour avoir fait construire un mur de clôture sans autorisation sur sa propriété, longeant un chemin vicinal;

« Vu l'art. 161 C. inst. crim; — Attendu que la démolition des constructions faites, sans autorisation préalable, le long des chemins publics, soit vicinaux, soit ruraux, ne doit, aux termes de l'article précité, être ordonnée par le jugement qui réprime le non-accomplissement de cette formalité que lorsqu'elles présentent un empiétement sur la largeur légale de la voie publique, puisque, dans le cas contraire, il n'en résulte aucun dommage pour la petite voirie; — Que, dans l'espèce, le prévenu a été poursuivi seulement pour avoir construit ou réparé le mur de clôture dont il s'agit, avant de s'être pourvu de l'autorisation prescrite par l'art. 1er de l'arrêté du maire de Bizanet, en date du 6 août 1844; — Que le procès-verbal par lequel l'agent-voyer adjoint a constaté le fait ne dit point qu'il en soit résulté une usurpation sur le sol du chemin public qui longe ce mur; — Que le jugement qui a déclaré la contravention constante s'est donc justement borné à infliger audit prévenu la peine de l'amende, et n'a fait que se conformer à l'art. 161 C. inst. crim., en décidant qu'il n'y avait pas lieu de prescrire la destruction de la construction ou réparation indûment effectuée; — Rejette. »

L'arrêt du 8 décembre 1849 est relatif à une maison construite sans autorisation, mais placée dans le véritable alignement; l'arrêt porte : « Attendu qu'il est reconnu par le jugement dénoncé, et non contesté par le demandeur en cassation, que la maison dont il s'agit est d'une construction récente et qu'elle se trouve sur l'alignement provisoirement arrêté par l'autorité municipale; — Que le fait d'y avoir effectué des réparations ne constitue, dès lors, une contravention à l'édit du mois de décembre 1607 qu'en ce que le nouvel œuvre n'avait point été autorisé préalablement; — Que la destruction de ce nouvel œuvre ne devait pas être ordonnée puisqu'il ne résulte de celui-ci aucun préjudice pour la voie publique;—Qu'en se bornant donc à condamner Semain à l'amende dont il s'est rendu passible en négligeant de faire autoriser son entreprise par le maire, ledit jugement, lequel est d'ailleurs régulier en sa forme, n'a fait que se conformer à l'art. 161 C. inst. crim.; — Rejette. »

Dans tous ces cas, le tribunal de police est juge, au reste, du dommage, selon les circonstances. Ainsi, par l'arrêt précité, du 30 avril 1846, la Cour de cassation a décidé qu'un tribunal de police avait pu ne pas ordonner la démolition d'une construction non conforme à l'alignement, mais élevée à l'*arrière* de la voie publique; or, il nous paraît certain que l'élévation de constructions en arrière de la voie publique doit être considérée, dans certaines villes, comme un dommage réel, apporté, sinon à la salubrité, au moins à la décoration de la cité, décoration que les règlements sur l'alignement sont destinés à faciliter et à amener progressivement. Une pareille contravention, constatée et reconnue, pourrait donc évidemment donner lieu à une condamnation de démolition.

Si le prévenu, poursuivi pour avoir opéré des travaux confortatifs, prétendait qu'ils n'avaient pas ce caractère, il y aurait lieu à sursis, l'autorité administrative étant seule compétente pour décider si les travaux sont ou non confortatifs.

Il en serait de même s'il s'agissait d'un mur de clôture ou de façade menaçant ruine ; ou plutôt le juge de paix devrait se déclarer incompétent, à moins qu'il n'y eût en même temps empiétement sur la voie publique, l'autorité administrative ayant encore seule le droit d'ordonner la démolition des murs menaçant ruine et de prendre toutes les mesures en faveur de la sûreté publique. Loi 16-24 août 1790, titre II, art. 3, n° 1 ; Cass., 14 août 1845.

Mais ce n'est pas seulement sur la démolition des travaux que le tribunal de police peut être appelé à prononcer, il peut avoir aussi à ordonner l'établissement ou le rétablissement de certaines constructions, comme lorsqu'il s'agit de préserver une ville des inondations d'une rivière, et qu'un arrêté administratif prescrit à l'auteur du changement opéré dans le lit de la rivière de faire rétablir les lieux à ses frais dans leur état primitif ; ou bien encore, lorsque, pour préserver une ville des inondations d'une rivière, un arrêté prescrit à des propriétaires riverains d'un canal y affluant de construire à leurs frais, chacun le long de son terrain, un mur d'encaissement. Si cette disposition n'est pas exécutée, le tribunal de police doit, en statuant sur la contravention, condamner le prévenu, à titre de dommages et intérêts, à faire construire le mur ordonné.

Les frais de tous les travaux, soit de construction, soit de démolition, doivent être mis à la charge des prévenus, et le ministère public autorisé à y pourvoir d'office pour le cas où les prévenus ne les exécuteraient pas eux-mêmes. Cass., 18 oct. 1826.

La formation d'établissements insalubres, nonobstant le défaut ou le refus d'autorisation de la part de l'administration, n'emportant qu'une peine de simple police, les tribunaux de police sont compétents pour reconnaître la contravention, appliquer la peine, et même ordonner la suppression de l'établissement, quel que soit le dommage qui puisse en résulter pour l'auteur de l'établissement. L. du 24 août 1790, tit. II, art. 3 ; L. du 22 juillet 1791 ; décret du 15 octobre 1810 ; C. instr. crim., 161 ; C. pén., 417, n° 5.

SECTION VI.

De la condamnation aux dépens. — De leur liquidation.

La partie qui succombe doit être condamnée aux frais, même envers la partie publique. C. instr. crim., 162.

Cette disposition s'applique au demandeur comme au prévenu. Par le seul fait de la citation donnée par le demandeur, celui-ci se constitue partie civile ; il en est de même s'il intervient et prend des conclusions à l'audience, lorsque le prévenu a été cité par le ministère public.

Les dépens, comme les dommages-intérêts, n'étant que la conséquence de l'application d'une peine accessoire de la condamnation, ils ne pourraient exister sans celle-ci.

Jugé, par application de ce principe, qu'un tribunal de simple police excède ses pouvoirs, en condamnant aux dépens un prévenu qu'il acquitte purement et simplement. Cass., 13 janv. et 1er sept. 1827.

Cependant, par arrêts des 10 juin 1842, 25 mars 1843, 7 mars 1845, la Cour de cassation a jugé que le mineur de moins de seize ans, quoique relaxé de la poursuite pour défaut de discernement, n'en doit pas moins, ou la personne civilement responsable, être condamné aux dépens.

Lorsque la contravention est prouvée, le tribunal de simple police commet un excès de pouvoir, en s'abstenant de prononcer la peine de l'amende, et en se bornant à condamner les prévenus aux dépens. Cass., 22 nov. 1811.

Le tribunal de police qui reconnaît, en faveur d'un inculpé, l'existence de circonstances atténuantes, ne peut se borner à le condamner aux dépens pour toute peine, et le dispenser ainsi même de l'amende. Cass., 31 déc. 1846.

L'article 55 du Code pénal porte : « Tous les individus condamnés pour « un même crime, ou pour un même « délit, seront tenus solidairement des « amendes, des restitutions, des dom- « mages-intérêts et des frais. » Un arrêt de la Cour de cassation, du 7 janvier 1830, avait jugé que le tribunal de simple police, qui, en condamnant aux frais plusieurs individus coupables de la même contravention, les décharge de la solidarité, commet un excès de pouvoir. Cass., 7 janv. 1830. Mais, par arrêt du 12 mai 1849, la même Cour a jugé que la solidarité établie par l'article 55 du Code pénal, relativement aux amendes pour *crimes* et *délits*, ne peut être prononcée pour simple contravention de police. C'est aussi l'opinion de Carnot, *Commentaire sur le Code pénal,* art. 55, n° 6, et de Cormeille, n° 46. Voir ce que nous avons dit plus haut, pag. 69 et 70.

Lorsque le ministère public a fait citer un témoin à l'appui d'un procès-verbal qui ne faisait pas foi jusqu'à preuve contraire, les frais de la citation et de l'indemnité sont à la charge du prévenu qui succombe, alors même que le témoin n'aurait rien déposé à l'appui du procès-verbal. Cass., 30 mai 1833.

Le jugement doit contenir la liquidation des dépens (Code instr. crim., 162); mais comme il est souvent difficile de liquider les dépens à l'instant même, et d'en fixer le *quantum* au moment de la prononciation du jugement, il suffit que cette liquidation soit faite avant la signature de la minute; c'est ce qui se pratique ordinairement. Le greffier présente au juge qui a tenu l'audience l'état des frais, et celui-ci, après l'avoir examiné, en permet la transcription dans le jugement.

SECTION VII.

De la minute du jugement. — Ce qu'elle doit contenir. — Signatures du juge et du greffier. — Manière de suppléer à l'impossibilité de signer.

La minute du jugement de simple police doit contenir : 1° les nom, prénoms, demeure et profession de chaque partie.

Toutefois, l'omission du nom d'une partie dans la minute ne rend pas le jugement nul à l'égard des autres ; seulement, il est considéré comme n'ayant pas été rendu avec la partie dont le nom se trouve ainsi omis. Cass., 11 juillet 1823.

Lorsqu'un individu figure dans un procès en la double qualité de prévenu et de plaignant, il n'est pas indispensable que les qualités du jugement contiennent deux fois son nom, il suffit qu'il y soit mentionné comme plaignant. Cass., 11 juillet 1823;

2° Les conclusions du prévenu et celles du ministère public. Cette énonciation se fait très-sommairement; quant aux plaidoiries, elles n'y doivent pas figurer. Art. 38 décr. 18 juin 1811.

Le Code d'instruction criminelle n'exige pas, comme le Code de brumaire, que les conclusions des parties soient rédigées par écrit, déposées sur le bureau du président, ou insérées dans le jugement. Il suffit aujourd'hui que le jugement contienne la mention qu'elles ont été prises. Cass., 14 août 1823;

3° Les motifs et le dispositif du jugement (V. ci-dessus, p. 157);

4° La mention de la publicité de l'audience;

5° Le nom du juge qui a rendu le jugement;

6° La mention de l'accomplissement de toutes les formalités prescrites pour la validité des jugements.

On ne doit pas comprendre, dans la rédaction des jugements, les dépositions des témoins, leurs nom, profession, âge et demeure. Tous ces détails se trouvent consignés dans les notes sommaires que les greffiers sont tenus de prendre à l'audience, en conformité des articles 155 et 189 du Code d'instruction criminelle. V. l'instruction pénale du 30 sept. 1826, p. 63, n° 30;

7° La mention de la qualité en laquelle le juge prononce; et s'il statue en premier ou en dernier ressort.

« La minute du jugement sera si« gnée par le juge qui aura tenu l'au« dience, dans les vingt-quatre heu« res au plus tard, à peine de 25 francs « d'amende contre le greffier, et de « prise à partie, s'il y a lieu, tant con« tre le greffier que contre le prési« dent.» C. instr. crim., art. 164. La loi ne prescrit pas cette formalité à peine de nullité, et la partie condamnée ne pourrait se faire un moyen d'appel ou de cassation sur le défaut de signature dans les vingt-quatre heures. Mais l'accomplissement de cette formalité n'en est pas moins très-important, puisque le juge et le greffier peuvent être pris à partie, selon les circonstances : par exemple, si, dans l'intervalle du jugement et de la signature, sa rédaction avait été changée.

L'article 164 ne parle pas de la signature du greffier; faut-il conclure qu'elle ne soit pas utile et nécessaire? Non; mais simplement que le défaut de signature du greffier n'emporte pas la nullité du jugement; c'est en ce sens qu'a été rendu un arrêt de la Cour de cassation, du 8 février 1839. En effet, un tribunal n'est légalement constitué qu'autant que le greffier en fait partie; et tout jugement doit, en conséquence, renfermer, à peine de nullité, soit expressément, soit implicitement, la preuve de l'assistance du greffier ou du commis-greffier qui représente ce dernier. Cass., 11 août 1838. Or, le mode le plus ordinaire de constater la présence du greffier est sa signature. Même arrêt.

Cependant, la constatation de la présence du greffier à l'audience peut résulter des documents produits devant la Cour de cassation. Cass., 8 février 1839.

Quant à la signature du juge, elle constitue une formalité substantielle. Cependant, il a été décidé que cette formalité n'était pas prescrite à peine de nullité en matière de simple police. Il est vrai que, dans l'article 164, cette peine paraît remplacée par une amende. Cass., 29 mess. an VIII. Mais, à notre avis, l'amende s'applique beaucoup plus au retard dans la signature qu'au défaut de signature même. D'ailleurs, le jugement qui n'est pas signé n'a pas d'existence légale ; ce n'est qu'un projet. Merlin, *Répert.*, v° *Signature*, § 2, n° 5 ; Carnot, t. II, p. 82, n° 1.

Comment suppléerait-on à l'impossibilité de signer, résultant d'une maladie grave dont le juge du tribunal de police aurait été atteint sitôt après le prononcé du jugement, et de la mort qui s'en serait suivie ? D'après l'article 74 du décret du 30 mars 1808, contenant règlement pour la police et la discipline des cours et tribunaux, si les feuilles d'une ou de plusieurs audiences n'ont pas été signées, il en doit être référé par le procureur impérial à la Cour d'appel devant la Chambre que tient le premier président ; cette Chambre peut, suivant les circonstances, et sur les conclusions par écrit du procureur général, autoriser un des juges qui ont concouru au jugement à le signer. Mais le tribunal de police n'est composé que d'un seul juge ; l'article 74 du décret du 30 mars 1808 est donc inapplicable aux jugements de ces tribunaux. Cet article n'a rapport, d'ailleurs, ainsi que le titre du décret l'indique, qu'aux tribunaux de première instance. Quant aux jugements des tribunaux de police, Merlin a proposé un autre moyen, auquel on se rattache généralement. « S'agit-il d'un jugement de tribunal de paix ou de police, dit-il, il semble que la partie en faveur de laquelle le jugement a été rendu pourrait s'adresser au tribunal de première instance qui, après avoir entendu la partie adverse, le juge de paix, si cela était possible, et son greffier, et avoir vérifié la feuille d'audience, ordonnerait, s'il y avait lieu, que le jugement sera expédié sur la signature qu'y apposerait, soit le suppléant du juge de paix, soit le juge de paix du canton le plus voisin ? » *Répertoire*, v° *Signature*. Carré et Chauveau, *Question* 85 *ter*, émettent une opinion conforme. Elle a été consacrée, quant aux sentences de la justice de paix, par un jugement du tribunal civil de la Seine, du 21 juillet 1852. ANNALES 1853, p. 228.

Le jugement qui a autorisé le suppléant ou le juge de paix voisin à signer doit être relaté dans l'expédition du jugement du tribunal de police, et elle devient exécutoire par cette formalité ; car c'est le jugement du tribunal de première instance qui donne force légale au jugement irrégulier.

SECTION VIII.

Du jugement par défaut et de l'opposition.

ART. 1. — Du jugement par défaut.—Quand y a-t-il lieu à donner défaut. — Partie comparante laissant défaut. — Obligation de la partie de comparaître en personne.— Comparution par mandataires.— Qui peut représenter les parties devant le tribunal de police ? huissiers, droit de plaider.

« Si la personne citée devant le tri« bunal de police ne comparaît pas « au jour et à l'heure fixés par la ci« tation, elle sera jugée par défaut. » Code instr. crim., 149.

Le jugement est contradictoire s'il est rendu entre les parties présentes et le ministère public.

Il est par défaut lorsque l'une des parties est absente.

L'absence du ministère public ne peut donner lieu à un jugement par défaut (Cass., 17 décembre 1808); le tribunal de police doit, dans cette circonstance, renvoyer la cause à un autre jour, le faire inviter à se trouver à l'audience, et, en cas de refus, procéder à son remplacement.

Indépendamment de la différence qui existe, quant au mode d'instruction d'instance, entre le tribunal de police tenu par le juge de paix et celui qui est tenu par le maire, il y en a une autre qui n'est que la conséquence de cette première différence : c'est que le simple avertissement, sans citation, suffisant pour constituer le prévenu en demeure de comparaître devant le tribunal du maire, autorise ce dernier à prononcer défaut en cas de non-comparution, tandis qu'une citation est indispensable pour que le juge de paix puisse prononcer défaut.

Les tribunaux de simple police peuvent ordonner la comparution du prévenu en personne. L'art. 185 Code instr. crim. contient une disposition expresse à cet égard pour les tribunaux correctionnels, et il y a évidemment même raison de décider pour les tribunaux de simple police. Carnot, *Instr. crim.*, art. 182.

Nous avons vu, au reste, ci-dessus, page 137, que la personne citée peut comparaître soit par elle-même, soit par un fondé de procuration spéciale. Devant les tribunaux de simple police, un huissier a le droit de représenter un prévenu, nonobstant l'art. 18 de la loi du 25 mai 1838 sur les justices de paix, car cet article n'est applicable qu'aux affaires civiles.

Mais le mandataire étranger au barreau ne pourrait plaider pour le prévenu qu'autant qu'il y serait autorisé par le juge. Arg. art. 295.

Quant à la partie civile, l'art. 185 ne dit pas qu'elle comparaîtra en personne; il est donc permis de se faire représenter dans toutes les causes. Cependant le tribunal ordonnerait valablement sa comparution en personne. Carnot, t. II, p. 114, n° 6.

La citation étant toujours donnée à jour fixe, le défaut ne saurait être prononcé dans une autre audience que celle indiquée; mais le tribunal peut, s'il le juge convenable, se borner à donner défaut et renvoyer à un autre jour pour statuer au fond.

Un jugement est par défaut, soit qu'il ait été rendu contre un individu qui ne s'est pas présenté, soit qu'il ait été prononcé contre un prévenu qui, s'étant présenté, n'a proposé aucune défense ni pris aucunes conclusions, et qui est alors légalement réputé n'avoir pas comparu. Cass., 7 déc. 1822, 8 sept. 1824, 12 déc. 1834, 23 fév. 1837.

Il en est de même lorsque sa défense s'est bornée uniquement à une exception préjudicielle. Alors encore le jugement rendu sur le fond, après le rejet du moyen, est par défaut. Cass., 13 mars 1835; Paris, 18 nov. 1836.

Mais si le prévenu n'a pas formellement restreint sa comparution à des conclusions préjudicielles, s'il s'est référé, dans son interrogatoire, à un écrit publié et notifié, traitant du fond, et s'il a répliqué aux conclusions prises sur le fond par le ministère public, la cause est contradictoirement engagée. Cass., 29 mai 1830.

Néanmoins un mémoire publié par le prévenu pour sa défense serait insuffisant pour faire réputer le jugement contradictoire, si ce dernier ne se présentait ni en personne ni par un mandataire. Merlin, *Rép.*, v° *Défaut*, § 3.

Lorsque, à une première audience, le prévenu a été interrogé et que les témoins ont été entendus, et qu'à une deuxième, à laquelle la cause a été continuée, il n'a pas comparu, le jugement qui statue sur la prévention est contradictoire. Cass., 22 niv. an XII; Toulouse, 24 janv. 1831.

Jugé, toutefois, que lorsque le tribunal, après avoir entendu certains témoins, le prévenu, les avocats des parties et le ministère public, a remis la cause à jour fixe pour entendre d'autres témoins et continuer l'instruction, le jugement qui intervient au jour indiqué est par défaut, si le prévenu ne se représente pas. Cass., 14 mai 1835.

Les réponses du prévenu au président sur ses nom, prénoms, âge, profession, demeure et lieu de naissance n'équivalent pas à l'interrogatoire et ne lient pas la cause contradictoirement. Cass., 8 sept. 1824.

Quoique le prévenu fasse défaut, il peut être renvoyé des fins de la prévention (Cass., 23 mars 1832), et cela sans que le ministère public soit fondé à se plaindre de ce que le jugement n'a pas prononcé défaut contre lui. Cass., 23 mars 1832.

En effet, la non-comparution du prévenu n'autorise pas le tribunal de simple police à réputer les faits certains sur la simple allégation du plaignant, ni à prononcer une condamnation sans preuve. Cass., 18 nov. 1824. Les tribunaux criminels prononçant par défaut ne doivent d'ailleurs adjuger que les conclusions qu'ils reconnaissent justes et bien vérifiées. Cass., 1er déc. 1842. Ils sont donc tenus de procéder, comme si le prévenu était présent, à l'audition des témoins.

Lorsque la partie civile qui a fait citer ne comparaît pas, le prévenu peut demander congé-défaut. Néanmoins le ministère public, prenant la citation pour dénonciation, a le droit, en ce cas, de requérir l'application de la peine contre le prévenu, si la contravention lui paraît suffisamment établie.

Aucun défaut ne pouvant être prononcé, comme nous l'avons vu, contre le ministère public, il n'y a pas plus lieu d'acquitter le prévenu dans le cas où le ministère public refuse de conclure que dans celui où il déclare se désister de la poursuite. Cass., 13 sept. 1811; Merlin, *Quest.*, v° *Ministère public*, § 5, n° 2.

ART. 2.—De l'opposition aux jugements par défaut. — Prévenu, ministère public, partie civile. — Du jugement qui statue sur l'opposition.

« L'opposition au jugement par dé-
« faut pourra être faite par déclaration
« en réponse au bas de l'acte de si-
« gnification ou par acte notifié dans
« les trois jours de la signification,
« outre un jour par trois myriamètres.
« L'opposition emportera de droit ci-
« tation à la première audience après
« l'expiration des délais, et sera répu-
« tée non avenue, si l'opposant ne
« comparaît pas. C. instr. crim., 151.

« La personne condamnée par dé-
« faut ne sera plus recevable à s'op-
« poser à l'exécution du jugement, si
« elle ne se présente à l'audience in-
« diquée par l'art. 151 précité, sauf ce
« qui sera ci-après réglé sur l'appel
« et le recours en cassation. » C. instr. crim., 150.

En matière de police, le délai pour former opposition aux jugements rendus par défaut est donc de trois jours, à compter de la signification qui est faite du jugement à la partie condamnée, outre un jour par trois myriamètres; de sorte qu'elle doit être formée au plus tard le quatrième jour, en comptant celui de la signification du jugement, sauf le délai de distance qui doit se calculer d'après l'éloignement du domicile de l'opposant à la résidence de celui auquel l'opposition doit être notifiée.

Le défaillant qui veut éviter les frais d'une notification par huissier peut former opposition par une déclaration en réponse au bas de l'exploit de signification du jugement, ce qui ne change rien au délai pour comparaître à la prochaine audience.

Le défaillant a le droit de former son opposition à l'instant même que le jugement a été prononcé ; mais, en ce cas, elle doit être notifiée, en conformité de l'art. 151 C. instr. crim., tant au ministère public qu'à la partie civile. Cass., 10 novembre 1808, 29 mai 1835. V. Carnot, sur l'art. 151 C. instr. crim., t. Ier, page 648, n° 5, et sur l'art. 187 même Code, t. II, p. 44, n° 6; Bourguignon, sur les mêmes articles, t. Ier, p. 355, n° 1, et III, 425, n° 1.

L'affaire sur l'opposition doit être portée à la première audience du tribunal de police qui a rendu le jugement, c'est-à-dire à la première audience après l'expiration du délai de vingt-quatre heures, la citation devant le tribunal de police ne pouvant, d'après l'article 146 du Code d'instruction criminelle, être donnée à un délai moindre de vingt-quatre heures.

Pour la validité de l'opposition, il n'est pas besoin qu'elle contienne citation ; la citation est de droit (C. instr. crim., 151); quelle que soit la forme de l'opposition, l'opposant doit donc comparaître, après l'expiration du délai de vingt-quatre heures, à la première audience du tribunal.

Ainsi le tribunal de simple police peut statuer sur l'opposition formée à un jugement par défaut dès le lendemain de la notification de cette opposition. Il y a présomption que le délai de vingt-quatre heures a eu lieu entre la notification de l'opposition et le jugement, lorsque le contraire ne résulte pas de ces deux actes. En effet, lorsque l'opposant ne se présente pas après l'expiration du délai, son opposition doit être considérée comme non avenue. Cass., 31 août 1820. Le tribunal doit se borner à donner acte de la non-comparution de l'opposant, et déclarer que le jugement par défaut sortira son plein et entier effet ; il n'y a aucune nouvelle instruction à faire. Cass., 16 fév. 1833.

Le délai pour l'opposition court, comme nous l'avons vu, du jour de la signification du jugement faite au prévenu ou à son domicile. Toutefois, pour faire courir les délais d'opposition, il faut que la signification soit régulière. Cass., 11 août 1842.

Ainsi est nulle la signification faite dans une maison que le défaillant a cessé d'habiter, et non à sa personne ni dans la maison qu'il habite. Cass., 11 août 1842.

Si le domicile du prévenu a changé, et s'il est inconnu, il est prudent de procéder conformément à l'art. 109 C. instr. crim., c'est-à-dire de dresser un procès-verbal de perquisition, avant de déposer la copie au parquet.

A défaut de domicile ou de résidence connus, la signification du jugement est faite au parquet, conformément à l'art. 69, § 8, C. proc. Cass., 8 avril 1826, 11 août 1842.

En ce cas, il y a donc nullité lorsque la signification est remise au maire de la commune, au lieu d'être affichée à la principale porte de l'auditoire et remise au procureur impérial. Cass., 20 sept. 1844.

Lorsque la copie de la signification a été ainsi remise au parquet, les procureurs impériaux sont dans l'usage de n'en tirer aucune fin de non-recevoir contre l'opposition, et de ne compter les délais qu'à partir de la connaissance réelle qu'a eue le prévenu du jugement.

Lorsque l'huissier ne trouve au domicile de la partie ni sa personne ni aucun de ses parents ou serviteurs, c'est le cas de procéder conformément à l'art. 68 C. proc., c'est-à-dire de remettre la copie de la signification au maire ou à l'adjoint, sur le refus des voisins de la recevoir et de signer l'original. Metz, 26 janv. 1824.

En thèse générale, la signification doit avoir lieu par autant de copies qu'il y a de parties intéressées; l'équité le veut ainsi.

Il y a encore nullité de la signification :

1° Si le jugement est énoncé sous une fausse date. Paris, 4 mai 1829;

2° Si la copie ne contient ni les motifs du jugement ni le texte de la loi appliquée. Metz, 26 janv. 1824. La seule omission des articles de loi, même des motifs, ne nous paraîtrait pas suffire pour faire déclarer la signification nulle, à moins que ces articles et motifs, établis dans le jugement, n'eussent pas été reproduits dans la signification ; s'ils avaient été omis dans le jugement même, il ne pourrait être attaqué et annulé que par les moyens et dans les cas ordinaires, notamment par une opposition régulière;

3° S'il n'est donné copie que d'un extrait du jugement. Orléans, 14 fév. 1815. Le Code forestier (art. 209) et la loi du 5 avril 1829 sur la pêche pluviale (art. 75) ont expressément dérogé à cette jurisprudence pour les matières qu'ils régissent. D'un autre côté, la loi du 17 avril 1832, art. 32, autorise l'exécution de la contrainte par corps, onze jours après un commandement en tête duquel il est donné copie d'*un simple extrait* du jugement dans le cas où il n'a pas encore été signifié, et sans faire aucune distinction entre les jugements contradictoires et ceux par défaut.

Il n'est pas nécessaire que la copie du jugement donnée en tête de l'exploit soit certifiée. Cass., 28 août 1834.

Le délai de l'opposition court contre le prévenu à l'égard de toutes les parties, bien que la signification n'ait eu lieu qu'à la requête de l'une d'elles, de la partie civile, par exemple. Cass., 21 sept. 1820.

La loi ne défend pas de signifier un exploit un jour férié, en matière criminelle. Parant, *Loi de la presse*, p. 312 ; De Grattier, t. Ier, p. 436, n° 7.

On doit tenir compte, dans la computation du délai, des portions de moins de trois ou de cinq myriamètres ; cependant la négative a été jugée par la Cour de Paris, le 17 déc. 1842.

En matière correctionnelle, la distance se calcule du domicile de l'opposant au lieu où siége le tribunal, puisque c'est dans ce lieu que l'opposition est notifiée au procureur impérial et à la partie civile qui y a élu domicile dans la citation. En matière de simple police, au contraire, la distance se calcule d'après l'éloignement du domicile de l'opposant à la résidence de celui auquel l'opposition doit être notifiée. Carnot, t. Ier, p. 618.

Le délai est fatal ; cependant, il est possible de relever le prévenu de la déchéance qu'il a encourue, par exemple, lorsqu'il est établi que, par suite d'un voyage à l'étranger, il s'est trouvé dans l'impossibilité absolue, soit de former opposition dans le délai de la loi, soit même de connaître l'existence du jugement. Bordeaux, 23 fév. 1832.

Mais la partie défaillante alléguerait en vain qu'elle n'a eu connaissance du jugement que par son arrestation, si, d'ailleurs, le jugement a été signifié à son domicile. Cass., 16 janv. 1836.

En matière de simple police, la déclaration d'opposition faite au moment de la signification du jugement par défaut doit être consignée sur l'original de l'exploit de signification par l'huissier instrumentaire, lors même, dit Carnot (t. Ier, p. 618, n° 3), que le prévenu ne ferait pas l'avance du droit d'enregistrement, parce que la loi n'a pas mis cette condition à la faveur qu'elle lui accorde. Le refus par l'huissier de constater l'opposition serait un acte coupable, et qui motiverait une poursuite disciplinaire.

Le prévenu contre lequel le tribunal de simple police a rendu plusieurs jugements par défaut pour des contraventions de même nature peut former opposition à tous ces jugements par un seul et même acte (Cass., 15 janv. 1841) ; et cette règle est applicable même aux tribunaux de police des communes divisées en plusieurs justices de paix, et où le service est fait successivement par chaque juge de paix. Même arrêt.

Dès lors, le juge qui tient la première audience après l'expiration des délais ne peut se dispenser de connaître de l'opposition parce qu'il n'aurait pas prononcé les jugements qui en sont frappés et ne s'en occuper qu'à l'égard des affaires déjà instruites devant lui personnellement. Cass., 15 janv. 1841.

Le juge devant lequel l'opposition se trouve reproduite par suite de renvoi doit statuer sur tous les faits qui n'ont pas encore été jugés définitivement ; mais il ne peut, sans violer la chose jugée, prononcer sur l'opposition à un jugement par défaut qu'une précédente décision a confirmé. Cass., 15 janv. 1841.

Aucun texte n'imposant à la partie civile, en matière de simple police, l'obligation d'élire domicile dans le lieu où siége le tribunal, comme l'art. 187 le fait en matière de police correctionnelle, c'est à partie ou domicile que la notification de l'opposition doit être faite. C'est précisément parce qu'en matière de simple police la citation ne contient pas élection de domicile dans le lieu où siége le tribunal que le délai de l'opposition est augmenté, à raison de la distance calculée entre le domicile de l'opposant et celui de la partie adverse.

La déchéance n'a pas lieu de plein droit ; elle doit être demandée. Cass., 14 juin 1829. Il en résulte que la partie civile n'est pas fondée à opposer ce moyen au prévenu qui comparaît avec elle à une autre audience, si elle-même n'a pas comparu à la première audience. Même arrêt.

De même, pour que la déchéance soit encourue, il est indispensable que le défaut de comparution ait été constaté à la première audience par un jugement. Cass., 29 mai 1835.

Le jugement rendu par défaut contre l'opposant n'est pas susceptible d'opposition ; il est réputé contradictoire. C. instr. crim., art. 150 et 188.

Mais le défaut de comparution sur l'opposition ne préjudicie en rien au droit qu'a le prévenu de se pourvoir par voie d'appel ou en cassation. Art. 150 et 183.

Le ministère public, ne faisant jamais défaut, n'agit jamais par voie d'opposition.

La partie civile a, au contraire, le droit de former opposition au jugement par défaut qui la déboute de sa demande. Cass., 29 avril 1817 et 26 mars 1824. Il est vrai que l'art. 187 ne parle que du prévenu, mais l'opposition est de droit commun. Pour qu'une partie en soit privée, il faut une disposition expresse de la loi ; d'ailleurs, l'art. 208 C. instr. crim., relatif à l'opposition en cause d'appel, le suppose ainsi, car il ne parle pas du prévenu, mais de la *partie* qui l'aura formée.

CHAPITRE VII.

Voies de recours. — Appel. — Recours en cassation. — Conflit.

SECTION I.

De l'appel des jugements des tribunaux de police.

ART. 1. — Quand y a-t-il lieu à l'appel ? — Premier et dernier ressort. — Qui peut appeler ? condamné, ministère public, partie civile.

« Les jugements rendus en matière « de police pourront être attaqués par « la voie de l'appel, lorsqu'ils prononceront un emprisonnement, ou lors- « que les amendes, restitutions et au- « tres réparations civiles excéderont « la somme de 5 francs, outre les dé- « pens. » C. instr. crim., 172.

« L'appel sera suspensif. » C. instr. crim., 172.

« L'appel des jugements rendus par « le tribunal de police sera porté au « tribunal correctionnel. Cet appel « sera interjeté dans les dix jours de la « signification de la sentence à per- « sonne ou domicile ; il sera suivi et « jugé dans la même forme que les « appels des sentences des justices de « paix. » C. instr. crim., 174.

« Lorsque, sur l'appel, le procureur « impérial ou l'une des parties le re- « querra, les témoins pourront être « entendus de nouveau, et il pourra « même en être entendu d'autres. » C. instr. crim., 175.

« Les dispositions des articles pré- « cédents sur la solennité de l'instruc- « tion, la nature des preuves, la forme, « l'authenticité et la signature du ju- « gement définitif, la condamnation « aux frais, ainsi que les peines que « ces articles prononcent, seront com- « munes aux jugements rendus, sur « l'appel, par les tribunaux correc- « tionnels. » C. instr. crim., 176.

Telles sont les dispositions du Code d'instruction criminelle sur l'appel des jugements de simple police.

L'appel est donc recevable : 1° lorsque le tribunal de simple police a prononcé la peine de l'emprisonnement ; 2° lorsque les amendes, restitutions et autres réparations excèdent la somme de 5 fr., non compris les dépens.

En matière de police, c'est la condamnation, et non l'objet de la demande qui, d'après l'article 172 du Code d'instr. crim., fixe l'étendue du dernier ressort. Quel que soit le chiffre de la demande, les jugements rendus par les tribunaux de police ne sont susceptibles d'appel qu'autant qu'ils prononcent un emprisonnement, ou des amendes et réparations civiles excédant 5 fr. Cass., 7 avril 1848.

Cependant, comme l'article 172 du Code d'instruction criminelle porte que « les jugements de simple police « pourront être attaqués par la voie « de l'appel lorsqu'ils *prononceront* un

« emprisonnement, où lorsque les « amendes, restitutions ou autres ré-« parations civiles excéderont la « somme de 5 fr., outre les dépens, » le mot *prononceront* ne se trouvant pas répété dans le second membre de la phrase, on a prétendu que, hors le cas d'une peine d'emprisonnement, ce n'était plus par la quotité de la *condamnation* mais par celle des *conclusions* que l'on devait déterminer si le jugement était sujet à l'appel; mais Carnot (sur l'article 172, t. Ier, p. 715, n° 1er), a répondu avec raison que c'était là une vaine subtilité, et il a rappelé les paroles de l'orateur du gouvernement, qui s'est exprimé ainsi : « Lorsque les restitutions et autres réparations civiles n'excéderont pas ensemble la somme de 5 fr. outre les dépens, le droit d'appel serait un présent funeste aux parties, et l'appel ne sera pas reçu. »

L'appel est évidemment recevable lorsque, outre la condamnation à 5 fr. d'amende, le jugement fait injonction au prévenu d'enlever les matériaux par lui déposés sur la voie publique, et ordonne qu'à défaut de ce, ils seront enlevés à ses frais (Cass., 9 août 1828), ou lorsque le jugement a ordonné des travaux d'une valeur indéterminée, quoiqu'il n'ait prononcé qu'une amende de 1 fr. Cass., 3 mai 1833.

Ou lorsque le jugement, en condamnant le contrevenant à une amende de 5 fr., a ordonné de plus l'enlèvement d'arbres indûment plantés, dont la valeur est indéterminée. Cass., 7 juillet 1838.

Le jugement de simple police, qui ordonne la confiscation de vins falsifiés et leur effusion sur la voie publique, est également susceptible d'appel, bien qu'il ne porte contre le prévenu qu'une condamnation à 1 fr. d'amende. Cass., 24 septembre 1847.

Mais en serait-il de même dans le cas où le jugement aurait condamné le prévenu à l'amende de 5 fr. et aux dépens à titre de réparations civiles? En thèse générale, les dépens ne sont qu'un accessoire de la condamnation principale, et l'article 172 Cod. instr. crim. ne veut pas qu'on en tienne compte pour la fixation du premier et du dernier ressort; mais, lorsque ces dépens sont prononcés à titre de réparations civiles, ils perdent leur caractère primitif et sont dans la pensée du juge une véritable indemnité; par conséquent, le chiffre de ces dépens doit être ajouté au chiffre de l'amende lorsqu'il s'agit de déterminer si l'appel est recevable. Cass., 11 sept. 1818.

Cependant, si la partie civile, après avoir conclu à des dommages-intérêts, renonce à ses conclusions, les dépens mis à la charge du prévenu ne doivent pas être considérés comme des dommages adjugés à la partie civile, et ils ne peuvent, par conséquent, servir en ce sens à déterminer l'étendue du dernier ressort.

L'appel n'est pas recevable contre le jugement qui ordonne un sursis. Ce jugement, ne prononçant aucune condamnation, ne peut être attaqué ni par appel ni en cassation. Cass., 25 juin 1824, 18 juillet 1817, 29 février 1823; Merlin, *Quest. de droit*, v° *Appel*, § 1er, n° 16.

Lorsque le mari a seul interjeté appel du jugement qui le condamne solidairement avec sa femme prévenue aux dommages-intérêts de la partie civile, le tribunal correctionnel, saisi de ce seul appel, ne peut se permettre d'évoquer le fond à l'égard de la femme qui a acquiescé au jugement, ni recevoir partie intervenante le ministère public dont les droits sont épuisés. Cass., 24 juillet 1818.

Le propriétaire qui, devant le tribunal de simple police, a, du consentement de la partie adverse, pris fait et cause pour son fermier inculpé d'infraction à un règlement de cours d'eau, peut appeler du jugement qui condamne le fermier, bien qu'il n'ait été prononcé contre lui-même aucune peine, si le tribunal a réservé au fermier toutes actions récursoires contre lui, à raison des condamnations prononcées. Cass., 11 juin 1831.

L'individu condamné, qui n'a point interjeté appel du jugement dans le délai prescrit par l'article 174 du Code d'instr. crim., ne peut plus tard en obtenir la réformation, bien que, sur l'appel interjeté par un autre condamné, le tribunal d'appel ait ordonné sa mise en cause et ait admis son intervention. Cass., 9 février 1837.

La faculté d'appeler des jugements du tribunal de police, créée par l'article 192 du Code d'instr. crim., n'appartient pas au ministère public, mais seulement aux condamnés. Le ministère public n'a jamais d'autre recours à exercer contre les jugements de police que celui du pourvoi en cassation. La jurisprudence de la Cour de cassation est irrévocablement fixée en ce sens. Cass., 19 mars 1812, 29 janvier 1813, 28 août 1822, 28 août 1823, 9 septembre 1825, 24 février 1827, 10 juillet 1829, 20 novembre 1846, 10 février 1848.

Cependant, il s'est élevé quelque contradiction à cet égard. Legraverend soutient, t. II, ch. III, sect. 7, p. 351, que le ministère public et la partie civile ont, comme le prévenu, la faculté d'appeler. L'art. 172 du Code d'instr. crim. semble même justifier cette opinion, car il est conçu dans des termes généraux qui sont loin de se prêter à une distinction quelconque. Mais, pour saisir l'esprit de la disposition, il suffit de remarquer que, dans le système de Legraverend, le ministère public ne pourrait appeler que dans le cas où le jugement aurait prononcé une condamnation excédant la somme de 5 fr. outre les dépens; or, si le législateur eût entendu ouvrir au ministère public la voie d'appel, comment supposer qu'il la lui eût interdite en cas d'acquittement du prévenu? Pourquoi aurait-il permis l'appel *à minimâ*, et aurait-il défendu l'appel sur le fond même de la prévention? C'est donc avec raison que, dans l'impossibilité d'en donner une explication satisfaisante, on cherche l'interprétation de l'article dans la législation antérieure, et que l'on conclut du rapprochement des deux dispositions que la nouvelle n'a dérogé à l'ancienne qu'en faveur des prévenus. Merlin, *Quest.*, v° *Appel*, § 2, n° 10, et Bourguignon, sur l'art. 172, t. 1er, p. 396, n° 1er.

Non-seulement le ministère public n'a pas le droit d'appeler en matière de simple police, mais il ne peut intervenir sur l'appel du contrevenant pour faire valoir des moyens d'incompétence dont le but serait d'aggraver la position de l'appelant en le faisant renvoyer devant la police correctionnelle. Cass., 29 sept. 1831.

Si le ministère public près le tribunal de police n'a pas le droit d'interjeter appel des jugements émanés de ce tribunal, *à fortiori* ce droit n'appartient-il ni au procureur impérial ni au procureur général. Cass., 7 nov. 1812.

ART. 2. — Délai et forme de l'appel de simple police.

L'appel, pour être recevable, doit

être interjeté dans les dix jours de la signification du jugement, c'est-à-dire au plus tard le onzième, en comptant celui de la signification, lors même que le dernier jour serait un jour férié. Ainsi le délai de l'appel court du jour de la signification du jugement à personne ou à domicile, et non du jour de sa prononciation. Code d'inst. crim., 174; Cass., 2 déc. 1825. L'art. 174 ne fait aucune distinction entre les jugements contradictoires et ceux rendus par défaut.

Le prévenu peut interjeter appel d'un jugement par défaut du tribunal de police, pendant les délais de l'opposition. Limoges, 22 août 1845.

C'est au tribunal de première instance du ressort, Chambre de police correctionnelle, que doit être porté l'appel des jugements rendus par le tribunal de police. Code inst. crim., art. 174; décret du 18 août 1810, art. 9.

L'article 174 Code inst. crim. n'ayant point déterminé de forme spéciale pour interjeter appel des jugements de simple police, par conséquent il peut être régulièrement formé par un exploit. Cass., 27 août 1825, 1er juillet 1826.

L'appel peut aussi être interjeté par déclaration faite au greffe. La notification par exploit n'est pas indispensable. Cass., 3 août 1833, 7 déc. 1833.

La déclaration peut même être faite valablement au greffe de la justice de paix. Cass., 6 août 1829.

Et la déclaration au greffe équivalant à la notification directe au procureur impérial, la prescription de l'action publique est acquise au prévenu lorsqu'il s'est écoulé plus d'un an entre la déclaration au greffe et les premières poursuites du ministère public. Cass., 28 juin 1845.

Lorsque l'appel est interjeté par exploit, il doit contenir citation, et être signifié soit au procureur impérial près le tribunal qui en est saisi, soit au commissaire de police ou au maire, remplissant les fonctions du ministère public près le tribunal qui a rendu le jugement; le ministère public est indivisible. Cass., 19 sept. 1834.

Il n'est pas nécessaire que l'acte d'appel d'un jugement de simple police contienne constitution d'avoué; le ministère des avoués n'est pas exigé même lorsque l'on prend des conclusions à fins civiles. Cass., 7 avril 1837, 31 janvier 1823, 11 octobre 1834.

L'appel doit aussi être signifié à la partie civile, quand il y en a une au procès; la signification doit être faite, en thèse générale, au domicile de cette partie. Elle peut être faite aussi au domicile élu. Cass., 2 déc. 1826.

L'appelant n'est pas tenu, même pour la signification de l'acte d'appel à la partie civile, d'observer, sous peine de nullité, les formalités prescrites par le Code de procédure. Ainsi l'exploit n'est pas nul quoiqu'il ne mentionne ni la profession, ni le domicile des appelants, ni même lorsqu'il a été donné à un bref délai. Cass., 2 déc. 1826.

En matière de simple police, on est si peu rigoureux sur les formes, qu'il a été jugé que la signification faite à l'une des parties qui ont déclaré agir solidairement dans leurs poursuites est valable, lorsqu'elle a été faite avec charge d'en donner connaissance aux autres. Cass., 11 juin 1831.

Art. 3. — Effets de l'appel. — Procédure. — Jugement par appel.

L'appel est suspensif; cependant ce principe, posé dans l'art. 173, souffre exception dans le cas de l'art. 10 du Code de procédure civile, lorsque le juge condamne le prévenu à l'amende pour avoir manqué au respect qui lui est dû; l'exception résulte de l'art. 12 même Code. Cass., 25 mars 1843.

L'article 174 du Code d'inst. crim. veut que l'appel des jugements de simple police soit suivi et jugé dans la même forme que les appels des sentences des juges de paix. Mais cette disposition ne doit pas être prise à la lettre. En effet, l'art. 176 applique aux jugements rendus sur l'appel des sentences de simple police les dispositions du Code relatives à la solennité de l'instruction, à la nature des preuves, à la forme du jugement et à la condamnation aux frais, ce qui pourrait ne pas se concilier toujours avec les formes indiquées pour l'appel des sentences des justices de paix.

Notamment en matière d'appel de jugement de simple police, il ne faut pas appliquer les articles 471 et 479 C. proc., relatifs à l'amende de fol appel. Cass., 19 juin 1817, 12 juin 1823.

Jugé aussi que l'instruction devant les tribunaux correctionnels, sur l'appel des jugements de simple police, n'est assujettie qu'aux formalités que le Code d'inst. crim. a tracées pour ces tribunaux, et non à celles prescrites en matière civile pour les enquêtes qui ont lieu devant les juges de paix et devant les juges de simple police. Cass., 11 juin 1831.

Il est facultatif aux tribunaux de police correctionnelle, saisis d'un appel d'un jugement de simple police, d'entendre ou de ne pas entendre les témoins, lorsque les parties ou le ministère public requièrent leur audition; mais ils ne pourraient ordonner d'office cette enquête. Code d'inst. crim., art. 175. Cependant, comme la disposition de l'art. 175 n'est pas prescrite à peine de nullité, son défaut d'exécution ne saurait constituer une ouverture à cassation. Carnot, sur l'art. 175.

Lorsque aucune instruction testimoniale n'a été faite en première instance, si, en cause d'appel, on demande à faire entendre des témoins sur les faits rapportés dans un procès-verbal irrégulier et nul, le tribunal d'appel ne peut refuser de procéder à cette audition. Cass., 3 fév. 1820.

En matière de simple police il ne peut y avoir lieu à appel incident, puisque la voie d'appel n'appartient ni à la partie civile ni au ministère public, mais au condamné seul.

Aucune disposition de loi ne prescrivant de donner, lors de l'appel d'un jugement de simple police, lecture des procès-verbaux d'enquête et des motifs du jugement attaqué, l'observation de cette formalité n'a pas besoin d'être constatée. Cass., 23 nov. 1843.

En infirmant pour vice de forme un jugement de simple police, le tribunal d'appel ne peut retenir le fond qu'à la charge d'y statuer en même temps et par le même jugement (Code de proc., 473; Cass., 22 mars 1821); sauf toutefois que si l'infirmation du jugement était prononcée pour mal jugé au fond, rien ne mettrait obstacle à ce que, avant de faire droit définitivement, le tribunal ordonnât un interlocutoire.

Le tribunal de police correctionnelle ne peut, sur l'appel d'un jugement de simple police, interjeté par le condamné, aggraver le sort de ce dernier, en annulant le jugement pour renvoyer l'affaire devant la juridiction criminelle dont les peines sont plus sévères. Cass., 19 février 1813, 27 mars 1812, 3 janvier 1822.

Lorsqu'un individu condamné par le tribunal de simple police pour une contravention de sa compétence, par exemple la possession d'un faux poids, a interjeté appel du jugement rendu contre lui, le tribunal de police correctionnelle, saisi de cet appel, ne peut, alors qu'il ne méconnaît pas la qualification légale attribuée au fait poursuivi et réprimé par le premier juge, annuler, en se fondant sur la possibilité d'un fait essentiellement différent et non encore justifié, l'usage de ce faux poids, le jugement rendu par le tribunal de simple police, et ordonner de nouvelles poursuites. Cass., 26 mars 1847.

La non-comparution du prévenu appelant n'autorise pas le juge d'appel à tenir sans examen sa condamnation pour juste et à la confirmer par une sorte de congé-défaut. Cass., 4 nov. 1843.

SECTION II.

Du recours en cassation. — Qui peut se pourvoir en cassation? — Forme du recours. — Amende.

Les jugements rendus en dernier ressort par les tribunaux de police, c'est-à-dire les jugements qui ne prononcent pas d'emprisonnement, mais seulement une amende, restitution ou autre réparation civile qui n'excède pas 5 francs, sont susceptibles d'être attaqués par la voie du recours en cassation. Code instr. crim., art. 177. « Le ministère public et les parties pourront, s'il y a lieu, dit cet « article 177, se pourvoir en cassation « contre les jugements rendus en dernier ressort par le tribunal de police, ou contre les jugements rendus « par le tribunal correctionnel sur l'appel des jugements de police. — Le « recours aura lieu dans la forme et « dans les délais qui seront prescrits. »

C'est l'officier du ministère public attaché au tribunal de police que désigne cet article; le pourvoi ne pourrait être formé par le procureur impérial. Cass., 6 août 1824.

Le pourvoi peut être exercé non-seulement contre les jugements définitifs, mais aussi contre les jugements interlocutoires rendus au cours de l'instruction. Cass., 10 août 1833.

Le délai pour se pourvoir courant, comme nous le verrons ci-après, du jour où le jugement a été prononcé, ce délai est indépendant de la signification du jugement. Cass., 2 août 1828 et 19 nov. 1835.

Si le jugement de *condamnation* a été rendu par défaut, comme le pourvoi en cassation ne peut être formé qu'après qu'il est devenu définitif, c'est-à-dire après que les délais d'opposition sont expirés, ce pourvoi est non recevable tant que le jugement de condamnation n'a pas été signifié. Il en est autrement pour les jugements par défaut de *relaxe* ou d'*acquittement*, parce que, dans ce cas, il n'y a pas lieu à opposition. Cass., 26 déc. 1839.

Quoique le législateur ait dit, dans l'art. 177 du Code d'instruction criminelle, que le recours en cassation contre les jugements des tribunaux de police aurait lieu dans la *forme* et dans les *délais* qui seront prescrits, il n'a émis aucune disposition sur ces *forme* et *délais*, ni en matière de police ni en matière correctionnelle. Il faut donc s'en rapporter aux règles établies pour le pourvoi contre les arrêts des Cours d'assises, en l'article 373, ainsi conçu :

« Le condamné aura trois jours « francs après celui où son arrêt aura « été prononcé pour déclarer au greffe « qu'il se pourvoit en cassation.

« Le procureur général pourra, « dans le même délai, déclarer au « greffe qu'il demande la cassation de « l'arrêt.

« La partie civile aura aussi le « même délai ; mais elle ne pourra se « pourvoir que quant aux dispositions « relatives à ses intérêts civils.

« Pendant ces trois jours, et, s'il y « a eu recours en cassation, jusqu'à la « réception de l'arrêt de la Cour de « cassation, il sera sursis à l'exécution « de l'arrêt de la Cour. »

Les trois jours devant être francs, suivant l'art. 373, le délai pour se pourvoir n'expire que le quatrième jour après celui du jugement. Cass., 9 avril 1836. Ainsi est formé dans les délais un pourvoi du 19 contre un jugement du 15, ou du 30 contre un jugement du 26. Cass., 7 déc. 1832 et 18 mars 1843. Mais ce délai ne pourrait être étendu, lors même qu'un jour férié se trouverait compris dans les quatre jours. Cass., 10 août 1833.

Quant à la forme du pourvoi, elle est réglée par les art. 417 à 423 Code instr. crim.

Art. 417. « La déclaration de re- « cours sera faite au greffier par la par- « tie condamnée, et signée d'elle et « du greffier ; et, si le déclarant ne « peut ou ne veut signer, le greffier en « fera mention.

« Cette déclaration pourra être faite « dans la même forme par l'avoué de « la partie condamnée ou par son fon- « dé de pouvoir spécial ; dans ce der- « nier cas, le pouvoir demeurera an- « nexé à la déclaration.

« Elle sera inscrite sur un registre « à ce destiné ; ce registre sera public, « et toute personne aura le droit de « s'en faire délivrer des extraits. »

Le greffier ne peut se refuser à recevoir la déclaration, même lorsque le délai est expiré, ou que le pourvoi est irrégulièrement formé ; il n'est point juge de la recevabilité du recours, et c'est à la Cour de cassation seule qu'il appartient de prononcer sur la difficulté. Décision du ministre de la justice du 17 janv. 1826 ; Gillet, p. 270. Un certificat du greffier compétent et qui constaterait son refus équivaudrait à une déclaration en forme. Cass., 15 nov. 1814.

Quant au lieu où le pourvoi peut être déclaré, l'art. 417 a modifié l'art. 373, qui parle du *greffe*, en ce sens que la seule condition substantielle, c'est que la déclaration ait été faite *au greffier* ; d'où il suit que le pourvoi serait régulier quoique reçu par le greffier hors de son greffe, par exemple dans le cabinet du maire ou du commissaire de police. Cass., 16 août 1839.

Le délai du pourvoi en cassation est si court que l'absence ou la négligence du greffier pourraient priver les parties ou le ministère public de l'exercice de cette faculté, si la jurisprudence n'y avait pourvu en décidant :

Qu'en cas de défaut du registre du greffier, destiné à recevoir les pourvois, il y est valablement suppléé par un acte d'huissier. Cass., 17 messidor an VII ;

Qu'en cas de refus par le greffier de recevoir le pourvoi, la déclaration y relative peut être reçue par un notaire (Cass., 3 janv. 1812), pourvu, toutefois, que l'acte de ce fonctionnaire constatât préalablement l'absence ou le refus du greffier. Cass., 4 déc. 1807, 24 janv. et 21 fév. 1812;

Que la sommation par acte d'huissier à un greffier de se transporter à la prison pour y recevoir la déclaration du pourvoi du condamné équivalait à un pourvoi régulier. Cass., 9 janv. 1824.

Les parties ont la faculté de se désister de leur pourvoi, mais non l'officier du ministère public, par la raison que l'action publique, mise en mouvement par son recours, appartient à la société et non au fonctionnaire public chargé de l'exercer. Ainsi ce pourvoi est acquis à toutes les parties; s'il est formé dans l'intérêt public, le prévenu peut et doit également profiter des chances favorables que le recours peut lui ouvrir, et dont il serait privé s'il dépendait du ministère public d'anéantir ce pourvoi de sa propre autorité. Cass., 2 mars 1827, 15 juillet 1836, 21 nov. 1839, 9 juillet 1840; Berriat Saint-Prix, n°s 559 et 560.

Le pourvoi en cassation étant suspensif, il faut, dès qu'il a été déclaré, surseoir à l'exécution du jugement attaqué, que ce soit un jugement de condamnation ou un simple jugement d'instruction (Cass., 26 avril 1811), et le jugement ne pourrait passer outre, quelque irrégulier, tardif ou incomplet que fût le pourvoi. Cass., 26 avril 1811.

Art. 418. « Lorsque le recours en « cassation contre un arrêt ou jugement « en dernier ressort, rendu en matière « criminelle, correctionnelle ou de « police, sera exercé soit par la partie « civile, s'il y en a une, soit par le mi- « nistère public, ce recours, outre « l'inscription énoncée dans l'article « précédent, sera notifié à la partie « contre laquelle il sera dirigé, dans le « délai de trois jours.

« Lorsque cette partie sera actuel- « lement détenue, l'acte contenant la « déclaration de recours lui sera lu « par le greffier; elle le signera, et, « si elle ne le peut ou ne le veut, le « greffier en fera mention.

« Lorsqu'elle sera en liberté, le de- « mandeur en cassation lui notifiera « son recours par le ministère d'un « huissier, soit à sa personne, soit au « domicile par elle élu; le délai sera, « en ce cas, augmenté d'un jour par « chaque distance de trois myriamè- « tres. »

Art. 419. « La partie civile qui se « sera pourvue en cassation est tenue « de joindre aux pièces une expédition « authentique de l'arrêt.

« Elle est tenue, à peine de dé- « chéance, de consigner une amende « de 150 francs; ou de la moitié de « cette somme, si l'arrêt est rendu « par contumace ou par défaut. »

La consignation de cette somme, plus le dixième pour décime de guerre, n'a pas besoin de précéder ou d'accompagner immédiatement le pourvoi; il suffit, pour rendre le recours recevable, qu'elle soit effectuée avant l'audience de la Cour de cassation, à laquelle l'affaire doit être portée. Cass., 6 fruct. an VIII. Le ministère public de simple police n'a donc pas à vérifier si cette consignation a été effectuée par la partie civile.

La consignation n'est réduite à la moitié, ou à 82 fr. 50 c., pour la partie civile, que lorsque le jugement attaqué a été rendu par défaut contre elle-même (Cass., 14 mai 1813); s'il l'avait été contre le prévenu, la somme entière serait consignée.

ART. 420. « Sont dispensés de l'a-« mende : 1° les condamnés en ma-« tière criminelle ; 2° les agents pu-« blics pour affaires qui concernent « directement l'administration et les « domaines ou revenus de l'Etat.

« A l'égard de toutes autres per-« sonnes, l'amende sera encourue par « celles qui succomberont dans leur « recours ; seront néanmoins dispen-« sées de la consigner celles qui join-« dront à leur demande en cassation : « 1° un extrait du rôle des contribu-« tions, constatant qu'elles payent « moins de 6 francs ; ou un certifi-« cat du percepteur de leur commune « portant qu'elles ne sont point im-« posées ; 2° un certificat d'indigence « à elles délivré par le maire de la com-« mune de leur domicile ou par son « adjoint, visé par le sous-préfet, et « approuvé par le préfet du départe-« ment. »

Mais un maire qui se pourvoit dans l'intérêt de sa commune, et spécialement dans une affaire d'octroi, est astreint à la consignation (Cass., 13 octobre 1820, 5 mars 1831) ; il n'est, en ce cas, que l'agent de la commune, et non celui de l'Etat. Cass., 9 mars 1838.

ART. 421. « Les condamnés, même « en matière correctionnelle ou de « police, à une peine emportant pri-« vation de la liberté, ne seront pas « admis à se pourvoir en cassation, « lorsqu'ils ne seront pas actuellement « en état, ou lorsqu'ils n'auront pas « été mis en liberté sous caution.

« L'acte de leur écrou ou de leur « mise en liberté sous caution sera « annexé à l'acte de recours en cassa-« tion.

« Néanmoins, lorsque le recours en « cassation sera motivé sur l'incom-« pétence, il suffira au demandeur, « pour que son recours soit reçu, de « justifier qu'il s'est actuellement con-« stitué dans la maison de justice du « lieu où siége la Cour de cassation ; « le gardien de cette maison pourra « l'y recevoir sur la représentation de « sa demande adressée au procureur « général près cette Cour, et visée « par ce magistrat. »

Mais les tribunaux de police, ou plutôt les magistrats chargés de l'exécution des jugements de ces tribunaux et de surveiller les pourvois n'ont pas à s'inquiéter de ces dernières dispositions, puisque leurs jugements portant emprisonnement étant toujours *en premier ressort*, et le pourvoi en cassation ne pouvant être formé contre un jugement *en premier ressort*, il n'y a jamais à se pourvoir en cassation contre un jugement du tribunal de police portant emprisonnement.

ART. 422. « Le condamné ou la « partie civile, soit en faisant sa dé-« claration, soit dans les dix jours « suivants, pourra déposer au greffe « de la Cour ou du tribunal qui a « rendu l'arrêt ou le jugement atta-« qué une requête contenant ses « moyens de cassation. Le greffier lui « en donnera reconnaissance, et re-« mettra sur-le-champ cette requête « au magistrat chargé du ministère « public. »

Le dépôt de la requête en question est purement facultatif ; le demandeur en cassation, condamné, partie civile, peut s'adresser directement au greffe de la Cour suprême. Ainsi, le délai fixé par l'art. 423 expiré, il doit être passé outre à l'envoi du dossier.

Lorsque la requête du demandeur en cassation, prévenu ou partie civile, est déposée au greffe du tribunal de police, il n'est pas besoin du ministère d'un avocat de cassation, comme dans le cas prévu par l'art. 424 ci-après ; la signature du demandeur ou de son fondé de pouvoir suffit. Cass., 11 déc. 1847.

L'officier qui remplit les fonctions de ministère public près les tribunaux de police a aussi, quoiqu'il ne soit pas désigné dans l'art. 422, le droit d'user de la requête pour faire parvenir à la Cour de cassation les moyens sur lesquels son pourvoi se fonde ; sa requête doit être adressée avec beaucoup de soin et de concision, sans prétention et sans phrases, et adressée à la Chambre criminelle de la Cour.

REQUÊTE EN CASSATION (1).

A MM. les présidents et conseillers composant la Cour de cassation, Chambre criminelle.

Le commissaire de police ou le maire de la commune de , remplissant les fonctions du ministère public près le tribunal de simple police de ce canton, a l'honneur de vous exposer que, par acte reçu au greffe de ce siége, le , notifié au prévenu, le , par acte du ministère du sieur , huissier à , il s'est pourvu en cassation contre un jugement de ce tribunal, en date du , rendu dans les circonstances suivantes :

(*Exposer ici sommairement les faits qui constituent la contravention.*)

Le tribunal a prononcé le renvoi du prévenu par le motif que cette décision a paru au requérant susceptible d'annulation.

(*Ici exposer les moyens de cassation*; — nullité de formes ; — inobservation d'arrêtés légalement pris ; — fausse application de la loi, etc.)

Ce considéré,

L'exposant requiert qu'il vous plaise, messieurs, casser et annuler le jugement ci-dessus rappelé, et, pour être statué sur la poursuite dirigée contre le sieur....., renvoyer le procès et les parties devant un autre tribunal de même qualité.

A....., le.....

ART. 423. « Après les dix jours qui « suivront la déclaration, ce magistrat « (l'officier du ministère public près « le tribunal de police) fera passer « au ministère de la justice les pièces « du procès et les requêtes des par- « ties, si elles en ont déposé.

« Le greffier de la Cour ou du tri- « bunal qui aura rendu l'arrêt ou le « jugement attaqué rédigera sans « frais et joindra un inventaire des « pièces, sous peine de 100 francs « d'amende, laquelle sera prononcée « par la Cour de cassation. »

Ce délai de dix jours est accordé au demandeur pour déposer sa requête. Lorsqu'il est expiré, l'officier du ministère public expédie le dossier, après s'être assuré qu'il renferme toutes les pièces nécessaires, et après avoir rangé ces pièces dans l'ordre le plus convenable, et les avoir cotées. Instruction générale sur les frais de justice criminelle, 1826, p. 65, n° LII.

Toutes ces pièces doivent être envoyées en minute ; on n'en doit excepter que celles que le ministre de la justice désigne pour n'être expédiées que par copies ou par extraits. Tels sont : 1° les jugements ; 2° la déclaration du pourvoi en cassation (Tarif criminel, art. 59 ; dite instruction, p. 63, n° LI) ; 3° les arrêtés municipaux ou préfectoraux auxquels il a été contrevenu.

Mais les pièces du procès ne doi-

(1) Modèle de requête donné par M. Berriat Saint-Prix.

vent être adressées au ministre de la justice que par l'intermédiaire du procureur impérial, qui les transmet lui-même au procureur général, ces chefs de service devant avoir connaissance d'actes aussi importants que ceux qui saisissent la Cour de cassation, et pouvant avoir d'ailleurs à ajouter les observations nécessaires pour compléter et régulariser le dossier.

Après le dossier complété et envoyé au ministère de la justice, l'officier du ministère public près le tribunal de police n'a plus à s'occuper du pourvoi, à moins que, s'il est maire, sa commune n'y soit intéressée, et qu'il n'ait pris qualité, sous ce rapport, dans le pourvoi. C'est le procureur général près la Cour de cassation qui seul soutient le pourvoi devant la Cour.

ART. 424. « Dans les vingt-quatre « heures de la réception de ces pièces, le ministre de la justice les « adressera à la Cour de cassation, et « il en donnera avis au magistrat qui « les lui aura transmises.

« Les condamnés pourront aussi « transmettre directement au greffe « de la Cour de cassation, soit leurs « requêtes, soit les expéditions ou « copies signifiées, tant de l'arrêt ou « du jugement que de leurs demandes « en cassation. Néanmoins, la partie « civile ne pourra user du bénéfice de « la présente disposition sans le mi- « nistère d'un avocat à la Cour de « cassation. »

ART. 427. « Lorsque la Cour de « cassation annulera un arrêt ou ju- « gement rendu, soit en matière cor- « rectionnelle, soit en matière de po- « lice, elle renverra le procès et les « parties devant une Cour ou un tri- « bunal de même qualité que celui « qui aura rendu l'arrêt ou le juge- « ment annulé. »

ART. 436. « La partie civile qui « succombera dans son recours, soit « en matière criminelle, soit en ma- « tière correctionnelle ou de police, « sera condamnée à une indemnité de « 150 francs et aux frais envers la « partie acquittée, absoute ou ren- « voyée; la partie civile sera de plus « condamnée envers l'Etat à une « amende de 150 francs, ou de 75 fr. « seulement, si l'arrêt a été rendu par « contumace ou par défaut.

« Les administrations ou régies de « l'Etat, et les agents publics qui suc- « comberont ne seront condamnés « qu'aux frais et à l'indemnité. »

ART. 437. « Lorsque l'arrêt ou le « jugement aura été annulé, l'amende « consignée sera rendue sans aucun « délai, en quelques termes que soit « conçu l'arrêt qui aura statué sur le « recours, et quand même il aurait « omis d'en ordonner la restitution. »

ART. 438. « Lorsqu'une demande « en cassation aura été rejetée, la « partie qui l'aura formée ne pourra « plus se pourvoir en cassation contre « le même arrêt ou jugement, sous « quelque prétexte et par quelque « moyen que ce soit. »

ART. 439. « L'arrêt qui aura rejeté « la demande en cassation sera déli- « vré dans les trois jours au procu- « reur général près la Cour de cassa- « tion, par simple extrait signé du « greffier, lequel sera adressé au mi- « nistère de la justice, et envoyé par « celui-ci au magistrat chargé du mi- « nistère public près la Cour ou le « tribunal qui aura rendu le jugement « attaqué. »

Loi du 1er avril 1837. Art. 1er. « Lorsqu'après la cassation d'un pre- « mier arrêt ou jugement rendu en

« dernier ressort, le deuxième arrêt « ou jugement rendu dans la même « affaire, entre les mêmes parties, « procédant en la même qualité, sera « attaqué par les mêmes moyens que « le premier, la Cour de cassation « prononcera, toutes les Chambres « réunies. »

Art. 2. « Si le deuxième arrêt ou « jugement est cassé pour les mêmes « motifs que le premier, la Cour ou « le tribunal auquel l'affaire est ren- « voyée se conformera à la décision « de la Cour de cassation sur le point « de droit jugé par cette Cour. »

SECTION III.

Des conflits en matière de simple police.

Le conflit consiste dans la prétention de deux corps judiciaires ou de deux tribunaux différents à retenir ou à revendiquer une contestation ou à se déclarer incompétents pour en connaître.

Lorsque la prétention existe entre deux tribunaux de l'ordre judiciaire, le conflit se nomme *conflit de juridiction*, et donne lieu à un *règlement de juges*.

Lorsqu'il s'établit entre l'autorité judiciaire et l'autorité administrative, le conflit prend le nom de *conflit d'attributions*.

Quant au *conflit de juridiction*, on le distingue en conflit *positif*, lorsque deux tribunaux retiennent ou réclament la même affaire, ou en conflit *négatif*, lorsqu'ils la repoussent.

Le conflit positif se présente rarement en matière de simple police, le lieu de la compétence étant fixé par le lieu de la contravention même. C. inst. crim., 139, 140, 166. Si un tribunal de police incompétent avait statué sur la poursuite avant que le tribunal compétent eût été saisi, celui-ci devrait prononcer le renvoi du prévenu en se fondant sur l'autorité de la chose jugée, le jugement rendu ne pouvant être attaqué que par les voies ordinaires. Il n'y aurait donc pas lieu, en pareil cas, à règlement de juges.

Mais le conflit négatif peut se présenter plus souvent, dans les cas, par exemple, où un tribunal de police et un tribunal correctionnel, saisis successivement de la même contravention, se déclarent incompétents ou lorsqu'une ordonnance de la Chambre du Conseil du tribunal de première instance ou un arrêt de la Chambre d'accusation de la Cour impériale (C. inst. crim., 230) ayant renvoyé une affaire devant un tribunal de simple police, celui-ci déclare son incompétence. Cass. 16 avril 1829.

Il y aura lieu à être réglé de juges par la Cour de cassation en matière criminelle, correctionnelle ou de police, lorsque des Cours, tribunaux ou juges d'instruction, ne ressortissant point les uns aux autres, seront saisis de la connaissance du même délit ou de délits connexes ou de la même contravention. C. inst. crim., 526.

Toutes demandes en règlement de juges sont instruites et jugées par la Cour de cassation, sommairement et sur simple mémoire. C. instr. crim., 525.

Le mémoire est ordinairement présenté à la Cour de cassation sous la forme d'une requête, à laquelle on joint le dossier et une expédition des jugements, arrêts ou ordonnances, objets ou causes du conflit.

Le conflit positif de juridiction est rarement poursuivi ; le conflit négatif de juridiction n'est jamais poursuivi que par le procureur impérial ou par le procureur général. Comme c'est toujours un jugement du tribunal correctionnel ou un arrêt de la Chambre d'accusation qui se trouve en contradiction avec le jugement du tribunal de police, il convient que le magistrat qui remplit les fonctions du ministère public près le tribunal de police laisse, s'il y a lieu, le soin de lever le conflit au magistrat supérieur.

Quant au conflit d'attributions, il n'est pas généralement reconnu qu'il puisse être élevé en matière de simple police.

Jusqu'à l'ordonnance du 1er juin 1828, le droit du gouvernement en matière de conflit était à peu près regardé comme sans limites. L'ordonnance de 1828 interdit les conflits en matière criminelle, limite leur application en matière correctionnelle, et passe sous silence les matières de simple police.

Mais plusieurs décrets ou ordonnances, d'après avis du même Conseil, ont, auparavant et depuis, admis des conflits en matière de police, entre autres un décret du 17 septembre 1808, relativement à une usurpation sur un chemin vicinal dont la largeur était contestée, et pourvu que le juge de police n'eût pas encore prononcé à cet égard; et une ordonnance du 4 mars 1819, relative à une contravention à la police du roulage, de la compétence des Conseils de préfecture. Un arrêt de la Cour de cassation, du 9 janvier 1835, a également reconnu qu'il pouvait y avoir lieu à conflit relativement à une contravention à la police des livrets d'ouvriers.

Mais par un arrêté du 16 juillet 1846, le Conseil d'Etat a décidé que le conflit ne peut pas être élevé devant les tribunaux de simple police. RÉP. GÉN. DES J. DE PAIX, t. II, p. 81.

Dans les départements, les préfets seuls ont le droit d'élever des conflits; à Paris, le préfet de police. Ce droit et la procédure à suivre sont réglés par l'ordonnance de 1828, articles 5, 6 et suivants, par l'ordonnance du 12 mars 1831, art. 6 et 7, et par le règlement du 29 octobre 1849, article 12.

D'après ces règlements, le conflit est formulé d'abord dans un mémoire, concluant ou déclinatoire, adressé par le préfet au ministère public. Cet officier, en le communiquant au tribunal, requiert que, conformément à l'art. 27 de la loi du 21 fructidor an III, il soit sursis à toute procédure judiciaire. Les pièces sont ensuite adressées par le ministère public au ministère de la justice.

La connaissance des conflits, après avoir été enlevée au Conseil d'Etat pour être attribuée au tribunal des conflits en 1850, a été reportée de nouveau au Conseil d'Etat par l'article 1er du décret du 25 janvier 1852.

TITRE X.

De l'exécution des jugements des tribunaux de police des juges de paix et des maires. — Quand le jugement peut-il être exécuté? — Qui est chargé de l'exécution? amende, emprisonnement, confiscation, condamnations diverses. — Frais, payement des frais et dépens.

CHAPITRE PREMIER.

Quand le jugement du tribunal de police peut-il être exécuté? — Formes d'exécution. — Qui est chargé de l'exécution? Amende, emprisonnement, confiscation, frais, condamnations diverses.

SECTION I.

Quand le jugement du tribunal de police peut-il être exécuté? — Expédition du jugement; grosse exécutoire.—Règles et formes à suivre pour l'exécution.

D'après l'article 165 du Code d'instruction criminelle, le ministère public et la partie civile poursuivent l'exécution du jugement, chacun en ce qui les concerne.

Lorsqu'il y a une partie civile en cause, c'est à elle seule qu'il appartient de faire exécuter les condamnations pécuniaires qui lui ont été adjugées. Inst. criminelle, art. 197. Toutefois, elle doit recourir au ministère public pour l'exercice de la contrainte par corps.

En thèse générale, un jugement ne peut être exécuté que sur l'expédition ou grosse exécutoire délivrée par le greffier.

Cette expédition se compose de la copie de la minute à laquelle on ajoute la formule exécutoire.

Les greffiers qui délivreraient expédition d'un jugement avant qu'il eût été signé seraient poursuivis comme faussaires. C. inst. crim., art. 197.

Les tribunaux de police ne peuvent connaître de l'exécution même provisoire de leurs jugements. Cass., 11 juillet 1850.

Les difficultés et incidents qui s'élèvent sur l'exécution des jugements criminels, relativement aux condamnations civiles, sont de la compétence des tribunaux civils. Jugé, en effet, en ce sens, qu'un tribunal de simple police excède ses pouvoirs en prenant connaissance de l'exécution d'un de ses jugements portant condamnation de dommages-intérêts dont la partie condamnée soutient s'être libérée; et que la contestation doit être jugée par le tribunal civil. Cass., 23 frim. an XIV, 28 mars 1807.

Aux termes de l'article 375 C. inst. crim., les condamnations criminelles doivent être exécutées dans les vingt-quatre heures qui suivent les délais accordés pour se pourvoir en cassation; et, en cas de recours, dans les vingt-quatre heures de la réception de l'arrêt de la Cour de cassation qui a rejeté la demande.

Il ne suffit pas que la Cour de cassation ait prononcé le rejet; il faut encore que l'arrêt de rejet soit parvenu officiellement à l'officier du ministère public; mais il n'est pas nécessaire que la signification de cet arrêt soit faite au condamné. Cass., 31 mai 1834.

Au surplus, la loi ne prononce aucune peine pour le défaut d'exécution dans les vingt-quatre heures.

Mais le recours de la partie civile peut-il arrêter l'exécution de l'arrêt de condamnation relativement à la vindicte publique?—Suivant Carnot, l'article 375 parlant sans restriction du cas où il y a recours en cassation, et voulant qu'alors l'exécution de l'arrêt ne puisse avoir lieu qu'après que l'arrêt de rejet sera parvenu au procureur général, il faut en conclure qu'il suffit d'un recours, quel qu'il soit, contre l'arrêt de condamnation, pour qu'il doive nécessairement être sursis à son exécution.

Il est, dans tous les cas, hors de doute que la disposition qui veut que le pourvoi en cassation soit suspensif en matière criminelle est applicable à celui du ministère public comme à celui du condamné. Cass., 20 juillet 1827. Et, comme nous l'avons vu plus haut, le ministère public ne pourrait, même en se désistant du pourvoi qu'il aurait formé, faire mettre l'arrêt à exécution; il faut que la Cour statue.

Bien plus, l'arrêt ne pourrait être exécuté au préjudice du recours en cassation exercé par la partie condamnée, lors même qu'elle s'en serait désistée. Carnot, sur l'article 375.

L'acquiescement de l'accusé n'autoriserait pas non plus la mise à exécution de l'arrêt de condamnation avant l'expiration du délai du pourvoi en cassation. Carnot, sur l'article 373.

Mais suffirait-il qu'il y eût déclaration de recours en cassation pour qu'il dût être sursis à l'exécution de l'arrêt, lors même que le recours serait irrégulier? S'il y avait simple irrégularité dans la déclaration du recours, il faudrait certainement surseoir, car la Cour de cassation est la seule autorité compétente pour juger la validité de la déclaration. Il y aurait plus de difficulté si le recours avait été déclaré hors le délai; car, si le ministère public ne peut se rendre le juge des motifs du retard, il y aurait aussi de grands inconvénients à autoriser la partie condamnée à arrêter, par cette voie indirecte, l'exécution du jugement qui aurait prononcé la condamnation.

Cependant Carnot pense que, dans ce cas encore, il devrait être sursis à l'exécution, puisque l'expiration des délais déterminés par l'article 373 n'est pas, en définitive, un empêchement radical à la réception du pourvoi en cassation; et que, d'ailleurs, le Code d'instruction criminelle a paré à l'inconvénient que nous avons signalé, en chargeant la Cour de cassation de prononcer, toutes affaires cessantes, sur le recours en matière criminelle.

Cependant l'exécution du jugement attaqué ne devrait pas être suspendue, si le recours n'avait pas de base légale; s'il s'agissait, par exemple, d'un pourvoi en cassation contre un jugement en premier ressort, ou d'un pourvoi en cassation après un arrêt de rejet. Dans ces cas, il devrait être passé outre (Cass., 10 octobre 1847); autrement, comme le dit un arrêt de la Cour de cassation du 9 mai 1834, les jugements ne pourraient être exécutés que lorsqu'il plairait aux condamnés de cesser leurs pourvois et leurs oppositions.

Aucune condamnation criminelle ne peut être exécutée les jours de fêtes nationales et religieuses. C. pén., art. 25.

Les jugements de simple police, soumis à l'appel, ne sont exécutoires que le onzième jour qui suit leur signification à personne ou domicile, s'il n'y a pas eu d'appel. C. inst. crim., art. 172, 173 et 174.

Et cette règle s'applique aux jugements par défaut, rendus en premier ressort par les tribunaux de simple police, comme aux jugements contradictoires. Les jugements par défaut sont donc aussi exécutoires le onzième jour qui suit leur signification à personne ou domicile, pourvu qu'il n'y ait eu ni opposition ni appel (C. inst. crim., art. 151, 172, 173, 174); et sauf une augmentation d'un jour par trois myriamètres de distance.

Si le jugement est en dernier ressort, il est exécutoire le huitième jour après la signification à personne ou à domicile, ce qui comprend le délai de trois jours pour former opposition, et celui de quatre jours pour se pourvoir en cassation, ce dernier délai ne pouvant courir que de l'expiration du premier, c'est-à-dire du moment où le jugement est devenu définitif; le tout, sauf encore l'augmentation d'un jour par trois myriamètres. C. inst. crim., 151, 177, 373.

Le jugement qui, après défaut, déclare l'opposition non recevable ou mal fondée, est exécutoire, comme nous l'avons vu, aussitôt que les délais d'appel sont expirés sans déclaration d'appel.

Le jugement du tribunal correctionnel qui statue sur l'appel d'un jugement du tribunal de police est exécutoire après les délais du pourvoi en cassation, s'il n'y a pas eu de pourvoi ; mais alors, c'est le procureur impérial qui est chargé de l'exécution, ou qui doit donner l'ordre d'exécution à l'officier du ministère public près le tribunal de police, celui-ci ne pouvant savoir quand a été prononcé le jugement, quelle en est la teneur, s'il y a eu pourvoi en cassation, et quand le pourvoi a été formé.

Lorsqu'il y a pourvoi en cassation, c'est le ministre de la justice qui informe du rejet le procureur impérial, et c'est encore le procureur impérial qui est chargé, en pareil cas, de l'exécution. Dès qu'il a reçu l'expédition de l'arrêt de rejet, il peut, au reste, procéder sur-le-champ, et sans aucune signification ni de cet arrêt ni du jugement, objet du pourvoi, à l'exécution de ce jugement, qui, par le rejet du pourvoi, a repris toute sa force. C. inst. crim., 375, 439.

Mais quoiqu'un jugement de simple police ne soit exécutoire qu'alors qu'il est devenu définitif et qu'il ne peut plus être frappé d'appel ni attaqué par le recours en cassation, et que même l'exécution provisoire ne puisse être ordonnée par les tribunaux de simple police, le ministère public près des tribunaux de police et le receveur de l'enregistrement font exécuter sans cesse des jugements de condamnation qui ne sont pas irrévocables. On évite ainsi aux parties condamnées des frais de levée et de signification de jugement qui seraient le plus souvent plus considérables que l'amende et les frais ordinaires.

Jugé dans ce sens que la signification du jugement au condamné en but d'exécution n'est pas nécessaire. Cass., 31 mai 1834 et 26 déc. 1839. Il suffit que les ordres soient donnés; les agents de la force publique opèrent légalement l'arrestation du condamné en vertu des seuls réquisitoires du ministère public, et sans être porteurs d'une expédition du jugement ; et la résistance à leur action, dans ce cas, constitue le délit de rébellion. Cass., 26 décembre 1839.

« Au commencement de chaque tri« mestre, les juges de paix et les mai« res transmettront au procureur im« périal l'extrait des jugements de « police qui auront été rendus dans « le trimestre précédent, et qui auront « prononcé la peine de l'emprisonne« ment.

« Cet extrait sera délivré sans frais « par le greffier.—Le procureur impé« rial le déposera au greffe du tribu« nal correctionnel. Il en rendra un « compte sommaire au procureur gé« néral près la Cour impériale. » C. inst. crim., 178.

SECTION II.

Qui est chargé de l'exécution des jugements du tribunal de police? amende, emprisonnement, confiscation, frais, condamnations diverses. — Exécution.

Art. 1. — Règles générales sur l'exécution des jugements de police et sur le droit de les faire exécuter. — Commissaires de police, régie de l'enregistrement.

C'est l'officier du ministère public qui est chargé de poursuivre l'exécution des peines corporelles (C. instr. crim., 165), celle des condamnations pécuniaires, amendes, frais, confiscations étant attribuée à l'administration de l'enregistrement. En effet, l'art. 197 du Code d'instruction criminelle, applicable aux tribunaux de police, faute de dispositions semblables concernant ces tribunaux, porte, § 2 : « Les poursuites, pour le recouvrement des « amendes et confiscations, seront « faites au nom du procureur impérial, par le directeur de la régie des « droits d'enregistrement. »

Pour l'exécution des peines pécuniaires, l'action du ministère public est donc loin d'être la même que pour les peines corporelles. Le ministère public ne les fait exécuter qu'en ce qui concerne la contrainte par corps. Les poursuites jusqu'à cette contrainte sont faites par l'administration de l'enregistrement.

Toutefois, même dans ce cas, cette administration ne peut procéder qu'au nom du procureur impérial. C. instr. crim., art. 197.

Dans les tribunaux de police présidés par le juge de paix, l'officier du ministère public chargé de l'exécution du jugement est le commissaire de la commune où siége le tribunal; et, lorsqu'il y a plusieurs commissaires de police, celui d'entre eux délégué par le procureur général pour faire ce service. C. instr. crim., 144.

A défaut de commissaire de police, ou en cas d'empêchement, c'est le maire de la commune ou son adjoint. Instr. crim., art. 144.

ART. 2. — Du recouvrement des amendes et des frais.

Ce sont donc les receveurs de l'enregistrement, établis à peu près dans tous les cantons, qui poursuivent le payement des amendes et qui exercent les poursuites au nom du procureur impérial.

D'après les instructions du ministre de la justice, les greffiers de simple police adressent aux receveurs de l'enregistrement des relevés sommaires des jugements non susceptibles d'opposition ou d'appel, et conformes au modèle suivant :

Relevé des jugements rendus par le tribunal de simple police.

NATURE DE LA contravention.	COMMUNE où elle a été commise.	DATE DES jugements	NOM ET PRÉNOMS des condamnés	DEMEURE des condamnés	MONTANT		OBSERVATIONS
					DE l'amende.	DES frais.	

Les greffiers ne doivent comprendre dans le même état que les individus domiciliés dans le même canton. La désignation des communes où les contraventions ont été commises sert à répartir entre elles, aux termes de l'art. 466 du Code pénal et de l'ordonnance du 30 décembre 1823, les amendes recouvrées.

C'est le préfet qui fait la répartition de ces amendes entre les communes ; et, à cet effet, les greffiers doivent adresser au préfet de leur département, au commencement de chaque semestre, les relevés des amendes de police prononcées par le tribunal dans le semestre précédent. Circulaire du ministre de la justice des 15 décembre 1833 et 20 septembre 1834.

Ce sont les receveurs de l'enregistrement, établis à peu près dans tous les cantons, qui poursuivent le payement des amendes.

Ainsi que nous l'avons dit, l'officier du ministère public, ou plutôt le greffier du tribunal de police, envoie au receveur l'état des condamnés à l'amende, dressé suivant le modèle ci-dessus. Les condamnés domiciliés hors la circonscription du bureau sont portés individuellement sur un seul état, que le receveur du canton transmet à ses collègues des autres cantons. A Paris, on ne porte sur ces états que les condamnés par défaut ; lorsqu'il s'agit d'une condamnation contradictoire, le greffier du tribunal de police délivre un extrait du jugement que le receveur consigne sur son sommier, et qui sert de base aux formalités qui suivent.

Sur le vu des états ou extraits à lui envoyés, le receveur avertit par lettres les condamnés de se présenter dans la huitaine à son bureau, pour y acquitter le montant de leurs condamnations.

Au bout d'un mois environ, le receveur renvoie au ministère public l'état ou les extraits qu'il a reçus, avec des observations, pour que les jugements soient signifiés aux condamnés qui n'ont pas satisfait.

Quand on a plusieurs jugements, soit par défaut, soit contradictoires, à signifier à la même personne, il faut avoir soin, pour éviter les frais, quelquefois assez élevés, d'enregistrement, de timbre et de droit d'original, de faire signifier ces jugements par un seul et même exploit. Seulement, pour éviter de contrevenir aux lois sur le timbre (Loi du 12 décembre 1790, art. 9; décret du 13 brumaire an VII, art. 23), qui défendent de porter deux actes sur la même feuille, chaque copie de jugement sera transcrite sur une feuille séparée.

Après les significations opérées par le ministère d'un huissier, le même état revient au receveur, accompagné des originaux de signification contenant les jugements que le receveur consigne sur son sommier.

Le receveur avertit de nouveau, comme ci-dessus, les condamnés de venir payer ; et il prend en même temps, auprès du maire de la commune ou du tribunal de police du quartier, des renseignements sur la solvabilité et la position de famille du condamné.

Une quinzaine environ après ce second avertissement, le receveur fait faire au condamné sommation de payer au nom du procureur impérial, les poursuites pour les recouvrements des amendes et confiscations devant, aux termes de l'art. 197 du Code d'instruction criminelle, être faites au nom du procureur impérial par le directeur de la régie des droits d'enregistrement.

Lorsque le condamné n'a pas satisfait et qu'il est signalé comme solvable, le receveur envoie au procureur impérial son dossier, comprenant : — l'extrait du jugement ; — la signification du jugement, si elle a dû être faite ; — la réponse du commissaire au maire sur la solvabilité du débiteur ; — le commandement de payer ; — enfin, un bordereau détaillé des sommes à recouvrer, surtout s'il y a plusieurs jugements à exécuter.

Sur le vu de ce dossier, le procureur impérial adresse ordinairement de son côté un avertissement au débiteur.

Enfin, ce troisième avertissement demeuré sans effet, et les causes de l'arrestation vérifiées, le procureur impérial adresse à la gendarmerie un réquisitoire motivé pour l'exécution de la contrainte par corps.

Lorsque le directeur de l'enregistrement décide que la contrainte exercée envers un insolvable a assez duré, le procureur impérial n'a qu'à donner des ordres pour la radiation de l'écrou et l'élargissement du débiteur.

Il en est autrement quand il s'agit de délits forestiers et de pêche fluviale. En ces matières, l'amende, en cas d'insolvabilité justifiée, se résolvant en emprisonnement, c'est le procureur impérial qui décide si le débiteur insolvable de l'Etat doit ou non être élargi.

A cet effet, les condamnés insolvables doivent présenter leur requête à fin d'élargissement et les pièces à l'appui directement au procureur impérial, qui ordonne, s'il y a lieu, leur mise en liberté, à l'expiration du temps fixé, et en donne avis au receveur des domaines. Ord. 1er août 1827, art. 191; C. forest., art. 213 ; Loi sur la pêche fluviale, art. 79.

Le recouvrement des frais se poursuit de la même manière que le recouvrement des amendes, quoique l'art. 197 ne s'en soit pas formellement expliqué. Il y a parfaite identité des motifs.

Quant à l'exécution des condamnations relatives à la confiscation, elle se poursuit par les soins du commissaire de police et du receveur de l'enregistrement, réunis. Voir l'article ci-après.

Il est difficile, on le voit, par les détails que nous avons donnés plus haut, de prendre plus de précautions pour éviter aux condamnés des tribunaux de police, débiteurs de sommes habituellement très-minimes, l'accroissement de frais qu'entraînent forcément les actes de poursuite et d'exécution.

Ainsi, si l'officier du ministère public de simple police n'a pas une grande part à l'exécution des condamnations pécuniaires, il ne laisse pas toutefois d'y intervenir utilement, soit pour diligenter la remise par le greffier des états et extraits au receveur de l'enregistrement et des domaines ; soit pour signaler au procureur impérial les contrevenants obstinés, et à l'égard desquels, malgré leur insolvabilité, la contrainte par corps doit être exercée pour l'exemple ; soit enfin pour appeler l'attention de ce magistrat sur les réductions dont seraient susceptibles les frais de poursuite.

ART. 3. — De l'exécution des jugements des tribunaux de police quant à l'emprisonnement. — Participation du commissaire de police à l'exécution des dispositions relatives à la confiscation. — De l'exécution des démolitions ou comblements, et autres condamnations résultant des jugements de simple police.

Les condamnés à l'emprisonnement de simple police sont mis en demeure de se constituer par un avertissement sans frais, donné par le commissaire de police ou le maire de la commune de leur domicile. Sur cet avertissement, ils se présentent à l'officier du ministère public qui leur délivre un ordre au gardien de la prison de les recevoir ; l'ordre se libelle au bas de l'extrait du jugement de condamnation ou même se délivre sans extrait, cet ordre seul étant suffisant. Instruction générale de 1836, n° XXXVI.

Si la condamnation concernait un membre du Sénat ou du Corps législatif, il serait indispensable, avant de prendre aucune mesure contre lui, d'avoir obtenu l'autorisation du Sénat ou du Corps législatif. Constitution de 1848, art. 37, et Constitutions précdentes. A cet effet, une expédition du jugement serait adressée au procureur impérial, qui la ferait parvenir au procureur général et celui-ci au ministère de la justice compétent pour saisir l'assemblée de la demande.

Lorsque le condamné ne se rend pas à l'avertissement dans le délai qui lui a été accordé pour se constituer, un réquisitoire à fin d'arrestation est adressé par le commissaire de police ou par le maire à la gendarmerie. C. inst. crim., 25, 163. Cependant, cette marche ne peut être suivie qu'à l'égard des condamnés qui habitent le canton, les réquisitoires des officiers du ministère public près les tribunaux de police n'ayant d'effet que dans l'étendue du canton. Pour les condamnés qui demeurent hors de ces limites, il faut envoyer un extrait du jugement au procureur impérial de l'arrondissement, qui prend les mesures nécessaires pour l'exécution. L'emprisonnement de police, lorsqu'il y a arrestation, doit se subir d'ailleurs dans la maison de dépôt ou d'arrêt la plus voisine, parce qu'il y aurait une grande rigueur à contraindre à un trajet plus ou moins long, sous l'escorte de la force armée, un homme condamné au plus à cinq jours de prison. Berriat Saint-Prix, n° 496.

S'il y a dans la commune chef-lieu de canton une chambre de dépôt, dite chambre sûre ou de sûreté, destinée faute de maison d'arrêt ou de prison à déposer les prévenus ou condamnés, c'est dans cette chambre de sûreté que l'emprisonnement de police doit être subi.

Si la commune chef-lieu ne possédait ni prison municipale ou de dépôt ni chambre de sûreté, l'emprisonnement serait subi dans la maison d'arrêt de l'arrondissement. A cet effet, le réquisitoire à fin d'arrestation serait envoyé au procureur impérial qui le viserait pour que le condamné pût être reçu sans difficulté dans cette prison.

Mais l'emprisonnement de simple police ne serait pas régulièrement subi dans un local, même appartenant à la commune, et qui ne serait pas au moins chambre sûre ou de sûreté, personne ne pouvant être régulièrement détenu que dans un lieu légalement et publiquement désigné par l'administration du département pour servir de prison. Décret du 16 septembre 1791, tit. XV, art. 2; Code de brumaire an IV, art. 582.

L'emprisonnement une fois commencé doit être subi sans aucune interruption. Les jours d'emprisonnement sont des jours complets de vingt-quatre heures. Cod. pén., 40 et 465. Le gardien de la chambre de dépôt doit donc noter sur son registre l'heure de l'entrée du condamné; l'officier du ministère public doit veiller à l'observation de cette règle, et, au besoin, indiquer dans son ordre d'élargissement l'heure à laquelle le condamné doit sortir. Berriat Saint-Prix, n° 505.

Les officiers du ministère public près les tribunaux de police peuvent, sur la demande des condamnés à l'emprisonnement, leur accorder un sursis pour l'exécution de leur peine; mais ils ne doivent le faire que pour des motifs graves comme maladie dans la famille du condamné, travaux urgents à faire. Il importe, en effet, à l'efficacité de la peine qu'elle soit presque sur-le-champ subie, sans quoi l'intimidation qui doit en provenir perdrait une grande partie de sa force. Aussi la loi a-t-elle pris soin d'assurer l'exécution des jugements de police en astreignant les juges de paix et les maires à des comptes rendus périodiques. L'art. 178 du Code d'instruction porte : « Au commencement de chaque trimestre, les juges « de paix et les maires transmettront « au procureur impérial l'extrait des « jugements de police qui auront été « rendus dans le trimestre précédent, « et qui auront prononcé la peine « d'emprisonnement. Cet extrait sera « délivré sans frais par le greffier. Le « procureur impérial le déposera au « greffe du tribunal correctionnel. Il « en rendra un compte sommaire au « procureur général près la Cour d'ap- « pel. »

Dans la pratique, ces extraits sont remplacés par un état ou tableau dressé dans la forme suivante :

État des condamnations à l'emprisonnement prononcées par le tribunal de simple police de , pendant le trimestre de 185

Nos d'Ordre.	NOMS, PROFESSION, DEMEURE des CONDAMNÉS.	NATURE de la CONTRAVENTION.	DATE du JUGEMENT.	PEINE PRONONCÉE.	DATE de L'EXÉCUTION. OBSERVATIONS.

M. Berriat Saint-Prix, dans son traité de la procédure des tribunaux criminels, conseille en outre aux officiers du ministère public de remettre d'office aux greffiers, pour être portées dans la colonne d'observations du tableau ci-dessus, des notes sur la date de l'exécution des jugements ou sur les causes qui ont pu retarder cette exécution. Ils devanceront ainsi les demandes de renseignements qui pourraient leur être adressées, et qu'ils seraient obligés de satisfaire.

Le commissaire de police prend part aussi, comme nous l'avons dit plus haut, à l'exécution du plus grand nombre des jugements qui prononcent une confiscation, et ce pour assurer et compléter, s'il y a lieu, l'action des employés des domaines.

La destruction de tous les objets dont la confiscation a été prononcée accessoirement à la peine de certaines contraventions n'est pas forcée, ceux de ces objets qui ne sont pas nuisibles d'une manière absolue doivent être vendus au profit de l'Etat.

Tels sont : 1° Les coutres de charrue, pinces, barres, barreaux, machines, instruments et armes abandonnés dans les champs, et dont peuvent abuser les voleurs ou autres malfaiteurs ; ce n'est pas la possession de ces objets qui est punissable, c'est leur abandon dans les champs, etc. C. pén., 471, n° 7, 472 ;

2° Les tables, enjeux, fonds, denrées, objets ou lots proposés aux joueurs par ceux qui tiennent des jeux de loterie ou de hasard. C. pén., 475, n° 5, 477 ;

3° Les scies, haches, serpes, cognées, etc., confisquées en vertu de l'article 198 du Code forestier.

Tous ces objets peuvent être vendus, et l'officier du ministère public doit veiller à ce que remise en soit faite, après les délais, au receveur des domaines par le greffier, auquel il en est donné décharge. Arg. de l'ordonnance du 9 juin 1831.

Il en est autrement des objets suivants, qui doivent être détruits :

1° Les pièces d'artifice confisquées en vertu des articles 471 et 472, n° 2, du Code pénal. Ces objets sont dangereux à conserver ;

2° Les instruments et appareils des jeux de hasard ou des loteries ;

3° Les boissons falsifiées ; elles sont répandues. C. pén., 477, n° 3 ;

4° Les écrits ou gravures contraires aux mœurs ; ces objets sont mis sous le pilon. *Idem*, n° 2 ;

5° Les instruments, ustensiles et costumes servant ou destinés à l'exercice du métier de devin, pronostiqueur ou interprète de songes. C. pén., art. 479, n° 7, 480.

Il y avait encore à détruire les comestibles gâtés (C. pén., art. 475, n° 14) et les faux poids et mesures (art. 479, n° 5) ; mais la loi des 27 mars-1er avril 1851 ayant élevé ces contraventions à la classe des délits, ces opérations rentrent désormais dans les attributions du procureur impérial. Berriat Saint-Prix.

Indépendamment des peines de police, il y a des travaux ordonnés par les tribunaux, accessoirement à la condamnation. Tels sont :

L'élagage et même l'arrachement des arbres et haies qui anticipent sur la voie publique ;

Le comblement des trous, excavations, fossés, survenus ou creusés dans cette voie ;

L'enlèvement des dépôts de matériaux du même lieu ;

La fermeture, par une cloison, d'un terrain attenant à une rue ;

La démolition d'édifices qui menacent ruine ou dépassent l'alignement ;

L'enlèvement de couvertures en paille, chaume ou roseau, défendues par des arrêtés administratifs ;

La construction d'un mur destiné à encaisser un canal pour prévenir les inondations.

L'exécution de ces dispositions, lorsque le jugement est devenu définitif par suite de la signification qui en est faite, et que le condamné a été dûment averti, s'opère à l'aide d'ouvriers requis par le maire ou le commissaire de police sous la sanction de l'art. 475, n° 12, du Code pénal. Si la démolition est motivée par une contravention au plan de l'alignement de la commune, on se munit de ce plan et l'on se fait même assister de l'agent-voyer pour s'assurer que la démolition ne dépassera pas le terrain compris dans la voie publique ; il est enfin convenable de constater l'opération par un procès-verbal.

Ces travaux n'étant ordonnés qu'à titre de réparation civile envers la commune, il faut pour leur exécution le consentement du maire qui la représente ; dans bien des cas même, l'exécution doit être laissée aux soins du maire. Les communes sont assimilées aux parties civiles dans les procès instruits, même d'office, pour les délits commis contre leurs propriétés. Tarif criminel, art. 158, § 2. Mais, demande M. Berriat Saint-Prix, au traité si intéressant et si complet duquel nous empruntons ces observations, si l'autorité municipale refusait son consentement à cette exécution ou négligeait de la donner, la partie du jugement qui a prescrit les travaux en question demeurerait-elle privée de résultat ?

Il faut, répond l'honorable auteur, distinguer entre les condamnations prononcées : si la contravention réprimée touche moins la sûreté des habitants que la décoration de la commune, s'il s'agit, par exemple, de branchages, de haies, qui gênent la vue sans obstruer le passage, etc., l'autorité municipale conserve son libre arbitre ; la loi de 1837 n'a été faite que pour les cas les plus graves, et l'autorité n'a pas à intervenir. Mais s'il est question d'excavations ou de dépôts dangereux pour la viabilité, d'édifices qui menacent ruine, de couvertures pouvant propager l'incendie, etc., il y a là des mesures à prendre qui intéressent la sûreté générale. Loi du 18 juillet 1837, art. 9 et 15. En cas de refus ou de négligence du maire, l'officier du ministère public ferait son rapport au préfet, lequel, après en avoir requis le maire, pourrait procéder d'office par lui-même ou par un délégué spécial ; c'est-à-dire autoriser l'exécution des travaux ordonnés par le jugement. Loi du 18 juillet 1837, art. 9 et 15; Berriat Saint-Prix, nos 510, 511, 512.

TITRE XI.

Des frais faits devant les tribunaux de police. — Frais dont le payement peut être ordonné. —Frais avant l'audience. — Frais faits pendant l'audience ou l'instruction de l'affaire. — Frais faits après l'audience. — Classement des pièces dans les dossiers d'appel ou de pourvoi en cassation.

CHAPITRE PREMIER.

Frais faits avant l'audience.

Plainte de la partie lésée. — Les plaintes sont assimilées aux actes concernant la police générale et la vindicte publique (Loi du 22 frimaire an VII, article 70, § 3, n° 9), et ne sont point soumises à l'enregistrement; quant au timbre, si elles contiennent une constitution de partie civile, qui fait supposer une demande ultérieure en dommages-intérêts, elles doivent, à moins que le plaignant ne justifie de son indigence, être rédigées sur papier timbré. Loi du 13 brumaire an VII, art. 12, 1° à la fin.

La *constitution de la partie civile*, lorsqu'elle est faite par un acte séparé ou verbalement à l'audience n'est point soumise à l'enregistrement; quand elle est reçue par le greffier, elle est enregistrée au droit fixe de 1 fr. 10 c. Loi du 22 frimaire an VII, art. 68, 27°.

La *consignation opérée par la partie civile* de la somme jugée nécessaire pour faire face aux frais de la poursuite se fait entre les mains du greffier, qui la consigne sur le registre tenu à cet effet. Cette formalité et la garde des fonds ne donnent lieu à aucun émolument. Tarif criminel, article 160. Le récépissé que le greffier délivre à la partie civile doit être porté sur une feuille de timbre de 35 centimes, mais n'est pas sujet à l'enregistrement. Sudrand-Desisles, note 462.

Les *certificats d'indigence*, produits tant par la partie civile que par le demandeur en cassation, n'entraînent aucuns frais de timbre, de rédaction ni d'enregistrement.

Le *désistement de la partie civile* doit être signifié par acte d'huissier, pour faire foi de sa date ; il est soumis aux mêmes frais qu'une citation ordinaire.

Procès-verbaux et rapports de contraventions. — La rédaction de ces actes ne donne lieu à aucun émolument pour les gardes ni pour les greffiers de paix ou autres fonctionnaires appelés à les rédiger sous la dictée des préposés illettrés.

Ceux qui sont dressés par des gardes particuliers doivent être portés sur timbre et enregistrés comptant, au droit fixe de 2 fr. 20 cent. Loi du 28 avril, art. 43, n° 16.

D'après la loi du 6 prairial an VII, article 1er, il est perçu en sus de chaque droit d'enregistrement et de chaque amende un décime par franc.

Tous les autres procès-verbaux sont libellés sur papier visé pour timbre et enregistrés en débet au même droit de 2 fr. 20 cent.

Les *avertissements* donnés soit aux parties, soit aux témoins, experts, etc., pour paraître à l'audience, sont libellés sur papier libre, et ne donnent lieu à aucuns frais, soit de rédaction, soit de port. Dalmas, *Supplément*, page 156.

Les *citations* données aux parties, témoins, etc., sont soumises au visa pour timbre et à l'enregistrement, qu'elles soient notifiées par un huissier ou par un agent de la force publique.

Elles doivent être, original et copie, libellées sur timbre, lorsqu'elles sont données à la requête du prévenu, — des parties civiles ou des administrations qui leur sont assimilées, — même du ministère public, lorsqu'il y a une partie civile.

L'original est enregistré au comptant au droit fixe de 2 fr. 20 c. Loi du 28 avril 1816, art. 43, n° 13.

Dans les autres cas, les citations sont libellées sur papier visé pour timbre et enregistrées en débet.

Il ne doit être fait qu'un seul original pour citer les prévenus de la même affaire qui doivent comparaître à la même audience et qui peuvent être cités le même jour, et un autre pour les témoins dans les mêmes circonstances. Dalmas, p. 179, 180; Circul. du min. de la justice, du 30 déc. 1812; Décision du même, 13 novembre 1828.

L'émolument de ces *originaux* est fixé (décision du ministre de la justice, du 13 novembre 1828):

Pour Paris, à..................	1 f. »
Les villes de 40,000 âmes et au-d., à	» 75
Les autres villes et communes, à..	» 50

Pour les *copies de citations*, lorsque l'acte ne contient la copie d'aucune autre pièce (Voir ci-après pour le droit de copie), il n'est dû quelle que soit leur étendue qu'un émolument fixe (Tarif criminel, art. 71, nos 1 et 2):

A Paris, de..................	75 c.
Les villes de 40,000 âmes et au-d.,	60
Dans les autres villes et communes,	50

Ces droits d'original et de copie s'appliquent encore aux significations des jugements par défaut et aux oppositions à ces jugements, à la signification des jugements contradictoires de police en premier ressort, à la notification de l'acte d'appel contre ces jugements, à la notification du pourvoi en cassation. Tarif criminel, article 71, n° 1.

Le droit de *copie de pièces* pour chaque rôle d'écriture de *trente lignes* à la page et de *dix-huit à vingt syllabes* à la ligne, non compris le premier rôle est (Tarif criminel, art. 70):

Pour Paris, de..................	50 c.
Les villes de 40,000 âmes et au-d., de	40
Les autres villes et communes, de..	30

Les pièces dont la copie peut donner lieu à ce droit sont : les actes à notifier, comme jugement à mettre en tête de l'exploit de signification, etc. Mais n'entrent pas dans la classe des copies à taxer les procès-verbaux constatant la contravention, placés en tête des citations, ni les cédules du juge, ni les réquisitoires, etc.

Le *transport des huissiers*, lorsqu'ils sont obligés de se transporter à plus de deux kilomètres de leur demeure pour une citation ou une signification, leur donne droit, par chaque myriamètre parcouru en allant et en venant, à une indemnité de 1 fr. 50 c.

Les fractions de trois à sept kilomètres sont comptées pour un demi-myriamètre ; celles de huit ou neuf pour un myriamètre. Tarif criminel, art. 92, 93.

Pour calculer le montant de l'indemnité, on additionne les distances parcourues de l'aller et du retour, et on ne les compte pas séparément. Ainsi, treize kilomètres ont été parcourus en allant et autant en revenant ; ces deux distances réunies font vingt-six kilomètres ou deux myriamètres et demi, et non deux distances chacune d'un myriamètre et demi. Instruction générale de 1826, n° LXXXV.

Pour faciliter le règlement de cette indemnité, les préfets dressent un tableau des distances, par myriamètres et kilomètres, de chaque commune au chef-lieu du canton, au chef-lieu de l'arrondissement et au chef-lieu du département. Ce tableau est déposé dans les greffes et notamment dans ceux des justices de paix. Tarif criminel, art. 92 et 93.

Comme le tableau n'indique pas et ne doit pas indiquer la distance des simples communes entre elles, il faut consulter la notoriété publique et les autres renseignements que l'on peut se procurer (par exemple, avoir recours aux agents-voyers), pour connaître la distance parcourue par les huissiers, lorsque, dans leur tournée, ils traversent le territoire de plusieurs communes. Arg. des décisions du ministre de la justice des 17 janvier et 21 novembre 1826 ; Dalmas, p. 276.

Cependant une décision du ministre de la justice du 19 juillet 1825, non rapportée depuis, a décidé en ces termes que le tableau des distances est applicable même aux huissiers qui ne résident pas dans le chef-lieu de canton :

« Cette indemnité doit être basée, dit la décision, sur la distance qui sépare le chef-lieu du canton où réside l'huissier du chef-lieu de la commune où cet officier a exercé son ministère, quoique d'ailleurs l'huissier n'ait pas son domicile au chef-lieu même du canton, ou que les actes dont il a été chargé l'aient conduit à une distance plus grande que celle qui sépare les deux chefs-lieux. — Le tableau des distances dressé en conformité de l'article 93 du Tarif criminel est la seule règle, légalement parlant, d'après laquelle on puisse évaluer d'une manière certaine et précise les distances parcourues par ceux auxquels sont accordées des indemnités fixées par myriamètres ; en s'écartant de ce tableau, on se jetterait dans des difficultés inextricables, on donnerait lieu à une multitude d'abus, et on enlèverait tout moyen de vérifier l'exactitude des allocations. »

On ne doit accorder qu'un seul droit de transport pour tous les actes faits par l'huissier le même jour et dans le même lieu. Décision du ministre de la justice du 22 juin 1823 ; Dalmas, p. 270. Il faut donc, au moyen de son répertoire, s'assurer si le même jour l'huissier ne s'est pas rendu dans la même commune, à la requête soit de parties civiles, soit d'administrations publiques. Circul. du ministre de la justice, du 26 décembre 1845; Dalmas, *Suppl.*, p. 133.

Si, dans sa tournée, cet officier ministériel a été obligé d'aborder plusieurs communes, on calcule la distance de ces communes entre elles, à partir du point de départ jusqu'à la plus éloignée, et de cette dernière à la résidence de l'huissier, et non pas de chaque commune à cette résidence. Dalmas, p. 276.

Lorsque l'huissier instrumente dans sa propre commune, il n'a, en général, droit à aucune indemnité de voyage, même quand il se transporte à plus de deux kilomètres de son habitation; l'indemnité ne doit lui être allouée que lorsque les hameaux où la citation a été posée, éloignés de plus de deux kilomètres du chef-lieu de la commune, figurent dans le tableau des distances. Décision du ministre du 27 juillet 1819; Dalmas, p. 271.

C'est du chef-lieu d'une commune au chef-lieu d'une autre que la distance se calcule, toujours d'après le tableau; il en résulte tantôt profit, tantôt perte pour l'officier ministériel; ce sont des détails auxquels le législateur n'a pas dû descendre. Dalmas, p. 274.

Il n'est dû aucune indemnité aux huissiers qui ne se déplacent que pour aller faire enregistrer leurs exploits. Décision du ministre des 24 août 1820 et 24 mars 1821; Dalmas, p. 271.

Quand un huissier est obligé d'aller faire acte de son ministère sur un navire mouillé en rade, le tableau des distances ne peut fournir aucune indication sur le montant de l'indemnité qui lui est due; et, d'un autre côté, les frais de ce transport excèdent habituellement le salaire alloué par le tarif. L'huissier doit fournir un mémoire de cette dépense, qui lui est remboursée comme frais extraordinaires, en vertu de l'article 136 du tarif, en ayant soin de dépasser le moins possible le montant de l'indemnité fixée pour la distance parcourue, approximativement évaluée. Décision du ministre de la justice, du 5 août 1828; Dalmas, p. 276.

Coût et détail des frais de la citation. — Pour faciliter la taxe des frais, les huissiers, outre la mention qu'ils doivent faire, au bas de l'original ou de la copie de chaque acte, du montant des droits, sont tenus d'indiquer en marge de l'original le nombre de rôles des copies de pièces, et d'y marquer le même détail de tous les articles de frais formant le coût de l'acte. Décret du 14 juin 1813, art. 48; circulaire du ministre, du 9 avril 1821. Ce décompte des frais se libelle ordinairement de la sorte, en commençant par les déboursés :

Timbre; — enregistrement; — original; — copies; — copies de pièces, le premier rôle non compris (Tarif, art. 70); — transport; — visa; — affiche.

Il n'est rien dû à l'huissier pour droit de répertoire ou pour couvrir les déboursés du timbre de son répertoire.

D'après l'article 155 du Tarif criminel, les greffiers et les huissiers ne peuvent réclamer directement des parties le payement des droits qui leur sont attribués. Cette défense a pour but d'empêcher qu'un huissier qui a instrumenté à la requête du ministère public ne demande le coût de ses actes à la partie qui a succombé, sans dresser et faire taxer son mémoire en la forme ordinaire. Mais, lorsqu'il a cité des témoins à la requête soit du prévenu, soit de la partie civile, non-seulement il peut recevoir son salaire directement de la personne qui l'a mis en œuvre, mais il est en droit d'en exiger le payement d'avance (Dalmas, p. 373), ainsi que des droits de timbre et d'enregistrement, si cette partie ne lui paraît pas présenter une suffisante solvabilité.

Il en est de même pour les greffiers lorsque, par exemple, ils délivrent aux parties des expéditions qu'elles ont la faculté de lever à leurs frais. Dalmas, p. 373.

Ressort des huissiers en matière de simple police. — Le ressort des huissiers est borné au canton de leur résidence. Décret du 18 juin 1811, art. 28, 29, 34. A défaut ou en cas d'insuffisance des huissiers ordinaires d'un canton, les actes de leur ministère pourront être valablement faits par les huissiers d'un des cantons les plus voisins, en vertu d'une cédule délivrée à cet effet par le juge de paix. Décret du 18 juin 1811, art. 28, 29, 34.

Les *cédules des juges de paix*, quel que soit leur but en matière de police, celles par exemple qui, en cas d'insuffisance des huissiers ordinaires d'un canton, autorisent à faire signifier les actes par des huissiers d'un des cantons voisins, sont toujours libellées sur papier libre, exemptes d'enregistrement, et elles ne peuvent donner lieu à aucuns frais.

En cas de *transport du juge de paix*, en vertu de l'article 148 du Code d'instruction criminelle, pour estimer un dommage ou dresser des procès-verbaux sur la réquisition du ministère public ou de la partie civile, ou d'office, il y a lieu de lui accorder ainsi qu'au greffier les droits de transport accordés aux magistrats par l'article 88 du Tarif criminel.

L'indemnité de transport est de 9 francs par jour, lorsque le juge de paix se transporte à plus de cinq kilomètres de sa résidence, et de 12 fr. lorsque c'est à plus de deux myriamètres. L'indemnité du greffier est des deux tiers de celle du juge, ou de 6 francs dans le premier cas, et de 8 francs dans le second. Instruction générale de 1825, n° LXXVII.

L'indemnité est due toutes les fois que la distance minimum a été franchie, et quel que soit le territoire sur lequel le magistrat s'est transporté ; il n'y a pas lieu d'appliquer à ce cas le tableau de distance de clocher à clocher dressé par les préfets en vertu des art. 92 et 93 du Tarif criminel.

Mais il est de jurisprudence au ministère de la justice de ne pas mettre à la charge du Trésor l'indemnité de transport résultant de l'article 148 du Code. Ce droit doit être acquitté par la partie civile, alors surtout qu'elle a demandé l'estimation du dommage sur les lieux mêmes.

Quant aux juges de paix assez nombreux qui, usant de la faculté accordée par l'article 8 de la loi du 28 floréal an X, ont établi leur résidence dans une commune autre que celle du chef-lieu du canton, on a reconnu qu'aucun droit de transport ne pouvait leur être alloué pour les actes faits à ce chef-lieu et dans le rayon de cinq kilomètres, considéré comme le chef-lieu lui-même ; que, pour les transports dans les communes hors de ce rayon, l'indemnité était due au delà de cinq kilomètres, à partir de la résidence du juge de paix, sans pouvoir excéder celle à laquelle ce magistrat aurait eu droit, s'il fût parti du chef-lieu. Décisions du ministre, d'octobre 1826, 30 juillet 1828, 15 octobre 1832.

Fourrière et mainlevée. — Le prix de la fourrière est réglé suivant les usages des lieux. Décision du 13 août

1813; Dalmas, p. 84. A défaut d'usage, le juge de paix doit allouer le prix réel du logement, de la nourriture et du pansement des animaux saisis, et ce qui est dû au gardien.

Lorsque c'est le propriétaire des animaux qui acquitte les frais de fourrière, il n'y a pas de mémoire à présenter, les frais sont soldés sur une simple note du gardien, visée par le juge de paix.

La demande en mainlevée provisoire est libellée sur timbre, et l'ordonnance du juge est portée à la suite et enregistrée au droit de 1 fr. 10 cent. Sudrand-Desisles, note 253.

Lorsqu'un cautionnement est offert, l'ordonnance du juge statue sur son acceptation. Ce cautionnement donne lieu à un droit proportionnel de 55 centimes par 100 francs. Loi du 22 frimaire an VII, art. 69, § 2, n° 8. La rédaction de ces actes n'emporte aucun émolument pour le greffier.

Pièces de conviction, objets saisis, transport. — Lorsque les objets saisis par suite de la constatation d'une contravention sont trop volumineux et trop lourds pour être joints au procès-verbal et confiés à la poste, ou remis au garde porteur de cet acte, ils sont transportés par les messageries, ou par un voiturier, requis à cet effet. Les frais de transport sont payés sur une simple taxe du juge de paix, comme frais urgents. Tarif criminel, art. 133.

CHAPITRE II.

Frais faits à l'audience.

L'*appel des causes* ne produit aucun droit aux huissiers en matière de simple police.

Les *experts* ou *interprètes* ne doivent être appelés, lorsqu'il y a lieu, que par un simple avertissement sans frais. Instruction générale de 1826, n° XVII. Leur émolument est fixé par les articles 22, 24, 25, 91 du Tarif criminel.

L'indemnité des interprètes est la même absolument que celle des experts. Tarif criminel, art. 22.

L'indemnité des *traducteurs* est réglée par les articles 23 et 25 du même tarif.

Témoins. — L'indemnité accordée aux témoins n'est avancée par le Trésor qu'autant qu'ils ont été cités à la requête du ministère public. Tarif criminel, art. 33. Mais il n'est pas nécessaire qu'ils aient été appelés au tribunal par citation, il suffit qu'ils aient comparu sur simple avertissement.

Les *certificats de médecin*, produits par les témoins pour justifier leur absence, doivent être libellés sur timbre; c'est là un acte privé pouvant être produit pour une justification (Loi du 13 brumaire an VII, art. 12, n° 1); mais ils sont exempts de l'enregistrement. Il en est de même pour les certificats de maladie délivrés aux parties.

Nous renvoyons encore aux articles 26, 27, 28, 34 du Tarif criminel pour l'indemnité accordée aux témoins.

Le témoin n'a droit qu'à une indemnité, quel que soit le nombre des affaires dans lesquelles il est appelé à déposer le même jour. Décisions des 16 août 1823 et 4 mai 1824.

Pour que l'indemnité soit acquise au témoin, il faut qu'il la demande. Code instr. crim., art. 82. On doit donc attendre la réclamation du témoin pour le taxer, surtout si le témoin paraît dans l'aisance, et ne point le provoquer à cet égard, encore moins libeller la taxe d'avance, et mettre ainsi à la charge du Trésor une dépense qu'il ne doit pas supporter. C'est une recommandation fréquemment renouvelée par le ministre. Circ. du 26 août 1842; Dalmas, *Suppl.*, p. 62.

Il y a certaines catégories de personnes qui n'ont pas droit à l'indemnité, et auxquelles il n'est dû que des frais de voyage.

Ce sont d'abord les témoins qui reçoivent un traitement quelconque, à raison d'un service public. Tarif criminel, art. 32. On doit entendre par traitement quelconque tous les traitements payés soit sur les fonds du Trésor public, soit sur les fonds départementaux, municipaux ou communaux, et à quelque titre et sous quelque dénomination que ce soit. Instruction générale de 1826, n° XXIX. Ne sont exceptés de cette règle que les gardes champêtres et forestiers, les gendarmes (décret du 7 juin 1813, art. 3), et les militaires de la garde de Paris, qui font partie, sous une autre dénomination, de la gendarmerie nationale. Décision du ministre de la justice, du 26 déc. 1830; Dalmas, p. 73.

Les militaires en activité de service appelés en témoignage devant les tribunaux n'ont droit à aucune taxe (Tarif criminel, art. 31); il ne peut leur être accordé qu'une indemnité pour un séjour forcé.

Les militaires en non-activité ou en retraite sont assimilés aux simples particuliers. Sudrand-Desisles, note 430.

Quant aux marins, quelle que soit leur position d'activité sur les bâtiments de l'Etat ou dans les ports, ou de disponibilité dans leurs quartiers, ils sont payés de leurs frais de route et de séjour par les soins et à la charge du département de la marine; ils ne peuvent donc réclamer aucune indemnité, à quelque titre que ce soit, sur les fonds des frais de justice criminelle. Décision du ministre de la marine, du 31 mars 1841; circul. du ministre de la justice, du 9 juill. 1841; Dalmas, *Suppl.*, p. 67, 68.

Sont assimilés aux marins, d'abord les officiers de santé et autres agents civils de la marine. Décision du ministre de la marine, du 31 mars 1841; circul. du ministre de la justice, du 9 juillet 1841; Dalmas, *Suppl.*, p. 67, 68.

Le *séjour forcé des témoins experts ou interprètes* aura lieu rarement devant le tribunal de police. Il pourra cependant arriver qu'au moment où ils se trouveront libres, le bureau de l'enregistrement sera fermé. Il y aura lieu alors à l'application de l'article 96 du Tarif criminel.

Les taxes doivent être payées par les receveurs de l'enregistrement, à l'instant de la présentation qui leur en sera faite. Quant aux jours et heures, il avait d'abord été arrêté que le payement devait avoir lieu sans distinction d'heure ni de jour. Arrêté du 29 frimaire an VI, art. 3. Plus tard, il a été décidé que les bureaux devaient être ouverts, à cet effet, *depuis une heure avant le lever jusqu'à une heure après le coucher du soleil* (décision des ministres de la justice et des finances, du 14 thermidor an VI; Instruction générale de l'enregistrement, n° 1332; Lettre du ministre des finances, du 29 mars 1825; Instructions générales de 1826, n° XXIV); enfin, que cette dernière interprétation de l'arrêté du 29 frimaire an VI devait être maintenue; et que, si les séances des Cours et tribunaux criminels se prolongeaient après le coucher du soleil, les témoins pourraient se présenter, pour obtenir le payement de leur taxe, jusqu'à minuit. Décision du ministre des finances, du

24 avril; Instruction générale de l'enregistrement, du 19 déc. 1848.

Pour qu'un témoin ait droit à l'*indemnité de voyage*, il faut qu'il soit entendu dans une commune autre que celle où il réside, et qu'il y ait plus d'un myriamètre entre les deux chefs-lieux de ces communes. Décret du 7 juin 1813, art. 2; Tarif crim., art. 27, 28.

L'indemnité de voyage est fixée par les art. 27 et 28 du Tarif criminel. Les fractions de trois à sept kilomètres au delà d'un myriamètre sont comptées pour un demi-myriamètre; celles de huit ou neuf pour un myriamètre. Tarif criminel, art. 92, 93.

L'indemnité de voyage et celle de séjour sont doubles pour les enfants mâles au-dessous de quinze ans, et pour les filles au-dessous de vingt et un ans, appelés en témoignage, lorsqu'ils sont accompagnés, durant leur route et séjour, par leurs père, mère, tuteur ou curateur, à la charge de ceux-ci de justifier de cette qualité (Tarif criminel, art. 97); mais cette disposition doit être renfermée dans ses termes. La simple déposition, sans déplacement indemnisé, ne donne lieu à aucune augmentation. Les femmes mariées et les veuves, âgées de moins de vingt et un ans, n'ont pas droit non plus à la double taxe. Sudrand-Desisles, n° 193.

Taxe de l'indemnité des témoins.— Cette taxe, signée du juge, qui en est responsable, est écrite par le greffier ou son commis assermenté, le tout sans frais. Tarif criminel, art. 63, 140; Instruction générale, n° LIV. C'est là une écriture qui rentre dans la classe de celles que les greffiers sont tenus de faire gratuitement, aux termes de l'article 63 du tarif. Circulaire du ministre, du 16 juin 1823; Instruction générale, n° XXIV.

Elle doit être libellée au bas de la citation ou de l'avertissement, et non sur une feuille séparée. Décision des 13 novembre 1818 et 30 avril 1810; Dalmas, p. 65. La nature de la contravention y doit être indiquée, lorsque la citation ne la fait pas connaître d'une manière suffisante pour apprécier si les frais sont à la charge du ministère de la justice. Circ. du 3 mai 1825; Instruction générale. On doit toujours y mentionner si le témoin sait ou non signer. Instruction générale.

Enfin, il faut, dans la taxe, faire une expresse mention de la réquisition du témoin. Tarif criminel, art. 36; Dalmas, p. 79.

Si le témoin avait égaré sa copie, le juge de paix lui délivrerait un certificat, attestant qu'il a été appelé et qu'il a déposé; et le greffier libellerait la taxe au bas de ce certificat. Duverger, *Manuel criminel*, 3e édit., p. 370; Berriat Saint-Prix.

Du payement de la taxe.— Les taxes des témoins assignés à la requête du ministère public sont seules acquittées par l'administration de l'enregistrement. Tarif criminel, art. 33. Les témoins assignés par la partie civile qui n'a pas consigné, ou par le prévenu, doivent être payés par les personnes qui les ont fait comparaître. Tarif criminel, art. 34; loi du 5 pluviôse an XIII, art. 2. Lorsque la partie civile a consigné, ses témoins sont payés par le greffier jusqu'à concurrence de la somme dont il est dépositaire.

Témoins indigents; Mandats provisoires. — Les mandats à délivrer, en vertu de l'article 135 du tarif, aux témoins indigents assignés au loin, sont délivrés par le juge de paix et non par le juge de police.

Feuille d'audience; *Papier*. — Les jugements de simple police étant soumis au timbre, la feuille d'audience sur laquelle ils sont portés doit être visée pour timbre (Décision du ministre des finances, du 15 septembre 1820; loi du 13 brumaire an VII, art. 12), à moins qu'il n'y ait dans l'affaire une partie civile non indigente. Dans ce cas, le jugement ne peut être libellé que sur papier timbré. Décision du ministre des finances, du 15 septembre 1820; loi du 13 brumaire an VII, art. 12.

Ces jugements doivent être enregistrés au droit fixe. Ce droit est de 1 fr. 10 c. (loi du 22 frimaire an VII, art. 68, § 1er, n° 48; loi du 28 avril 1816, art. 38), qu'il y ait ou non partie civile en cause, et que le jugement soit préparatoire, interlocutoire ou définitif, contradictoire ou par défaut, pourvu qu'il ne contienne pas des condamnations à des sommes ou valeurs, ou que le droit proportionnel ne s'élève pas à 1 fr. Loi du 22 frimaire an VII, art. 68, § 1er, n° 48; loi du 28 avril 1816, art. 38.

Quand il y a des dommages-intérêts adjugés, le droit est de 2 fr. 20 c. pour 100 sur le montant de ces dommages. Loi du 22 frimaire an VII, art. 69, § 5, art. 48.

Lorsqu'il y a une partie civile en cause, les droits sont acquittés par elle. A cet effet, le greffier peut exiger d'avance la consignation entre ses mains du montant des droits. A défaut de cette consignation et de l'accomplissement de la formalité dans le délai prescrit, le recouvrement du droit ordinaire et du droit en sus est poursuivi contre la partie civile, par le receveur de l'enregistrement, sur l'extrait du jugement que le greffier est tenu de lui délivrer dans les dix jours qui suivent l'expiration du délai fixé pour l'enregistrement, délai qui expire dans les vingt jours de la date du jugement; le tout conformément à l'article 37 de la loi du 22 frimaire an VII.

Tout greffier qui aura négligé de faire enregistrer, dans le délai fixé de vingt jours, les jugements pour l'enregistrement desquels le montant des droits lui aura été consigné, ou qui, dans les dix jours qui suivront l'expiration de ce délai, n'aura pas remis au receveur de l'enregistrement l'extrait des jugements non enregistrés faute de consignation des droits par la partie civile, sera personnellement tenu au payement des droits et de l'amende pour chaque contravention, conformément aux articles 35 et 37 de la même loi et de l'ordonnance du 22 mai 1816, art. 2 et 3.

S'il n'y a pas de partie civile en cause ou que celle-ci ait justifié de son indigence, l'enregistrement a lieu en débet. Loi du 22 frimaire an VII, art. 70, § 1er, n° 1.

Les jugements portant remise de cause ne sont soumis à la formalité de l'enregistrement que lorsqu'ils sont rendus pour la production de pièces ou de preuves ordonnées. Instruction générale de l'enregistrement du 22 février 1822, et du ministre de la justice du 25 mars 1822.

Liquidation des frais en dehors du jugement; état. — Lorsque, ce qui est rare, la liquidation des frais ne peut être insérée dans le jugement, il en est dressé un état détaillé par le greffier, sur papier libre et sans frais, à la suite duquel le juge met son exécutoire. Tarif criminel, art. 163; Instruction générale, nos CXXXIII-CXXXV. Il convient d'établir dans cet état, pour plus de clarté, une distinction entre les sommes allouées à titre de salaire ou indemnité aux huissiers et aux témoins, et celles qui représentent des déboursés, tels que droits de timbre et d'enregistrement. En voici la formule :

Exécutoire.

Nous, juge de paix, présidant le tribunal de simple police de
sur les réquisitions du ministère public, avons arrêté le présent état à la somme de (*en toutes lettres*). Nous ordonnons qu'en exécution du décret du 18 juin 1811, art. 174, le recouvrement de cette somme sera poursuivi par les voies de droit, même par celle de la contrainte par corps, à la diligence de l'administration de l'enregistrement et des domaines, contre le sieur ou bien contre les sieurs solidairement, etc.

Fait à , le 185

Menues dépenses des tribunaux de police.—Il est alloué aux tribunaux de police, pour leurs dépenses de chauffage, éclairage, gens de service, etc., une certaine somme dont le greffier a ordinairement l'administration sous la surveillance du juge de paix.

Ces menues dépenses sont fixées (arrêté du 30 fructidor an X) :

A Paris, à. . . .	2,800 f. dep. 1844.
A Bordeaux, etc., à..	400
A Lille, etc., à. . .	200
A Amiens, etc., à. .	100
Dans les aut. villes, à	50

CHAPITRE III.

Frais faits après l'audience.

Expéditions délivrées par le greffier. — Aucune expédition délivrée par le greffier de simple police ne peut l'être que sur des feuilles de timbre de 1 fr. 25 cent. Loi du 28 avril 1816, art. 63. Les expéditions destinées au ministère public et aux parties qui ont justifié de leur indigence sont libellées sur papier visé pour timbre au même droit.

Les droits d'expédition dus aux greffiers des Cours et tribunaux sont fixés à 40 cent. par rôle de vingt-huit lignes à la page et de quatorze à seize syllabes à la ligne. Tarif criminel, art. 48. En l'absence de règle précise pour évaluer les fractions de rôle, on doit en adopter une analogue à celle qui est établie par l'art. 92 du Tarif pour l'appréciation des distances. Ainsi, pour moins de quinze lignes ou un quart de rôle, on ne doit rien allouer ; quinze lignes et moins de quarante-trois sont comptées pour un demi-rôle ; quarante-trois lignes ou plus pour un rôle complet. Instruction générale de 1826, n° XLII. Toutefois, pour les actes (par exemple, un acte d'appel) dont l'expédition ne contiendrait pas quinze lignes, il faut allouer 20 cent. ou un demi-rôle. Instruction générale de 1826, n° XLII.

Ces droits sont les mêmes, que l'expédition soit délivrée au ministère public ou aux parties privées. Décisions des ministres de la justice et des finances; Instruction du 30 sept. 1828, p. 59, n° XLII.

Les actes que le greffier peut *expédier* à la requête du ministère public sont ceux que le ministre a désignés, et, notamment, pour la simple police, les déclarations d'appel ou de pourvoi en cassation et les jugements attaqués par l'une de ces voies de recours. Les autres pièces, telles que procès-verbaux, plaintes, dénonciations, cédules, enquêtes faites à l'audience, rapports d'experts, réquisitions du ministère public, doivent être transmises en minute. Instruction générale de 1826, n° LI. Le Tarif criminel, art. 42, indique, comme donnant lieu à des expéditions du greffier, les actes mentionnés au Code d'instruction criminelle, articles 146, 153, 157 à 161, et omet les n°s 172 et 418 du même Code, qui y donnent également lieu. Berriat Saint-Prix, n° 658.

Quant aux parties, prévenu, parties civiles, etc., elles peuvent, à leurs frais, sur leur simple demande, obtenir des expéditions, mais seulement de la plainte, de la dénonciation ou du procès-verbal qui en tient lieu, des ordonnances et des jugements définitifs; pour les autres, il faut l'autorisation du procur. gén. Tarif crim., art. 56.

Les déboursés et émoluments auxquels donne lieu une expédition ne peuvent être perçus que sur un état dressé par le greffier au bas de ces actes, vérifié et visé par le juge de paix (Ordonnance du 17 juillet 1825, art. 1er), que ces expéditions aient été réclamées par le ministère public ou par les parties. Décision du grand-juge, du 23 juillet 1813; Dalmas, p. 154.

Capture, emprisonnement du condamné. — Lorsqu'un condamné à l'emprisonnement de simple police, averti par le ministère public d'exécuter son jugement, refuse ou néglige de se constituer prisonnier, il y a lieu de le faire arrêter soit par un huissier, soit par des agents de la force publique, gendarmes, gardes champêtres ou forestiers, agents de police, à qui il est dû, dans ce cas, pour l'arrestation un droit de capture fixé (Décret du 7 avril 1813, art. 6; Ordonnance du 6 août 1823, art. 1er) :

Pour Paris, à	5 fr.
Pour les villes de 40,000 âmes et au-dessus, à . . .	4 fr.
Pour les autres villes et comm., à	3 fr.

En cas d'arrestation, les gendarmes, etc., dressent procès-verbal de la capture, et, si le condamné n'est pas trouvé, un procès-verbal de recherches infructueuses; ces actes ne donnent lieu à aucun droit.

Pour obtenir contre les condamnés les frais de capture alloués aux huissiers et aux gendarmes, il faut requérir du juge de paix un exécutoire supplémentaire à la liquidation des dépens; cet acte est remis au receveur de l'enregistrement chargé du recouvrement.

L'écrou est porté gratuitement sur le registre de la prison; les huissiers seuls reçoivent un droit d'assistance, soit à l'inscription, soit à la radiation de l'écrou, droit fixé par l'article 71 du Tarif criminel.

Relevé des jugements à fournir par le greffier à l'enregistrement. — Ces relevés, adressés au receveur de l'enregistrement par le greffier, donnent lieu, au profit de cet officier ministériel, à un droit de 10 centimes par article, c'est-à-dire par affaire jugée, quel que soit le nombre des condamnés. Cette indemnité est acquittée par la régie, suivant la forme ordinaire. Arg. du tarif criminel, art. 49; instr. du directeur général de l'enregistrement du 27 déc. 1833; Dalmas, *Supplément*, p. 75.

Relevé des amendes. — Le même droit est dû aux greffiers, et leur est payé de la même manière par chaque article du relevé des amendes de police que ces officiers ministériels doivent adresser au préfet, au commencement de chaque semestre, afin que ce magistrat, aux termes de l'art. 466 du Code pénal et de l'ordonnance du 31 décembre 1823, en fasse la répartition entre les communes sur le territoire desquelles les contraventions ont été commises. Circulaire du ministre, du 29 mars 1824; décision du même, du 13 sept. 1825; Delmas, p. 122.

Les *extraits des jugements* délivrés par le greffier soit au ministère public, soit à la régie, pour l'exécution, donnent lieu à un émolument de 25 centimes. Décret du 7 avril 1813, art. 7.

Il faut en excepter les extraits transmis au procureur impérial, en vertu de l'article 178 du Code d'instruction criminelle, qui, d'après le même article, sont délivrés sans frais, et qui, dans l'usage, sont remplacés par un tableau.

Pour être payés de l'indemnité de 25 centimes, les greffiers doivent certifier, sur les extraits, que les jugements sont devenus définitifs, faute d'appel. Instructions générales de l'enregistrement, n° 951.

Les extraits délivrés au ministère public le sont sur papier visé pour timbre à 35 centimes; ceux que réclament les parties le sont sur une feuille de timbre de 1 fr. 25 centimes. Loi du 28 avril 1816.

Bien que le droit alloué pour ces extraits soit minime, les greffiers ne doivent pas les multiplier inutilement. Ainsi, il ne doit être délivré qu'un extrait de chaque jugement à exécuter, même lorsqu'un emprisonnement est prononcé, concurremment avec l'amende. Dans ce cas, l'extrait, d'abord remis au ministère public pour l'exécution de la peine corporelle, est ensuite transmis par ce fonctionnaire au receveur de l'enregistrement pour le recouvrement des condamnations pécuniaires. Décret du 7 avril 1813, art. 7; tarif criminel, art. 62.

L'opposition à un jugement par défaut et l'*appel* ne donnent lieu qu'au droit des actes ordinaires d'huissier; il en est de même du *pourvoi en cassation*, lorsqu'il est notifié; les pourvois du ministère public sont exempts de l'enregistrement et du timbre. Quant à la rédaction de l'acte par le greffier, elle n'emporte aucun émolument. Le pourvoi des parties non indigentes est inscrit sur timbre et enregistré au droit de 27 fr. 50 c. Loi du 28 avril 1816, art. 47, n° 1.

Les *mémoires de frais, déboursés et émoluments dus aux experts, gendarmes, greffiers, huissiers, juge de paix*, etc., sont, d'après l'instruction générale de 1826, rédigés en double expédition (Ordonnance du 28 novembre 1838, art. 2, qui abroge l'art. 145 du tarif), signés et certifiés par toutes les parties prenantes, et revêtus de l'acquit de chacune d'elles, ou de l'autorisation qu'elles donnent au porteur d'en toucher le montant en leur nom. Tarif criminel, art. 147, 146.

Lorsque le montant du mémoire excède 10 francs, une des expéditions doit être portée sur timbre. Tarif criminel, art. 147, 146.

Les *salaires des messagers* pour le transport des pièces de conviction sont réputés frais urgents, et, comme tels, acquittés sur simple taxe et mandat du juge, mis au bas des réquisitions du ministère public ou de l'état produit par la partie. Tarif criminel, art. 133, 134; Instruction générale, modèles n° 3, 10. Quant aux travaux des ouvriers pour l'exécution des jugements, le salaire est acquitté comme dépense administrative, à la charge des communes intéressées, le tarif criminel étant muet à cet égard.

Examen et taxe des mémoires de frais. — Les mémoires concernant les frais en simple police sont taxés par le juge de paix, sur la réquisition de l'officier du ministère public (ceux qui concernent le juge de paix le sont par le président du tribunal de première instance, sur la réquisition du procureur impérial). Tarif criminel, art. 140, 141.

Cette taxe n'est pas une opération de pure forme. « Les juges qui décer« nent les mandats ou exécutoires, les « officiers du ministère public qui y « apposent leurs signatures, sont res« ponsables de tout abus ou exagéra« tion dans les taxes, solidairement « avec les parties prenantes, et sauf « leur recours contre elles. » Tarif criminel, art. 140, 141.

Les magistrats doivent donc examiner avec soin chacun des articles des mémoires qui leur sont présentés, et ne requérir ou délivrer les exécutoires que lorsqu'ils se sont assurés qu'il n'y a ni abus ni exagération dans les réclamations des parties prenantes. Dalmas, p. 352.

Lorsque la taxe est inférieure au montant de l'état ou du mémoire, le juge doit faire connaître, dans son ordonnance ou exécutoire, les motifs des réductions qu'il a opérées, et indiquer les articles de l'état sur lesquels elles portent. Dalmas, p. 352.

Si c'est l'officier du ministère public qui remarque une exagération dans les demandes, il doit la signaler au juge dans son réquisitoire. Le juge, de son côté, s'il ne fait pas droit à cette réquisition, doit motiver sa décision, parce qu'alors il assume sur lui la responsabilité qui peut résulter de l'exagération de la taxe. Dalmas, p. 352.

S'il y avait eu réellement abus dans une taxe, et que la négligence des magistrats qui auraient requis ou ordonné l'exécution fût démontrée, ils pourraient (en cas d'insolvabilité des parties prenantes) devenir l'objet d'un rôle de restitution, dressé par ordre du ministère de la justice (Tarif criminel, art. 172), les magistrats signataires préalablement mis en demeure, par le ministre, de fournir leurs explications sur les taxes exagérées ou abusives.

La responsabilité des magistrats taxateurs dure deux ans à compter de l'ordonnancement de la dépense par le ministre. Tarif criminel, art. 172.

Envoi du double des mémoires de frais au procureur impérial. — Un double du mémoire taxé, celui qui est porté sur timbre lorsqu'il y a lieu, est rendu à la partie prenante pour en toucher le montant au bureau de l'enregistrement désigné dans l'exécutoire; l'autre est conservé par le juge de paix, qui l'envoie au procureur impérial, ce magistrat étant chargé de transmettre mensuellement au ministre de la justice ces doubles, accompagnés d'un bordereau. Ordonnance du 28 novembre 1838, art. 6; Circulaire du ministre du 8 décembre 1838; Dalmas, *Supplément*, p. 298.

Quant aux taxes des frais urgents qui ne sont pas libellées à double exemplaire, il y est suppléé par un bordereau, que dresse tous les mois le receveur de l'enregistrement, de ceux de ces frais qu'il a payés pour le canton, et ce bordereau est joint par le juge de paix aux mémoires qu'il envoie au procureur impérial. Ordonnance du 28 nov. 1838, art. 6; Circulaire du ministre du 8 déc. 1838; Dalmas, *Supplément*, p. 298.

CHAPITRE IV.

Du classement des pièces dans les dossiers d'appel du ministère public près les tribunaux de police et pour l'envoi au ministre de la justice, en cas de pourvoi en cassation.

Nous donnons, d'après M. Ch. Berriat Saint-Prix, un tableau de classement des pièces dans les dossiers du ministère public près les tribunaux de police, ou du greffier, en cas d'appel, et pour l'envoi au ministre de la justice en cas de pourvoi en cassation.

Affaires dans lesquelles il y a eu une opposition, puis un appel, ou un appel seulement.

1. Procès-verbal ou rapport constatant la contravention.
2. Plainte ou constitution de la partie civile.
3. Avertissement au prévenu.
4. Avertissement aux témoins.
5. Cédule du juge de paix indiquant jour à bref délai.
6. Extrait du registre des consignations des parties civiles.
7. Pouvoir pour représenter le prévenu.
8. Jugement de remise de l'affaire (joint ordinairement au jugement définitif).
9. Jugement par défaut.
10. Signification dudit, avec opposition du défaillant sur l'original ou par exploit séparé.
11. Jugement de débouté d'opposition en premier ressort.
12. Signification dudit.

9 à 12. Jugement contradictoire.

13. Expédition de l'appel déclaré au greffe ou appel par exploit séparé.
14. Requête d'appel.
15. Note des principales déclarations des témoins.
16. Etat des pièces à conviction.
17. Etat de liquidation des frais.
18. Inventaire des pièces du dossier.

Affaires terminées par un pourvoi en cassation.

Actes nos 1 à 10 s'il y a lieu.

11. Jugement en dernier ressort (ou en premier, si le pourvoi est formé par le ministère public).
12. Expédition du pourvoi en cassation.
13. Notification dudit à la suite.
14. Requête en cassation.

Actes nos 16 à 18, s'il y a lieu.

TABLE DES MATIÈRES.

PREMIÈRE PARTIE.

TITRE PREMIER.

TITRE II.

TITRE III.

TITRE IV.

TITRE V.

TITRE VI.

TITRE VII.

TITRE VIII.

TITRE IX.

TITRE X.

TITRE XI.

FIN DE LA PREMIÈRE PARTIE.

www.ingramcontent.com/pod-product-compliance
Ingram Content Group UK Ltd.
Pitfield, Milton Keynes, MK11 3LW, UK
UKHW020120200726
13856UKWH00002B/646

9 782013 077842